L'ÉVOLUTION DU COOPÉRATISME DANS LE MONDE ET AU QUÉBEC

CLAUDE BÉLAND

L'ÉVOLUTION DU COOPÉRATISME DANS LE MONDE ET AU QUÉBEC

FIDES

Illustration de la couverture: © Alain Reno
Conception de la couverture: Gianni Caccia
Mise en pages: Yolande Martel

*Catalogage avant publication de Bibliothèque et Archives nationales du Québec
et Bibliothèque et Archives Canada*

Béland, Claude, 1932-

L'évolution du coopératisme dans le monde et au Québec

Comprend des réf. bibliogr.

ISBN 978-2-7621-3491-9 [édition imprimée]
ISBN 978-2-7621-3492-6 [édition numérique PDF]
ISBN 978-2-7621-3493-3 [édition numérique ePub]

1. Coopération. 2. Coopératives. 3. Coopération – Québec (Province). I. Titre.

HD2963.B44 2012   334   C2012-941507-3

Dépôt légal: 3ᵉ trimestre 2012
Bibliothèque et Archives nationales du Québec

© Groupe Fides inc., 2012

La maison d'édition reconnaît l'aide financière du Gouvernement du Canada par
l'entremise du Fonds du livre du Canada pour ses activités d'édition. La maison
d'édition remercie de leur soutien financier le Conseil des Arts du Canada et la
Société de développement des entreprises culturelles du Québec (SODEC). La
maison d'édition bénéficie du Programme de crédit d'impôt pour l'édition de
livres du Gouvernement du Québec, géré par la SODEC.

IMPRIMÉ AU CANADA EN SEPTEMBRE 2012

À Lise, ma patiente épouse

À Lise Payette, pour ses précieux conseils,
sa préface et son texte sur Tricofil

À l'équipe de Fides pour son magnifique travail

PRÉFACE

Claude Béland a placé sa vie sous le signe de la solidarité. Il a été de toutes les réflexions et de toutes les remises en question dans ce Québec qui a connu si souvent la déroute avant de redevenir le laboratoire social dont nous sommes tous si fiers à certains moments. Il a tout vu, tout entendu, et il n'a jamais été indifférent à la recherche d'une société plus juste et mieux équilibrée que nous menons sur notre sol depuis près de quatre siècles malgré les difficultés et les obstacles. Devant les attaques que le Québec subit souvent, il répond qu'il faut se serrer les coudes. Il reste convaincu que la solidarité est essentielle à la survie de ce que nous sommes.

Le livre de Claude Béland offre une bouffée d'air frais à tous ceux et celles qui, depuis des mois, se demandent ce que pourrait bien contenir le mot «autrement» accroché à des mots comme *faire de la politique autrement,* ou *développer l'économie autrement,* ou *créer une société autrement.* Notre peuple, qui a choisi la survivance, parfois jusqu'à l'épuisement de ses forces vives, et qui sent bien que sa survie est menacée par des modèles de développement qu'on lui impose, se tourne vers ceux et celles qui ont sans cesse affirmé le besoin de solidarité authentique le seul vrai ciment entre les humains.

C'est ce credo que Claude Béland a défendu et qu'il continue de défendre encore aujourd'hui, dans une société où le *chacun pour soi* est devenu la norme et où l'enrichissement personnel demeure la seule valeur de réussite. Loin de se laisser décourager, il réaffirme que les humains peuvent faire mieux que ce que le monde leur offre en ce début de xxie siècle, malgré l'urgence. C'est avec lucidité qu'il examine l'état de la planète soumise à un développement économique sauvage où la seule norme est le profit, quels que soient les dommages collatéraux.

Il défend le développement d'une société plus solidaire où le bien-être de chaque individu repose sur l'appui de la collectivité. Ses nombreuses expériences dans le monde coopératif lui permettent de présenter des exemples crédibles et réalisables qui n'ont pas l'air sortis tout droit d'un conte de fées. La force du nombre n'a pas besoin d'être démontrée. On sait tous qu'elle existe. Tous pour un et un pour tous.

Il a suffisamment de recul pour analyser en parallèle les faiblesses du monde coopératif. Bien sûr, il y en a. Il ne le dément pas. Il cherche plutôt les solutions qui pourraient contrer ces faiblesses, mais il ne les cherche pas ailleurs que parmi ceux et celles sur qui repose toute la structure coopérative. En le suivant dans sa réflexion sur le monde de la coopération, on découvre sa définition de ce que pourrait être un vrai citoyen. Un vrai citoyen fortement engagé. Comment pourrait-il en être autrement puisque le citoyen est le seul vrai moteur de la société ?

La coopération pourrait donc être vue comme un *autrement*, une alternative au capitalisme que nous connaissons maintenant et qui bouscule les sociétés de crise en crise, d'excès en excès, en plus de concentrer le pouvoir entre les mains des plus riches de la société.

Claude Béland a pu constater que le fonctionnement de la plupart des coopératives est une formidable formation démocratique. Chaque membre considère son droit de vote comme sacré et commande le respect de ses opinions comme il respecte celles des autres. Dans une société politisée comme la nôtre, où l'espace entre le citoyen et le chef de gouvernement est calculé en années-lumière, quand le vote est pratiquement perçu comme une perte de temps, où le cynisme atteint des sommets vertigineux, où le citoyen se sent condamné au silence parce que sa parole n'est jamais considérée comme importante et que la démocratie est en danger.

Pire. Selon Claude Béland, la démocratie n'existe pas vraiment en politique au Québec. Elle n'est devenue qu'une illusion dont le droit de vote est un symbole. Les structures du pouvoir politique ont fini par dépouiller le citoyen de sa capacité de faire entendre ses opinions et ses besoins. Il jette aussi un éclairage inquiétant sur les actions des Conservateurs d'Ottawa et présente une analyse troublante pour aider la démarche sur le *comment faire de la politique autrement* qui hante notre réflexion depuis des mois.

Le tour d'horizon que nous propose ce livre ouvre des perspectives nouvelles sur ce que le Québec pourrait devenir dans ce XXIe siècle. Il a le mérite de dénoncer des abus que nous n'avons pu empêcher jusqu'à maintenant, mais que nous sommes pourtant en mesure d'identifier. Il engage les citoyens de bonne volonté à reprendre le contrôle de leur développement et à assumer pleinement leur rôle de citoyens conscientisés dans notre monde politique et économique avant qu'il ne soit trop tard. Le temps de l'espoir pourrait enfin refaire surface.

LISE PAYETTE

Je me suis toujours demandé pour quoi
le coopératisme n'inspirait pas
plus d'érotisme et d'entrepreneurship que les ~~entreprises~~ sociétés
par actions (négociables ou pas).
Dans son ouvrage XXV, Claude Béland,
ce petit bout d'homme à l'énergie
tonique dont ~~mon père n'a jamais~~
~~pardonné~~ les aspirations ~~coopérat-~~
~~istes~~, soulève l'éternel débat
qui oppose depuis des siècles
régimes collectivistes et socio-écono
~~individualiques~~ individualistes.

INTRODUCTION

tous pour un et chacun pour soi

Depuis plusieurs décennies, j'œuvre dans le monde du coopératisme, dont les valeurs et règles d'action sont différentes de celles des entreprises traditionnelles. J'ai accompagné des hommes et des femmes engagés à accomplir des choses utiles, non seulement pour eux-mêmes, mais pour la collectivité et ce, dans une période du retour de l'historique dilemme entre les régimes socioéconomiques individualistes et les régimes collectivistes. Ce dilemme interroge les générations depuis longtemps, comme nous le verrons dans les prochains chapitres de ce livre. Il persiste sous des appellations différentes : monarchie, empire, oligarchie, aristocratie, démocratie ou, plus simplement, droite, gauche ou centriste, lucide ou solidaire. Et de plus en plus, à droite un jour et à gauche le lendemain au gré de l'humeur politicienne ou citoyenne.

Ma carrière de plus de 50 ans dans le monde des coopératives m'a fréquemment mis en présence de ce dilemme. J'ai vécu le temps d'un régime individualiste modéré, soit un libéralisme sous l'influence des valeurs judéo-chrétiennes. À l'époque, les pays dits individualistes (États-Unis, Royaume-Uni, Canada) misaient sur le succès individuel pour assurer celui du pays, tout en se préoccupant de l'intérêt de tous. Un exemple bien connu d'un excellent régime individualiste est celui d'Henry Ford, grand patron d'une usine de fabrication d'automobiles, qui, soucieux d'assurer une certaine autonomie aux individus, décide de doubler le salaire de ses employés, après avoir constaté que ceux-ci n'avaient pas les moyens d'acheter les automobiles qu'ils produisaient. Ce qui déclenche la colère des actionnaires de l'entreprise, mais le patron leur tient tête. Il déclare: « Le commerce et l'industrie sont d'abord et avant tout un service public. Nous sommes organisés pour faire autant de bien que possible, partout et pour toutes les parties concernées. Je ne pense pas qu'il faille gagner autant sur les voitures. Le bénéfice doit rester raisonnable, sans être excessif[1]. » Les individualistes se distinguaient des égoïstes, de ces individus qui ne pensaient qu'à leurs propres intérêts au détriment de la collectivité. Toutefois, ils se distinguaient des collectivistes et des associationnistes. Henry Ford ne tolérait pas les groupes, tels les syndicats de travailleurs, les unions citoyennes, les coopératives et les mutuelles. Autant il désirait aider l'individu à devenir autonome, autant il était contre toute forme de regroupement, craignant la création d'un contre-pouvoir. En réalité, ce même Henry Ford, à la tête d'un service qu'il disait public ne visant pas des profits excessifs, était un antisémite, un anti-catholique, un anti-syndical. Il voulait aider ses employés en tant qu'individus, mais non en tant que groupe de pression. À l'occasion d'une grève, en 1932, il n'hésite pas à autoriser la violence: quatre grévistes sont tués. Et en 1937, les hommes de main engagés par son directeur des ressources humaines agressent les dirigeants du syndicat. Poussé trop loin, l'individualisme confirme la volonté de cloisonner les individus: chacun doit réussir sa vie sans nuire à ceux à qui l'individualisme a déjà réussi! Ce régime politique individualiste a évolué sous

---

1. Charles Hampden-Turner et Fons Trampenaars, *Au-delà du choc des cultures*, Éditions d'Organisation, 2004, p. 68.

différentes cultures et selon des règles de vie communes à différents pays. On en vint à confondre individualisme et égoïsme.

D'autres pays préféreront reconnaître la souveraineté du peuple et le regroupement des forces individuelles afin d'assurer une force collective. Si les progrès de la société individualiste se mesurent au nombre de réussites individuelles, les progrès de la société collectiviste se mesurent au succès du groupe. D'un côté, l'encouragement à la concurrence, à l'autonomie, à l'enrichissement et à l'épanouissement personnels; de l'autre, l'association, le bien commun, la coopération, les liens sociaux, l'altruisme, le service public et l'héritage social. De toute évidence, les entreprises de l'économie sociale (coopératives, mutuelles et organisations à but non lucratif) s'inscrivent dans cet esprit de l'associationnisme, une forme modérée et démocratique du collectivisme. Comme le capitalisme, le collectivisme a évolué sous différentes cultures, de sa forme la plus modérée, soit celle de l'économie sociale (coopératives, mutuelles et organisations à but non lucratif) jusqu'au communisme radical, en passant par différentes formes de socialisme.

J'ai été témoin des excès des régimes autant individualistes que collectivistes. Récemment, d'un côté comme de l'autre, sous l'effet de l'évolution spectaculaire des sciences théoriques et des nouveaux moyens de communication, la course à la conquête des marchés mondiaux a exacerbé la concurrence entre les pays et favorisé l'enrichissement rapide d'une minorité. La plupart des régimes individualistes se transforment alors en régimes égoïstes, non pas par la volonté citoyenne ou par la volonté des élus, mais par la libéralisation du capital. Les grands régimes collectivistes radicaux – les pays socialistes ou communistes – deviennent des régimes où le « collectif » ne se mesure qu'à la puissance de l'État lui-même, au détriment même du mieux-être des populations. Il en résulte l'effondrement éventuel des régimes européens dits du bloc de l'Est, alliés de l'URSS, ainsi que des gouvernements albanais et yougoslave, également communistes, mais ayant rompu avec l'URSS plusieurs décennies auparavant. Ce fut l'occasion de proclamer, en certains milieux, le triomphe de l'individualisme et du capitalisme.

Un triomphe de courte durée, puisque l'accélération incontrôlée de la mondialisation, comme nous le verrons, n'a pas évolué dans un sens favorable aux populations. De là, le retour du dilemme *individualisme et collectivisme*. Nous sommes toujours en présence de deux camps.

Certains nieront cette dernière affirmation, répétant qu'il n'existe qu'un camp, celui du capitalisme et l'espoir que, désormais, l'humanité évoluera sous la gouverne d'une pensée unique, celle du néolibéralisme, le processus démocratique n'étant réservé aux populations qu'aux fins des élections de leurs dirigeants. Les valeurs du capitalisme se sont imposées : voilà que nous ne vivons pas dans des sociétés, mais dans des économies. On ne cesse de proclamer le triomphe du capitalisme.

Prétendre à la mort du collectivisme est une erreur. C'est ignorer la présence dans le monde d'un courant associationniste et collectiviste persistant, mais moins radical. Un courant important qui mérite d'être mieux connu, celui du coopératisme. Malheureusement, la plupart des grands médias étant contrôlés par des promoteurs de sociétés individualistes, la réalité collective et associationniste ne leur paraît guère intéressante. Dans ce monde globalisé, les régulateurs du monde financier sont partisans de la reconnaissance universelle d'une pensée unique – sans égard aux vertus d'une économie plurielle. Ainsi, dans le monde, les coopératives de services financiers ou autres coopératives soumises désormais à la pensée unique internationale se sont vu déposséder d'une grande part de leur liberté, au point de laisser croire qu'elles se ralliaient à cette pensée unique. La réalité est plutôt qu'elles n'y consentaient pas et que les forces concurrentielles les y obligeaient.

Malgré ce basculement du monde, des millions de gens, dans le monde d'aujourd'hui, grâce aux coopératives non directement soumises aux diktats des marchés internationaux, vivent les valeurs coopératives et en retirent les bienfaits d'une vie collective rassurante. Il existe toujours deux camps : ceux qui se prétendent lucides et ceux qui se veulent solidaires.

J'ai vécu ces débats et ces temps de turbulence comme acteur du monde du coopératisme. J'ai choisi l'association-nisme ou le collectivisme modéré – celui qui reconnaît la souveraineté citoyenne – pour deux raisons principales. La première est très personnelle et inscrite dans mes gènes : sixième enfant d'une famille de sept, fils d'un père commer-çant engagé socialement et d'une mère dont la santé était fragile et à qui il fallait accorder une présence continue, j'ai compris, très jeune, que, pour vivre heureux dans une famille, il fallait que chacun y apporte le meilleur de lui-même, que chacun renonce à ne penser qu'à lui-même et soit plutôt préoccupé par le bien-être des autres. C'est ce que nous avons réussi chez nous... et nous étions heureux ! De là, m'est venue la conviction que la société elle-même se devait d'être animée du même esprit familial. Voilà la pre-mière raison. La deuxième : j'aime mon pays, le Québec. Il est habité par un grand peuple, mais ce peuple n'est pas nombreux. Pour assurer la pérennité de la nation québé-coise, la démocratie participative et la solidarité s'imposent. De là, l'importance d'assurer le tissage de liens sociaux solides.

Le Québec de ma jeunesse a connu cette cohésion sociale. Les historiens me rappellent qu'au temps de la conquête de son territoire par des étrangers, la solidarité des Québécois, inspirés par les valeurs religieuses de l'époque, a permis de résister à l'assimilation souhaitée par les conquérants anglais. Une solidarité qui persiste au moment de la Révolution tranquille, fin des années 1950, alors que le Québec est invité à la modernité. Ce fut la période du « Maître chez nous », du Québec Inc., de Qualité-Québec et autres innovations, auxquelles j'ai participé. Au fil du temps, les valeurs religieuses cèdent le pas aux valeurs sociales au soutien d'une social-démocratie. Les élus, dans l'espoir de conquérir le pouvoir, transforment cette nouvelle société, au rythme des promesses électorales, en un État plus généreux. S'annonce une nouvelle Providence, l'État-providence.

Puis vint l'accélération de la mondialisation (les années 1980), ce que d'aucuns ont appelé un monde nouveau. Cette fois, les valeurs sociales cèdent le pas aux valeurs économiques. Si, naguère, le statut social tenait au fait d'être un bon chrétien ou, par la suite, d'être un bon Québécois, voilà qu'aujourd'hui, le statut social tient à la richesse. Du moins, c'est la fréquente réponse que j'obtiens de plusieurs étudiants universitaires à qui je pose la question. L'argent attire le bonheur, disent-ils. Autres temps, autres valeurs, autres mœurs. Conséquence ? Chose certaine, ces valeurs « modernisées » ne sont pas propices à l'émergence d'une certaine cohésion sociale et à la création de liens sociaux dont toute société a bien besoin. Elles favorisent plutôt un basculement du monde vers un régime individualiste ou, pire, un régime égoïste au point où l'État pactise avec le grand capital et favorise surtout les producteurs de richesse et non le « petit monde qui ne produit rien ».

On assiste au basculement du régime associationniste vers un régime individualiste. Ce qui ne peut qu'affaiblir le Québec. En 1992, le professeur François Moreau écrivait déjà :

« La bourgeoisie associée à Québec Inc. avait réussi à changer la perception des enjeux économiques québécois et avait réussi à mettre l'accent collectif sur la reconquête des leviers de développement.»

J'ai vécu cette période d'une ferveur et d'une convergence efficace des leaders économiques québécois afin de permettre au Québec de conserver et même de développer ses leviers économiques, en vue d'assurer la pérennité de la nation. De son côté, l'État, attentif à la propriété québécoise des entreprises, n'hésitait pas à intervenir ou faire intervenir les forces québécoises pour que toutes les transactions se fassent au bénéfice de la population québécoise. En 2003, les dirigeants du Parti libéral publiaient un texte énonçant leur vision du modèle québécois qui en disait long sur l'importance du projet collectif. On y lit ce qui suit :

« Le caractère pluriel de la nation québécoise commande un nouveau projet collectif qui reflétera cette fois les besoins de toutes les communautés culturelles qui constituent cette nation. [...] Ce projet, c'est le renouvellement du modèle québécois afin qu'il incarne toute la singularité et la pluralité de l'identité québécoise.»

Autant en emporte le vent! Depuis la crise de 2008, malgré tous les débats, rien de sérieux n'a été fait pour ralentir ou empêcher l'accélération vers l'individualisme et pour incarner la singularité de l'identité québécoise. Au contraire. Les temps présents nous font reculer par rapport à ce modèle qui a permis au Québec d'entrer dans la modernité. C'est pourquoi, par ce livre, je désire contribuer à la réflexion collective sur ce sujet, d'autant plus que le fait coopératif occupe une place importante dans le monde d'aujourd'hui. En déclarant l'année 2012 l'Année internationale des coopératives, l'Organisation des Nations Unies a reconnu le rôle important que jouent les coopératives dans la renaissance d'un monde meilleur. En marge de ce monde individualiste, le monde du coopératisme et de la mutualité a traversé les derniers siècles. Il a traversé les guerres, les régimes dictatoriaux, les rideaux de fer. Il a résisté au prétendu triomphe de l'individualisme. Mon expérience coopérative sur le plan international m'a fait réaliser que le coopératisme et la mutualité sont humainement riches. Personnellement, j'y ai beaucoup appris sur l'être humain, sur ses motivations, sur l'évolution de ses valeurs, de ses espoirs et sur le sens qu'il donne à la vie. J'ai pu mesurer aussi le conflit perpétuel chez les individus entre, d'une part, les instincts naturels de leur animalité, soit les désirs innés de possession et de domination et, d'autre part, leur capacité à raisonner et à conceptualiser des règles du «mieux-vivre ensemble» dans les sociétés dans lesquelles ils vivent. J'ai compris le désir de pouvoir de l'être humain, lequel s'incarne de trois façons : par la violence ou par la richesse ; ou en groupe, par le partage de valeurs communes. Or, acquérir le pouvoir par la violence ne règle rien. Il ne fait que provoquer la vengeance et des guerres sans fin. La richesse est créatrice d'inégalités. Seule la démocratie – le pouvoir du groupe – permet de stimuler des valeurs plus civilisatrices, la raison de la majorité étant toujours la meilleure ou du moins la plus sûrement paisible. J'ai alors compris l'importance de règles de gouvernance ouvrant toutes grandes les voies d'une liberté qui ne nuit pas à celle des autres, d'une égalité des droits et des chances de chacun et d'une solidarité en vue d'établir des garde-fous protégeant des tentations de céder aux instincts de la cupidité, de l'égoïsme et aux désirs de possession au détriment des autres. De l'importance de l'éducation citoyenne et du «Connais-toi toi-même».

Scrutant l'histoire de l'humanité, j'y ai découvert, à travers les siècles, les valeurs civilisatrices, mais aussi les penchants individualistes de l'être humain, autant de forces contraires en lutte : les forces de son animalité et la générosité de ses raisonnements et de sa conception d'un monde idéal. Une lutte dure à porter pour l'humanité et qui empêche une civilisation pleine et réussie.

Dans un monde à changer, il m'apparaît impensable qu'on ne puisse repenser la réalité économique et sociale sans rappeler l'histoire et les mérites du coopératisme au cours des derniers siècles et dans le monde d'aujourd'hui. Récemment, un article de l'éditeur et écrivain Jacques B. Gélinas[2] dans lequel il réfère à deux courants marquants dans l'histoire du monde, soit le courant primaire et le courant civilisateur, m'a beaucoup intéressé. Il inscrit le coopératisme comme moteur de ce dernier courant. J'ai exploré cette piste. Elle m'apparaît fondamentale à la compréhension du processus de civilisation. Elle est la piste tracée pour le parcours de ce livre. Non, je ne parlerai pas de gros chiffres et de succès financiers puisqu'ils sont connus. Pour changer le monde, il ne suffit pas de permettre à quelques-uns d'accumuler de grandes richesses puisqu'ils contribuent si peu au progrès de la civilisation et au changement du monde. Pour changer le monde, il faut, par les valeurs et le système socioéconomique dominant, protéger l'ensemble des individus des effets pervers de leur animalité. Non pas uniquement par des lois, mais par l'intégration dans le système socioéconomique des valeurs et règles de gouvernance appropriées. Ce que portent déjà les vraies coopératives.

J'ai donc voulu témoigner de l'importance de ces valeurs coopératives comme moteur du courant civilisateur. Car l'important, ce n'est pas de créer des entreprises, mais plutôt de créer des sociétés faites pour tous et toutes. C'est pourquoi il m'apparaît important de démontrer l'importance de stopper les effets pervers du système socioéconomique dominant en rappelant que ce sont les hommes et les

---

2. Revue *Possibles*, vol. 32, n°s 3-4, automne 2008, article intitulé «Reconstruire l'économie sur le coopératisme», p. 136.

femmes qui font ce qu'est une société. De là, l'importance de mieux connaître l'humain, ses forces et ses faiblesses. Des faiblesses qui, exploitées, donnent ouverture au courant primaire, comme nous le rappellera le premier chapitre. Aux deuxième et troisième chapitres, puisque le changement du monde ne peut se faire que par un changement des valeurs dominantes, nous jetterons un coup d'œil sur l'historique de l'évolution de la pensée associationniste et coopérative dans le monde et plus particulièrement au Québec. Au quatrième chapitre, nous prendrons acte des leçons du passé québécois et tenterons de trouver une alternative au système dominant. Aux cinquième et sixième chapitres, nous verrons comment le coopératisme moderne peut contribuer à changer le monde, tout en éveillant à la vigilance et à la protection des valeurs fondamentales du coopératisme. Finalement, au septième chapitre, nous réfléchirons à l'avenir de la pensée coopérative.

Depuis la nuit des temps, le monde n'a cessé de chercher un système de vie commune idéal. Il n'a cessé de changer, sans jamais réussir à créer un tel système. Ce qui permet, encore aujourd'hui, de croire en l'avenir d'un monde meilleur.

EXTRAIT DE LA RÉSOLUTION DE L'ORGANISATION DES NATIONS UNIES AU SUJET DES COOPÉRATIVES

Rappelant la résolution 1980/67, l'assemblée générale des Nations Unies prend acte du rapport du Secrétaire général et proclame 2012 Année internationale des coopératives; encourage tous les États membres, ainsi que l'Organisation des Nations Unies et tous les autres acteurs intéressés, à profiter de l'Année internationale des coopératives pour promouvoir les coopératives et faire mieux prendre conscience de la contribution qu'elles apportent au développement économique et social; encourage les gouvernements à garder à l'étude, comme il convient, les dispositions légales et administratives régissant les activités des coopératives, en vue d'en favoriser l'essor et la pérennité dans un environnement socioéconomique qui change vite, notamment en leur offrant les mêmes possibilités qu'aux autres entreprises commerciales et sociales, y compris des avantages fiscaux appropriés et l'accès aux services et marchés financiers ; à utiliser et développer pleinement le potentiel et l'apport des coopératives en vue d'atteindre les objectifs de développement social, et en particulier l'élimination de la pauvreté, le plein emploi productif et une meilleure insertion sociale.

CHAPITRE PREMIER

Un monde à changer

Pourquoi un livre sur le coopératisme dans le Québec d'aujourd'hui? Parce que, d'une part, le libéralisme a subi en 2008 ce que des observateurs qualifient «d'infarctus libéral[1]» et qu'il s'impose de le guérir. D'autre part, les valeurs et les règles de gouvernance du coopératisme, particulièrement en cette Année internationale des coopératives[2], doivent être considérées parmi les remèdes à prescrire. À ce jour, la plupart des grands chefs d'État, par rapport à un réseau bancaire «trop important pour déclarer banqueroute[3]» et se mettant à l'écoute d'économistes ou de dirigeants des banques centrales, n'ont prescrit que deux remèdes dans l'espoir de remettre le malade sur pied. Le premier, l'injection de trillions de dollars dans le système bancaire et le deuxième, quelques mois de repos pour l'ensemble du système financier par le gel des taux d'intérêt par les banques centrales. Manifestement, à ce jour, les remèdes proposés ne suffisent pas. Le patient demeure fragile, incertain, inquiétant et les effets négatifs sur une bonne partie des populations

---

1. «Manière de voir», *Le Monde diplomatique,* décembre 2008 et janvier 2009.
2. L'ONU a décrété l'année 2012 Année internationale des coopératives.
3. Une déclaration de plusieurs grands chefs d'État et en particulier du président Obama des États-Unis.

dans le monde perdurent. Quatre ans après le début de cette crise, les taux d'intérêt des banques centrales sont au plus bas, le chômage en hausse, l'économie au ralenti, les pays lourdement endettés et les populations généralement appauvries, tout particulièrement les pauvres et la classe moyenne. Seuls les riches s'enrichissent. En conséquence, les États imposent aux populations des régimes d'austérité, tout en protégeant les grandes institutions financières et commerciales et leurs dirigeants.

Inspirés par les traitements imposés à l'individu victime d'un infarctus, plusieurs sont d'avis que le meilleur remède serait plutôt un *changement du régime de vie*. Déjà affaibli par des crises récurrentes au cours des dernières décennies, le système économique dominant est remis en question. Alors qu'à l'aube des années 1970, l'accélération de la mondialisation permettait d'espérer un monde plus paisible, plus juste et plus équitable, voilà qu'au contraire, cinquante ans plus tard, le monde évolue dans un environnement conflictuel de plus en plus violent, inégalitaire et injuste. L'humanité sous l'effet de la transition d'un libéralisme modéré à un libéralisme survolté s'éloigne de son projet de créer un monde plus empathique. Le système économique dominant ne répond plus aux besoins de l'ensemble des populations et éloigne l'humanité de la vision d'un monde idéal, comme souhaité dans les grandes chartes des droits de l'homme et du citoyen[4]. Alors qu'ils vivent la réalité contemporaine, la lecture de la *Déclaration universelle des droits de l'homme* suffit à éveiller un cynisme et une indignation chez les citoyens tant les écarts sont grands[5].

---

4. En particulier, la *Déclaration des droits de l'homme* adoptée par les membres de l'Organisation des Nations Unies en 1948.

5. En annexe, nous reproduisons l'avant-propos du texte de la *Déclaration universelle des droits de l'homme* de l'édition publiée à l'occasion du 60ᵉ anniversaire de son adoption en 1948 par les représentants des pays

De toute évidence, l'ultralibéralisme moderne n'a pas engagé l'humanité dans la direction souhaitée. Depuis les années 1970, l'évolution spectaculaire des sciences théoriques et des nouvelles technologies de communication et de transport contribue à une accélération du flux mondial des marchandises, des capitaux, des personnes, et des informations. On assiste à l'accélération de la mondialisation du commerce et de la finance, des migrations internationales et de la mondialisation culturelle. C'est la naissance du « village global » prévu par le grand communicateur canadien Marshall McLuhan[6]. Les êtres humains deviennent des « citoyens du monde ». Il fait apparaître des perspectives de temps nouveaux heureuses pour tous.

Toutefois, ce nouveau monde affecte le rôle et les pouvoirs réels des États et modifie les règles du jeu de la finance et du commerce. Comment réguler ces flux intercontinentaux et internationaux alors qu'ils traversent quotidiennement les frontières des États nationaux ? Se manifeste alors une inégale capacité d'action des États[7]. Les nouvelles relations internationales obligent les politiciens à s'adapter à une nouvelle définition de ces relations :

« L'interdépendance qui, par volonté délibérée ou par destination, se construit dans l'espace mondial au-delà du cadre étatique national et qui se réalise en échappant au moins partiellement au contrôle ou à l'action médiatrice des États[8]. »

membres de l'Organisation des Nations Unies et deux articles fondamentaux de cette déclaration.

6. Herbert Marshall MacLuhan était éducateur, philosophe, sociologue, professeur de littérature anglaise et théoricien de la communication canadien. Il est l'un des fondateurs des études contemporaines sur les médias.

7. Michel Beaud, économiste français, auteur de *Le basculement du monde*, La Découverte, 1997.

8. Bertrand Badie et Marie-Claude Smouts, *Le retournement du monde*, Presses de la FNSP, 1993, p. 70.

Comme telles, ces relations remettent en cause, volontairement ou non, la souveraineté des États et leurs revendications au droit exclusif à agir sur la scène internationale. Les géographes ont aussi une vision nouvelle du monde. À leur avis, le concept de mondialisation désigne deux dynamiques complémentaires opérant sur le plan mondial : d'une part, une dynamique de rapprochement des peuples (grâce aux nouvelles technologies de communication et de transmission des données) et de l'autre, une dynamique de nouvelles organisations sociales (création de nouveaux pays, le nombre des membres de l'ONU ayant considérablement augmenté, et aussi unions ou fédérations de pays – telles l'Union européenne, union de citoyens, etc.) Il s'agit là, comme pour les sciences politiques, d'un processus de changement et d'une nouvelle dimension des activités humaines.

C'est toutefois dans le secteur financier et économique que le bouleversement est le plus important. Deux définitions sont généralement reconnues : d'une part, la mondialisation économique se définit comme l'évolution du fonctionnement des firmes multinationales et leurs conséquences sur le plan de l'organisation du système des relations internationales. D'autre part, une deuxième définition, plus large, cherche à traduire le passage d'une économie internationalisée à une économie mondialisée. Il s'agirait «d'une économie globalisée dans laquelle les économies nationales seraient décomposées puis réarticulées au sein d'un système de transaction et de processus opérant directement au niveau international[9]».

Bref, un grand branle-bas. Si l'idée de la mondialisation apparaît au début des années 1960 dans les écrits d'universitaires américains, ce n'est qu'en 1980 que le terme «mon-

---

9. Robert Boyer, «Les mots et les réalités», dans *La mondialisation au-delà des mythes,* La Découverte & Syros, 2000, p. 15-16. Également cité dans Vincent Baudrand et Gérard Marie Henry, *La mondialisation,* Studyrama, 2006, p. 17.

dialisation» est utilisé dans un sens précis. Au cours des années 1990, plus circonscrit au champ de l'économie et de la finance, il connaîtra une diffusion rapide au sein d'autres disciplines universitaires avant de gagner le champ médiatique. Ce mot magique sera partout diffusé, s'inscrivant dans le projet d'années encore plus glorieuses que celles des Trente Glorieuses de l'après-Grande Guerre mondiale de 1939-1945. L'aspect économique et financier de l'activité humaine devient prioritaire. De grands économistes se chargent de faire la démonstration de l'importance de l'argent. «*Désormais, le plus important, c'est l'argent*», ne cesse-t-on de rappeler. Pourquoi gagner de l'argent? Pour épargner et assurer une certaine sécurité individuelle? Non, il faut gagner de l'argent, pour dépenser, condition essentielle au développement économique! Dans les écoles de gestion, on forme des «*guerriers de la concurrence*» selon l'expression de l'économiste italien Riccardo Petrella[10]. Ainsi se font la dynamisation du libéralisme et son évolution vers l'ultralibéralisme. Si, à l'origine, le libéralisme misait sur la liberté individuelle et la surveillance de l'État en vue d'assurer l'égalité des droits et des chances des individus, désormais il est plutôt proposé de réduire le rôle de l'État, de déréglementer, de décloisonner, de libérer de toute contrainte les acteurs du commerce et de la finance, ces nouveaux sauveurs des nations. Alors que naguère, le projet social misait sur la démocratie et sur un système d'échange des biens et services équilibré par une saine concurrence afin d'assurer «le juste prix», voilà que le libéralisme survolté – l'ultralibéralisme

---

10. Riccardo Petrella est un politologue et économiste italien, enseignant à l'université catholique de Louvain. Il a notamment fondé en 1991 le groupe de Lisbonne, composé de vingt et un universitaires, dirigeants d'entreprises, journalistes et responsables culturels, pour promouvoir des analyses critiques des formes actuelles de la mondialisation.

– accorde volontiers le pouvoir au capital et autorise la monopolisation du marché, la maximisation des profits et des rendements sur le capital pour une minorité par l'exacerbation de la spéculation. Alors que le libéralisme classique prévoyait un partage équitable de la richesse, au nom d'un régime démocratique, voilà que les écarts ne cessent de s'élargir entre une minorité de gagnants et une majorité de perdants. Ce nouveau libéralisme survolté transforme la concurrence en une forme subtile de lutte pour la conquête maximale des marchés et l'exploitation des uns par les autres. Il amplifie ainsi le pouvoir du capital au détriment du pouvoir de la société civile ou des individus. L'habileté de gestion se mesure en chiffres : la réussite se définit par la somme des richesses individuelles. En conséquence, en toute logique capitaliste, les politiques de rémunération des hauts dirigeants d'entreprises – tout particulièrement des dirigeants des institutions financières – se doivent de rétablir, comme au temps de la féodalité, des écarts de plus en plus importants entre ces génies de la finance et la moyenne de leurs employés. Désormais, des écarts de 1 à 100, 200, même 300 fois entre les salaires des hauts dirigeants et ceux de la moyenne de leurs employés sont décrétés alors qu'il est considéré qu'un écart de 1 à 20 est le seul socialement acceptable[11].

Au lieu de vivre dans des sociétés, le système dominant propose de vivre dans des économies, comme nous le disions en introduction. Naguère, l'économie était servante de la société. Désormais, c'est le contraire et la société est au service de l'économie. La dernière crise le confirme amplement.

---

11. Le nouveau président Hollande de France a annoncé quelques jours après son élection qu'il ferait en sorte que les échelles salariales des dirigeants des entreprises de l'État ne dépassent pas cette règle d'une équité salaire n'allant pas au-delà de 20 fois le salaire moyen des employés de l'entreprise.

Un branle-bas qui a servi à faire basculer le monde dans des crises économiques et financières récurrentes. Au fil du temps, des citoyens toujours plus nombreux réalisent que les espoirs d'un monde meilleur, par la libéralisation des pouvoirs économiques, sont utopiques. Pire, les populations en viennent à la conclusion qu'elles ne vivent plus dans des régimes démocratiques et que leurs dirigeants politiques sont incapables de vaincre la nouvelle force du pouvoir économique et financier. Désormais, le capital domine. L'espoir de créer, grâce à l'évolution des moyens de communication et de production, un monde plus fraternel et plus égalitaire s'évanouit. Répétons-le : l'humanité, du moins en cette partie du monde vivant dans des environnements démocratiques, sous l'effet de la transition d'un libéralisme modéré à un libéralisme survolté, s'éloigne de son projet de créer un monde plus égalitaire. Au contraire, le capitalisme promeut l'égoïsme non seulement individuel, mais collectif, sans égard au mieux-être commun. Aux États-Unis, par exemple, le fameux débat sur l'assurance maladie universelle ainsi que celui sur la nécessité d'augmenter les impôts des riches afin de réduire la dette faramineuse de ce pays ont démontré le peu de souci que se font les partisans de la «droite» sur le sort des moins bien nantis et leur peu d'intérêt à créer une «civilisation empathique», comme le propose, entre autres, l'essayiste et spécialiste de prospective économique américain Jeremy Rifkin[12]. Il en résulte un fort sentiment d'impuissance des populations dans un monde où des forces lointaines dictent les règles du jeu et encouragent ce

---

12. Jeremy Rifkin, écrivain prolifique, penseur reconnu et respecté aux États-Unis, dans un livre intitulé *The Empathic Civilization* publié chez Tarcher-Penguin en 2009, affirme, après une longue étude de l'évolution des courants ayant façonné l'humanité au cours des siècles, que l'empathie est essentielle à la détermination de l'avenir de la civilisation et de la caractérisation de l'espèce humaine.

retour à un repli sur soi et à l'individualisme, chacun cherchant à protéger ses acquis. C'est le retour à *la lutte pour la vie.* «Cette concurrence du tous contre tous nourrit l'injustice du capitalisme[13]» écrit Christian Chavagneux.

Des déceptions

Les Trente Glorieuses à la suite de la Deuxième Guerre mondiale (1945-1975) ont créé de grands espoirs, disions-nous, l'espoir d'une plus grande fraternité dans le monde grâce à la perméabilité des frontières et l'évolution des nouvelles technologies de communication, de production et de transport. L'espoir d'une paix durable dans le monde. L'espoir de la création d'une plus grande richesse équitablement partagée dans le monde. L'espoir d'une accessibilité plus grande aux capitaux productifs pour tous. L'espoir d'une plus grande démocratie. Mais, contrairement à ce qui était prévu, la réalité est différente. L'espoir d'une plus grande fraternité dans le monde? Au contraire, on n'a même pas réussi à éradiquer les guerres. Les armes sont de plus en plus accessibles et meurtrières. Les règles internationales régissant jadis les guerres ne sont plus respectées. Ces guerres ne sont plus des affrontements entre militaires, mais elles ont aussi comme cibles les populations elles-mêmes, y compris des enfants. On assiste même à des guerres fratricides (la Syrie, la Lybie, la Palestine, etc.) Ces guerres sont des entreprises de destruction des territoires et de destruction de la vie de nombreux citoyens et citoyennes. Comme si la vie n'avait plus d'importance, des «kamikazes» n'hésitent pas à tuer des innocents en échange du sacrifice de leur propre vie! Quant aux démunis, exaspérés, ils s'indignent

---

13. Christian Chavagneux, Revue *Alternatives Économiques,* Éditorial, décembre 2008.

et se révoltent. Ils n'ont en fait rien à perdre puisqu'ils ne «vivent» pas, mais ne font qu'exister. Le printemps arabe (2011) à cet égard est éloquent. Un journaliste interroge un manifestant : «Pourquoi manifestez-vous ? Vous ne savez pas que vous risquez votre vie ?» Le citoyen répond : «*Je n'ai pas de vie dans ce pays. Je n'ai donc rien à perdre !*»

L'espoir d'une paix durable ? Au contraire, la perméabilité des frontières fait naître de nouveaux défis : celui du contrôle de l'immigration massive en certains États, le contrôle de l'espionnage, l'adaptation à un cosmopolitisme nouveau[14], l'apprentissage d'une nouvelle vie collective métissée, les crises identitaires, etc. Sans oublier cette nouvelle forme de guerre qu'est le terrorisme, y compris le terrorisme ethnique ou religieux. Conséquence ? De plus en plus, des frontières se referment ou imposent des contrôles plus serrés.

Une augmentation de la richesse par la production accélérée de biens ? Oui, certes, la mondialisation permet une augmentation de la production et de la création de biens et de services. Les biens circulent plus aisément qu'auparavant. Le produit mondial brut a doublé en moins d'une décennie et le volume du commerce mondial a triplé. Au stade atteint par ses moyens de production agricole, la terre pourrait nourrir normalement douze milliards d'êtres humains. Mais ces nouvelles richesses, qualifiées de *gloire de la mondialisation*, si elles sont nécessaires au progrès de la société, sont toutefois inégalement partagées. (Plus d'un milliard de personnes dans le monde vivent avec moins de 2 $ par jour !) Et d'une façon récurrente, des habitants de pays entiers souffrent d'une crise alimentaire. Une récente enquête de l'Institut national de la statistique et des études économiques

---

14. Ulrick Beck, économiste allemand, dans un livre publié chez Alto/Aubier en 2003, sous le titre *Pouvoir et contre-pouvoir à l'ère de la mondialisation*. Il affirme que le cosmopolitisme est sans doute la grande idée du XXIe siècle.

de France confirmait que les revenus des riches, depuis la fin des années 1990, avaient augmenté dans des proportions spectaculaires pour atteindre des niveaux qui dépassent l'imagination de la plupart de leurs concitoyens, alors que rien ne justifie de tels écarts[15]. D'autres statistiques montrent que 10 % de la population mondiale consomme 50 % des ressources! Aux États-Unis, 1 % de la population la plus riche encaissait 8 % du revenu national en 1973. En 2006, c'était 16 %! Une telle augmentation fait que les États-Unis sont le pays le moins égalitaire de la planète, après avoir connu la domination de la classe moyenne durant les Trente Glorieuses de 1945 à 1975! Le Canada se classe second : 1 % des plus riches, en 1973, empochaient, comme aux États-Unis, 8 % du revenu national et 13 % en 2006. Par contre, parmi les pays les plus égalitaires, on remarque la Suède : 5 % en 1973 et 6 % en 2006, et la France : 8 % en 1973 et 7 % en 2006. Les États-Unis sont ainsi reconnus comme le pays le plus individualiste alors que la Suède se classe parmi les plus solidaires et égalitaires[16].

Une meilleure allocation des capitaux devait aider les pays, disait-on, en voie de développement? On le constate aujourd'hui, les pays riches profitent de la concentration des capitaux et non les pays émergents et pauvres. Oui, il est vrai que, grâce à la mondialisation, certains pays, naguère considérés comme pauvres, deviennent plus riches, tels l'Inde et la Chine. Ce qui n'empêche pas toutefois la pauvreté à l'intérieur de ces pays. Si, aujourd'hui, on compte moins de pays pauvres – du moins dans l'hémisphère Nord ᵈᵉ la planète, on compte de nombreux pauvres et d'exclus ⌐ et l'écart entre les riches et les autres ne

ue *Alternatives Économiques*, n° 291, mai 2010, p. 47.
ᵉr et Paul Pierson, *Winner-Take-All Politics. How*
e Rich Richer – and Turned Its Back on the Middle
ᵗer, 2011.

cesse de s'élargir. On parle même de «la mondialisation de la pauvreté[17]». Autrement dit, le PIB (le produit intérieur brut) augmente, mais le BIB (le bonheur intérieur brut) diminue. Le journal *The Guardian* du 10 décembre 1993 posait cette question : Quelle est la différence entre la Tanzanie et Goldman Sachs ? L'un est un pays africain qui gagne 2,2 milliards de dollars par an et les partage entre ses 25 millions d'habitants. L'autre est une banque d'investissement qui a des revenus de 2,6 milliards de dollars et en distribue l'essentiel à 161 personnes[18]. Quinze ans plus tard, nous savons que ces disparités sont toujours présentes et même croissantes.

On pourrait souhaiter un meilleur partage de la richesse. Mais, on n'y arrive pas. Jadis, selon la théorie même du libéralisme, les deux moyens généralement reconnus pour partager la richesse étaient la création d'emplois et les impôts et les taxes gérés par l'État. Jadis, la création d'emplois était un des rôles des entreprises. Les patrons considéraient leurs employés comme des partenaires qu'il fallait protéger, eux et leurs familles, dans les moments difficiles. Produire des biens ou offrir des services en partageant les résultats de cette production entre tous ceux qui y contribuent, voilà ce qui était l'élément central du développement. Depuis le basculement des valeurs dominantes, le rôle de l'entreprise s'est modifié, sous la recommandation d'économistes ultralibéraux. Sous leur influence, l'élément central du développement est devenu prioritairement le progrès économique et financier. L'objectif premier – et parfois unique – de l'entreprise s'est transformé en la nécessaire création de la richesse principalement en vue d'une meilleure rémunération du

---

17. Michel Chossudovsky, *Mondialisation de la pauvreté et nouvel ordre social*, Écosociété, 1998, 383 p.

18. Richard Langlois, *Pour en finir avec l'économisme*, Éditions Boréal, 1995, p. 75.

capital, donc en faveur des actionnaires et des hauts gestionnaires. Fini le temps des politiques de rémunération visant à mieux partager la richesse. De là, les plaidoyers en faveur de la déréglementation, de la désintermédiation, du décloisonnement et du retrait graduel de l'État de toutes ces activités de production. À un point tel qu'une bonne part des mieux nantis, après avoir exigé et obtenu des subventions pour le développement de leurs entreprises, s'opposent à des hausses d'impôts. Ou, encore, profitent des paradis fiscaux ou autres trucs pour éviter de payer leur part d'impôts, tant corporatif qu'individuel. En conséquence, répétons-le, dans ce monde nouveau, l'écart entre les riches et les autres ne cesse de s'élargir. Au Canada, selon un rapport récent de l'OCDE[19], le fossé entre riches et pauvres s'est considérablement agrandi au cours des dix dernières années, partiellement en raison des dépenses sociales du gouvernement canadien qui se trouvent à un niveau inférieur de la moyenne des pays développés. Plus récemment, une étude du Conference Board du Canada en est venue à la même conclusion.

Y a-t-il amélioration de la démocratie ? Non, au contraire. Le rapprochement des pays, des peuples et des marchés que permet l'évolution des technologies de transport, de communication et de transmission des données et l'interdépendance des différents pays, éloigne les citoyens des centres de décision. L'idée de transformer la planète en un «village global» rogne les pouvoirs de l'État-nation, au point, pour l'individu, de perdre son statut de citoyen et de se transformer en simple consommateur ou bénéficiaire de l'État. Dans ce monde nouveau, le rôle primordial de l'individu est de contribuer par sa consommation à activer d'une

---

19. *La Presse Affaires*, 21 octobre 2008. Selon un communiqué de l'Agence Presse.

façon permanente et croissante le moteur de l'économie. D'ailleurs, le libéralisme réserve l'action démocratique aux affaires de l'État. Pour les affaires économiques et financières, le pouvoir est réservé au capital. Alors que la démocratie reconnaît la règle « une personne, un vote », le libéralisme et ses entreprises capitalistes préfèrent accorder le pouvoir au capital. Autrement dit, le libéralisme est fondé sur deux systèmes de gouvernance, le pouvoir démocratique minimisé pour les affaires de l'État et le pouvoir du capital exacerbé pour les affaires économiques et financières. Il n'est pas étonnant alors que l'exacerbation du libéralisme ait fait du pouvoir économique l'élément central du développement des sociétés.

Un sondage de Gallup International réalisé en 2006 en dit long d'ailleurs sur la démocratie moderne. Selon un des auteurs de la publication rapportant ce sondage[20], le sens du mot « démocratie » a évolué avec le temps, surtout depuis le XVIIIe siècle, « où il s'est transformé au gré de l'apparition d'une série de régimes prétendument démocratiques », écrit-il. Léger Marketing et Gallup International Association ont donc décidé de vérifier l'opinion des citoyens de 68 pays répartis sur les cinq continents en interrogeant 53 749 personnes sur les grands enjeux mondiaux, et en particulier sur la démocratie. Les résultats de ce sondage sont fort intéressants : en ce début du XXIe siècle, les peuples de toutes les régions, religions et classes sociales vouent une admiration sans précédent à la démocratie, du moins en tant que principe. Mais un sérieux doute plane quant à la concrétisation de la promesse démocratique. Quatre-vingt pour cent des répondants considèrent la démocratie comme le meilleur système politique, mais à peine 30 % d'entre eux se croient

---

20. Tony Cowling, Association TNS et Gallup International, Royaume-Uni, dans *L'opinion du monde*, publié par les Éditions Transcontinental, p. 15.

vraiment gouvernés selon la volonté de la population et 48 % ont le sentiment que les élections dans leur pays ne sont pas libres et justes, 47 % croient le contraire et 5 % l'ignorent. Au Canada, 85 % sont d'avis que la démocratie est théoriquement le meilleur système, mais 31 % croient que, dans leur pays, les élections ne sont pas libres et justes et 60 % sont d'avis que le pays n'est pas gouverné selon la volonté de la population. Conclusion des sondeurs : on note une admiration pour le principe de la démocratie mais une grande désillusion pour sa pratique.

Ces espoirs déçus ont connu leur apogée au moment de la crise de 2008. Une crise confirmant les excès du système économique comme le responsable direct de cette profonde crise financière. À ce sujet, Jean-Robert Sansfaçon écrivait :

« La crise financière de 2008 avait été directement causée par les grandes banques des pays développés, que leur appétit immodéré pour le profit et les bonis avait conduites à tous les excès. En l'absence de contrôle suffisant, voire avec la complicité des pouvoirs politiques convaincus des bienfaits de la déréglementation des marchés, l'ère de la droite républicaine américaine se terminait dans le plus fantastique chaos des 50 dernières années. »

Des effets négatifs

En plus de ces espoirs déçus, l'exacerbation du libéralisme produit des effets négatifs. Premier effet négatif : il concentre sa stratégie à stimuler les instincts de l'être humain plutôt que sa raison. Il encourage la domination, la possession, l'exploitation des autres. Le « *un pour tous, tous pour un* » est remplacé par le « *chacun pour soi* ». Il y a crise des valeurs, le « *chacun pour soi* » devenant la meilleure protection des acquis. Sous les grands souffles de la mondialisation économique, ces valeurs collectives ont cédé la place à des valeurs individuelles. Dit autrement, l'éthique du mieux-être commun – celle qui permet aux sociétés de se développer en harmonie et d'assurer la mise en place d'une société non seulement libre, mais surtout égalitaire, perd son influence sur les populations. Elle est remplacée par une éthique du bien-être individuel ou du chacun pour soi. Je ne dis pas que sont disparus les moments ponctuels de générosité (oui, je sais, on peut citer de nombreux exemples de générosité populaire occasionnelle). Ayant fait carrière dans le monde de l'économie sociale, je connais les efforts de milliers de gens œuvrant à créer une société meilleure. Mais l'éthique dominante n'est plus celle du mieux-être commun, mais plutôt une éthique du profit, du rendement, de l'enrichissement individuel, de la protection des acquis, sans trop se soucier du mieux-être des autres.

Les grandes coopératives, celles qui sont soumises à des normes internationales, se sont vues limitées dans la pratique de certaines valeurs coopératives. Ces normes les ont obligées à des adaptations nombreuses. Heureusement, les coopératives de petite taille (non pas seulement en termes d'actifs mais en termes du nombre de membres) ont conservé leur entière liberté. Ces coopératives sont précieuses dans la démonstration de la possibilité d'un monde meilleur, soit un monde plus soucieux du mieux-être commun. Comme l'écrit Jacques Attali : « L'humanité ne peut survivre que si chacun se rend compte qu'il a intérêt au mieux-être des autres. » Ce que je crois profondément. Cette empathie, de toute évidence, est le fondement de toute forme de société. L'individualisme égoïste, par définition, est antisocial. Il est l'ennemi de la solidarité. L'ennemi de cette fameuse règle : l'union fait la force! L'individualisme est l'ennemi d'une société juste et plus égalitaire. Il est l'ennemi de la coopération. Les coopérateurs anglophones le disent à leur façon : « *United we stand, divided we fall!* » La devise des trois mousquetaires d'Alexandre Dumas n'était-elle pas : *Un pour tous, tous pour un!* au risque d'en mourir! Une devise répétée maintes fois par les coopérateurs au cours de leur histoire.

Deuxième effet négatif : le système dominant crée un déséquilibre entre les pouvoirs fondamentaux et les responsabilités de la société démocratique, soit le pouvoir politique, le pouvoir économique et le pouvoir de la société civile. Dans un discours prononcé à Davos, en Suisse, en 1998, devant les chefs d'État et richissimes entrepreneurs du monde, madame Hillary Clinton[21] disait :

« En cette fin de siècle, et le regard porté sur le début du suivant, je pense qu'il nous incombe à tous, quelles que soient notre expérience et nos perspectives propres, de réfléchir aux conditions grâce auxquelles, et l'économie, et les États et la société civile pourront s'épanouir, et de créer un cadre adéquat à leur articulation. Le tout forme en quelque sorte un tabouret à trois pieds. S'il n'y avait qu'un pied, ou deux pieds, même très solides, toute stabilité serait interdite. Quelle que soit la puissance des économies et des États, rien ne peut tenir sans le dynamisme et la vitalité de la société civile. »

Elle ajoutait, après avoir reconnu que tous ces chefs travaillaient avec compétence au progrès des pouvoirs économique et politique, que le troisième pied de ce tabouret (la société civile) l'intéressait particulièrement parce qu'il était négligé par le pouvoir économique et trop souvent par le pouvoir politique. À son avis, il fallait redonner le pouvoir auquel a droit la société civile – seule façon, disait-elle, de rétablir l'équilibre dans le monde.

---

21. Hillary Clinton, *Civiliser la démocratie*, Desclée de Brouwer, 1998, p. 23.

Troisième effet négatif et particulièrement décevant : un affaiblissement des contre-pouvoirs, entre autres dans le monde du travail, et dans le monde des entreprises ou associations sous contrôle démocratique. Jadis, les travailleurs et les travailleuses exerçaient leur action syndicale essentiellement dans un cadre national : or, la mondialisation est venue changer la donne avec l'apparition de nouveaux outils de production. La mécanisation, la robotisation, l'informatisation font concurrence au travail humain et à l'emploi : pas de pause-café pour les machines, pas de congés, pas de vacances, pas de négociations, mais de simples bris réparables rapidement. La machinerie fait partie de l'inventaire des biens de l'entreprise. En conséquence, le travailleur – l'être humain – est aussi considéré comme un outil de production. De là, la création de postes temporaires ou à temps partiel. Quant aux permanents, on n'hésite pas à s'en défaire dans les temps de ralentissement de la production. La cohorte des travailleurs est gérée de la même façon qu'est géré l'inventaire ! Plus question de se préoccuper de la retraite éventuelle des employés : finis les régimes à prestations déterminées, remplacés par des régimes à cotisations déterminées sans responsabilité financière de l'entreprise. Pour les travailleurs, surtout pour les jeunes, comment planifier l'avenir ? Les longues carrières chez le même patron sont plus rares. Le travailleur n'est plus considéré comme un véritable partenaire ou collaborateur de l'entreprise. Le patron « utilise » son personnel lorsque nécessaire. Par surcroît, se sont accélérées aussi les menaces de délocalisation des entreprises, ce qui a considérablement affecté le rapport de force entre les travailleurs et les employeurs[22]. À l'échelle mondiale, selon l'Organisation internationale du Travail

---

22. Jacques Létourneau et Nathalie Guy, « Mouvement syndical et altermondialiste », *Possibles*, vol. 32, p. 66.

(OIT), le taux de syndicalisation de la main-d'œuvre a chuté, entre 1975 et 1995, de 16 % à 8 %.

Pour leur part, les grandes coopératives et mutuelles – des entreprises se voulant historiquement à l'origine des contre-pouvoirs au système établi – sont également affaiblies par l'influence exercée sur un certain pourcentage de leurs membres par la puissance des messages des promoteurs des tendances libérale et capitaliste et des prétendus avantages à nuancer les règles et les obligations de la solidarité. Il en résulte que ces coopératives, particulièrement celles de services financiers, comptent désormais une minorité de coopérateurs et une majorité de... clients. C'est que l'ultralibéralisme ne fait pas appel à la raison mais plutôt aux instincts primaires, ceux de domination individuelle, de possession, d'enrichissement, de cupidité, autant d'instincts contraires aux valeurs fondamentales du coopératisme, lesquelles sont plutôt fondées sur la démocratie, sur l'entraide et sur la recherche du bonheur pour tous. Or, pour les coopératives, il devient malaisé, dans un tel environnement, de vouloir créer ou même maintenir des coopératives... sans ou avec moins de coopérateurs.

Ajoutons à notre liste d'effets négatifs cette idée de la fatalité de la mondialisation comme si la mondialisation était une fin et non seulement un moyen. Certes, les continents se sont rapprochés grâce aux nouvelles technologies. Oui, les peuples aussi se sont rapprochés et surtout les marchés. Mais «la manne» de la mondialisation n'appartient pas à l'ensemble des consommateurs ni aux petits producteurs mais à une minorité de grands producteurs ou marchands.

Un capitalisme tricheur

De plus, les promoteurs du néolibéralisme et de ses entreprises capitalistes mentent à la population. Ha-Joon Chang, professeur à la Faculté d'économie de l'Université Cambridge, auteur de plusieurs ouvrages primés sur l'économie, publiait récemment un livre intitulé «*23 things they don't tell you about capitalism*» (23 choses qu'ils ne vous disent pas au sujet du capitalisme). Dès le premier chapitre, le professeur Chang affirme que le marché libre – sur lequel se fonde le capitalisme – n'existe pas. Pourtant, on ne cesse de répéter que le libre marché est essentiel au capitalisme, alors qu'on devrait dire que le marché libre est essentiel aux grands détenteurs de capitaux qui s'en assurent ainsi le contrôle. Or, dit le professeur, cet argument fallacieux vise surtout à plaider en faveur de la liberté de contracter entre individus dans un système ultralibéral en faisant croire que l'intervention de l'État, par des lois ou des règlements sur le marché, nuit aux entrepreneurs et aux gens d'affaires en ce qu'ils ne pourront mettre au service de la population le maximum de leur potentiel et ainsi créer le maximum de richesses. Autrement dit, selon cette théorie, si les gens d'affaires ne peuvent faire ce qui leur semble le plus profitable pour eux-mêmes, ils perdront alors leur motivation! Ou encore, si le gouvernement plafonne les intérêts sur le capital, ou sur les loyers des logements, s'il prohibe certains produits financiers, s'il empêche la liberté totale de contracter, l'économie en souffrira! Il faut donc, disent les gens d'affaires, le libre marché – ce qui s'entend mieux que de dire qu'ils souhaitent plutôt la lutte individuelle pour la vie et que soit reconnue l'importance d'institutionnaliser la loi du plus fort et de permettre ainsi l'enrichissement d'une minorité. Vingt-deux autres chapitres du livre du professeur Chang confirment les mensonges du capitalisme. J'en retiens trois parmi cette longue liste : les compagnies capitalistes, dit-on, dans les milieux capitalistes, ne sont pas gérées dans l'intérêt des hauts gestionnaires ou même des actionnaires, mais dans l'intérêt des clients. Or, on le sait maintenant, les entreprises capitalistes sont en continuel conflit d'intérêts. Leurs dirigeants (dont ceux-ci sont la plupart du temps actionnaires) font continuellement face à ce dilemme : doivent-ils favoriser les actionnaires dans le partage des profits ou plutôt en faire profiter les clients ? On connaît la réponse. Récemment, au pays, une grande usine se spécialisant dans l'entretien des avions fermait ses portes, sans préavis et en annonçant ne pas avoir les ressources financières au paiement des salaires de ses employés. Toutefois, quelques mois plus tard, à la suite de la liquidation des actifs de l'entreprise, elle disposait de fortes sommes à verser... aux actionnaires ! La course au maximum de rendement sur le capital investi est la priorité de la plupart des entreprises capitalistes, surtout celles inscrites en Bourse et surveillées par des agences de notation[23]. On connaît plusieurs cas célèbres d'états financiers faussés aux fins d'obtenir une bonne note de la part des évaluateurs. Ou encore des cas de maximisation des risques aux fins d'obtenir un meilleur rendement, sans trop de soucier de pertes éventuelles pour les créanciers de l'entreprise ou pour les investisseurs dans le cas d'institutions de dépôt ou de gestion de placement. L'évaluation des entreprises ne se fait pas désormais en fonction de la qualité du service à la clientèle ou sur la base d'une juste répartition des bénéfices. Encore moins sur la qualité des politiques de gestion et de rémunération du personnel. Non, elle se fait en fonction de la hauteur du rendement de ce

---

23. Organisme public ou entreprise privée chargés d'évaluer la solidité financière de divers acteurs économiques.

capital ou de l'historique de la croissance du chiffre d'affaires. Ce sont là, selon les évaluateurs des performances des entreprises, les critères de réussite des entreprises modernes. Autre mensonge de la part des promoteurs du capitalisme : pour qu'elle soit juste, la rémunération des hauts gestionnaires doit être établie par un marché du travail libre. Or, encore là, l'expérience démontre le contraire. Ce marché libre a permis et toléré que les hauts dirigeants gagnent des sommes faramineuses, sans gêne et sans remord. Jadis, les salaires des hauts dirigeants des entreprises demeuraient secrets : aucune mention n'en était faite dans les états financiers annuels de l'entreprise. L'iniquité des salaires n'était guère appréciée des employés des entreprises et même des populations. Or, croyant ainsi plafonner les salaires, le législateur a, il y a quelques années, obligé la divulgation de ces salaires, espérant que la honte de certaines exagérations rétablirait une échelle de salaires à un niveau plus socialement acceptable. Or, le contraire s'est produit. Il en a résulté, à compter de cette divulgation, une vague de hausse de salaires des hauts dirigeants, chacun prétendant « valoir autant » que le chef de l'entreprise concurrente. Le marché du travail dit libre a permis l'augmentation indécente des salaires des hauts dirigeants – et un plafonnement, pour ne pas dire une diminution – du salaire du travailleur ordinaire.

Autre mensonge : les institutions financières sont plus performantes lorsque l'État ne s'immisce pas dans leurs affaires. Or, la crise de 2008 démontre le contraire. Leurs dirigeants nous diraient la vérité s'ils dénonçaient ce système aberrant sur le plan social : ce système qui privatise les revenus et socialise les pertes. Oui, liberté quand les choses vont bien. Solidarité de l'État (donc, du peuple) lorsque les choses vont mal ! Éric Laurent, dans son livre intitulé *La face cachée des banques*, rappelle ce scandaleux exemple :

«Le 2 mars 2009, AIG[24] a annoncé des pertes de 61,7 milliards de dollars pour le dernier trimestre 2008, ce qui correspond, pour l'ensemble de l'année, à près de 100 milliards de dollars perdus. Quelques jours plus tard, nouveau coup de théâtre : AIG révèle le versement de 165 millions de dollars en bonis à ses dirigeants.»

Un économiste américain célèbre traite aussi de cette question du capitalisme menteur. Dans un petit livre intitulé *Les mensonges de l'économie*[25], le renommé J. K. Galbraith démontre comment, en fonction des pressions financières et politiques ou des modes du moment, les systèmes économique et politique cultivent leur propre version de la vérité. Il écrit : « J'aimerais pouvoir être plus affirmatif sur un point. Dans le monde économique, il y a des idées bien établies, qui peuvent soutenir une politique, soit positive, soit négative. Combattre la récession exige de maintenir le pouvoir d'achat, en particulier des nécessiteux qui dépenseront leur argent. L'effet est assuré, mais on répugne à cette solution, assimilée à de la compassion inefficace. Or, ce qui est inefficace, ce sont les mesures profitant aux cadres supérieurs. Ces catégories socialement influentes bénéficieront le plus souvent d'avantages financiers sous forme d'allégements fiscaux. En l'absence de besoins, ces sommes ne seront pas forcément dépensées. On refuse aux nécessiteux l'argent qu'ils dépenseraient sûrement, on accorde aux riches un revenu qu'ils risquent d'épargner.» Il ajoute : «Les problèmes économiques et sociaux évoqués ici, tout comme la pauvreté de masse et la famine, peuvent être réglés par la réflexion et l'action. Ils l'ont déjà été. La guerre reste l'échec humain décisif.»

---

24. AIG, compagnie considérée comme étant la plus importante dans son domaine.

25. John Kenneth Galbraith, *Les mensonges de l'économie*, Paris, Grasset, 2004.

Des questions

La réflexion et l'action exigent de répondre à plusieurs questions. Comment se peut-il, malgré les milliers d'années d'expériences humaines sur la planète, que l'humanité n'ait pas réussi à instaurer un système de vie commune permettant à tous ses habitants d'y vivre, comme le souhaitait Aristote, «une vie pleine et entière»? L'humanité est-elle vraiment incapable de faire mieux? Pourquoi des populations sont-elles impuissantes à mieux gérer le «vivre-ensemble» dans leur milieu et ce, d'une façon durable? Malgré la globalisation, les êtres humains sont-ils condamnés, sous le prétexte de vivre sous le règne d'une pensée unique mondiale, à abandonner ainsi leur droit de regard que propose la démocratie? Comment expliquer qu'à chaque grand basculement du monde dans l'histoire de l'humanité, les représentants de pays prennent l'engagement de «civiliser» les relations entre les êtres humains et leurs États, de bâtir des sociétés paisibles, plus égalitaires et plus solidaires et qu'aujourd'hui, malgré ces engagements politiques, de nombreux peuples sont de nouveau en guerre, que les écarts entre les riches et les pauvres ne cessent de croître et que la planète surexploitée demande grâce[26]? Autant de questions posées aux êtres humains eux-mêmes puisque eux seuls sont responsables de la nature et de la qualité de leurs interrelations, de l'éthique et des règles de gouvernance du vivre-ensemble dans leur milieu. Ce sont les gens qui font ce qu'est une société: ils en portent les valeurs et en façonnent les comportements acceptables par la majorité, particulièrement lorsque le système politique dominant se veut démocratique. Pourquoi en est-il ainsi?

---

26. *Charte des droits et libertés des citoyens en France* en 1789; *Acte de l'Indépendance des États-Unis*; *Déclaration des droits de l'homme* de 1948 et autres.

Des questions à poser aussi aux dirigeants des différents pays dans le monde : pourquoi cette incohérence dans leurs engagements solennels à créer un monde meilleur alors qu'ils n'y parviennent pas ? Pourquoi les élus refusent-ils d'améliorer les institutions démocratiques ? Pourquoi refusent-ils d'appuyer l'éducation citoyenne ? Pourquoi tolérer un système politique et économique qui conduit aux écarts entre les riches et les autres ? Malgré l'avalanche de propositions diverses pour éviter de nouveaux échecs provenant de groupes d'économistes, de politiciens, d'altermondialistes, de journalistes et de nombreux chercheurs universitaires, malgré une littérature abondante sur le sujet, les populations constatent que peu de choses ont changé. Comme si les dirigeants de pays étaient impuissants devant les déviations du monde actuel. Au contraire, les effets de la crise se prolongent et les excès du régime de l'ultralibéralisme se maintiennent, ce qui démontre que les remèdes proposés ne sont plus appropriés et insuffisants à la satisfaction des besoins d'une grande partie des populations. Il faut un changement radical au régime de vie collective actuel. Il apparaît nécessaire de repenser le monde et de « vivre ensemble autrement, de faire de la politique autrement[27], de faire des affaires commerciales et financières autrement, d'exploiter autrement les ressources de la planète. Surtout, de penser autrement.

L'animal raisonnable

À bien y penser, c'est l'être humain qui fait ce qu'est le monde dans lequel il vit. De là, l'importance de mieux connaître la vraie nature de l'homme comme le proposait Alexis Carrel dans ce fameux livre écrit en 1936 sous le titre

---

27. Manifeste de Sylvain Pagé, député de Labelle à l'Assemblée nationale du Québec.

L'Homme, cet inconnu. On y apprend que l'être humain est un animal, guidé par ses instincts, ses réflexes, ses peurs, ses goûts, ses passions. Il se distingue, dit-on, des autres animaux, par le fait qu'il est un animal raisonnable, capable de penser, de réfléchir, de comprendre, de conceptualiser, d'organiser la façon dont il veut et doit vivre avec les autres et comment il peut assurer un échange harmonieux des biens et services nécessaires à la survie et au bonheur de tous. À la fois animal et raisonnable, il est donc tiraillé entre ses instincts et sa raison, ce qui en fait un être paradoxal et hybride, pas toujours cohérent. Des instincts de survivance, de possession et de domination, des désirs naturels de confort et de plaisir le portent à privilégier ses propres besoins à ceux de la collectivité. Il apparaît alors individualiste et égoïste. Déjà en 1714, Bernard Mandeville dans sa fameuse fable des abeilles développe la thèse de l'utilité sociale de l'égoïsme[28]. Une opinion toutefois vertement critiquée, à l'époque. Mais cette idée a, dit-on, inspiré l'économiste Adam Smith, voyant dans la volonté égoïste une stimulation à l'action individuelle pour mieux assurer à chacun une bonne qualité de vie. Déjà, se dessinait le dilemme de l'individualisme et du collectivisme.

L'être humain est donc influencé par ses instincts. Sa capacité de raisonner, toutefois, lui fait découvrir que son développement personnel est tributaire de ses relations avec les autres. Si son besoin de survivre l'invite à posséder, à s'enrichir et à assurer sa propre survie et son bien-être, sa condition d'être social l'invite à vivre avec et parmi les autres. Je dirais même à vivre avec et pour les autres afin d'assurer son propre développement et en retirer satisfaction. L'être humain est à la fois un être individualiste, égoïste, luttant pour son propre bien-être et, aussi, un être sociable,

---

28. Voir Wikipédia, sous la rubrique Fable des abeilles.

capable d'empathie envers les autres, un être complexe réagissant parfois animalement et parfois raisonnablement, tantôt individualiste, tantôt holiste. Un être complexe. Par surcroît, cet animal ne naît pas raisonnable. Il le devient lorsqu'il atteint «l'âge de raison», une étape de sa vie dont la durée varie selon le temps requis à son éducation. Par surcroît, cet animal devenu raisonnable ne vivra parmi les siens que pendant quelques décennies (la moyenne de durée de la vie est d'à peine 80 ans) de telle sorte que l'éducation à la vie communautaire ne peut qu'être permanente et toujours à recommencer, au rythme de l'arrivée des nouvelles générations. André Burelle[29] le dit encore plus clairement :

«On ne le répétera donc jamais assez : l'homme est un esprit incarné, capable par la pensée et le cœur d'embrasser l'univers, mais qui ne peut naître et grandir qu'enraciné dans des "patries charnelles". Ce besoin d'enracinement communautaire en fait, pour le meilleur comme pour le pire, un animal territorial incapable d'échapper aux contraintes du lieu. Et que ceux et celles qui prétendent en faire un être sans appartenance, coupé de son prochain et livré à la loi de la jungle économique, ne s'étonnent pas que l'homme puisse devenir un loup pour l'homme[30].»

En ce sens, l'être humain ne peut être simplement livré à la jungle économique, là où il ne peut exercer aucune influence ni contrôle. Il ne peut être coupé de son prochain. Parmi les mensonges du capitalisme, on peut certes rappeler ce bonheur promis grâce à une nouvelle citoyenneté – celle d'être «citoyen du monde».

---

29. André Burelle, philosophe de formation, professeur et conseiller auprès des gouvernements Trudeau et Mulroney, au Canada, en matière constitutionnelle.

30. André Burelle, *Le droit à la différence à l'heure de la globalisation*, Les grandes conférences, Fides, 1996, p. 13.

Un être global

L'être humain est aussi un être global. Chacun n'est pas seulement un artisan de la production des biens nécessaires à sa survie ou un industriel ou un commerçant, chacun n'est pas qu'un professionnel, ou un enseignant, un journaliste, un artiste, un travailleur, un religieux ou un consommateur. Chacun, chacune n'est pas qu'un père ou une mère de famille, ou un sportif, et surtout pas seulement un soldat qui s'oppose à un autre soldat ! Nous sommes tous un peu de tout cela à la fois, au cours de notre vie. À certains égards, toutefois, à la suite d'études et d'expériences, nous acquérons, je le concède, par l'enseignement et par la transmission de l'expertise des autres, une habileté ou une compétence pour l'exercice d'une activité particulière. Mais nous ne sommes pas seulement « cette » habileté ou « cette » compétence. Si tel était le cas, l'être humain se cloisonnerait dans les limites d'une seule facette de son individualité et serait guidé par les seules valeurs de sa « spécialité ». Ce cloisonnement ne suffirait pas à son bonheur. Ou encore, il agirait selon des valeurs différentes selon les circonstances : des valeurs religieuses le dimanche, des valeurs de sa profession ou de son métier durant la semaine, des valeurs d'époux, de père ou de mère de famille aux moments de la vie familiale, des valeurs de sportif, le samedi, etc. Puisqu'il est un être global, comment pourrait-il être guidé par des valeurs ou des éthiques différentes selon l'occupation du jour ? Un tel cloisonnement des esprits au contraire ne dissèque-t-il pas l'être humain et ne le compartimente-t-il pas en une partie d'être humain, devenu crédible uniquement à l'intérieur de son champ d'activité comme si, en exerçant sa spécialité, il cessait d'être citoyen ou citoyenne, père ou mère, ou d'être *quelqu'un* qui pense, qui aime, qui aspire au bonheur ?

L'éthique de l'être humain en tant qu'être global ne peut être que celle du mieux-être commun et non pas celle d'une kyrielle d'éthiques sectorielles. D'autant plus que cette tendance à compartimenter ainsi l'être humain ne me semble pas naturelle. Elle prend plutôt sa source dans l'évolution des systèmes socioéconomiques encourageant la spécialisation des individus. C'est le résultat, en particulier, de l'évolution du libéralisme économique fondé davantage sur le succès individuel que sur le succès collectif. Cette spécialisation a ses mérites, sans doute. mais ne répond pas aux exigences de l'être global. Ainsi, le néolibéralisme dominant dévie subtilement de sa finalité première, celle d'assurer le bonheur de tout un chacun.

Cet être vivant, individualiste, sociable, global, complexe, parfois spécialisé, est en quête permanente du bonheur – un bonheur qu'il n'arrive pas à définir et à distinguer des plaisirs, à moins de prendre le temps de réfléchir à sa raison d'être et aux vraies sources de son bonheur.

Le bonheur

Dans le contexte de la montée de l'individualisme, l'être humain n'arrive plus à définir le bien ou le mal. Pourtant, des philosophes et des sociologues renommés[31] ont, depuis fort longtemps, avec des mots différents, convenu des besoins fondamentaux pour assurer le bonheur de l'être humain et pour distinguer entre ce qui est bien ou mal. Il est bien, il me semble, d'assurer à l'être humain la satisfaction de trois besoins fondamentaux: 1) la satisfaction des besoins physiologiques ou des besoins primaires, soit se nourrir, se loger, se vêtir, et vivre en sécurité, autant de besoins assu-

---

31. Entre autres, Abraham Maslow (1908-1970), célèbre psychologue américain, considéré comme le père de l'approche humaniste.

rant la survie; 2) la satisfaction des besoins affectifs, soit aimer et être aimé, et développer un sentiment d'appartenance à une famille, à un milieu, à un pays – ce qui rejoint son besoin de vivre avec les autres pour assurer son propre développement en tant qu'être humain et pour contribuer au développement harmonieux des autres; 3) finalement, la satisfaction du besoin d'accomplir des choses et de réussir des projets, d'aller au bout de ses potentialités et de ses talents, ce qui est source de fierté.

De toute évidence, satisfaire uniquement ses besoins primaires n'assure pas le bonheur. Si tel était le cas, les prisonniers seraient les êtres humains les plus heureux: ils sont nourris, vêtus, logés, en sécurité (certains profitent même de la sécurité maximale!) et pourtant, ce stage en prison n'assure pas leur bonheur. Au contraire, le désir de la majorité est celui de leur libération. D'ailleurs, le grand chansonnier québécois Félix Leclerc n'a cessé de rappeler que «la meilleure façon de tuer un homme (ou, bien sûr, une femme) c'est de le (ou de la) payer à ne rien faire». En effet, il ne suffit donc pas de combler uniquement ses besoins primaires, l'être humain doit aussi satisfaire ses besoins affectifs, soit le besoin d'être apprécié des autres et le besoin de développer un sentiment d'appartenance à une famille, à un groupe, à un milieu de vie. Et finalement, source de fierté, il doit satisfaire ses besoins d'accomplissement et de réussite de ses projets.

C'est pour et par l'être humain que les systèmes socioéconomiques existent. Pour que les êtres humains puissent se construire une éthique du mieux-vivre ensemble et concevoir une doctrine socioéconomique qui tienne compte de leur nature, ils doivent nécessairement inventer un système qui les protège de leurs faiblesses, soit le désir de domination par l'exploitation des plus faibles, de la cupidité et du désir de possession sans limites.

L'oscillation des tendances

Cette animalité de l'être humain et sa capacité de raisonner sont à la source de grands courants d'influence dans le monde et à l'origine de cette longue histoire de doctrines socioéconomiques. Ce qui fait dire à Jacques B. Gélinas, écrivain et éditeur québécois :

« On allègue souvent, pour justifier le fonctionnement du système économique actuel, que l'agressivité, la domination et l'accaparement égoïste sont des comportements inhérents à la nature humaine. Cela n'est vrai qu'à moitié. Si on étudie de près l'histoire des civilisations, on constate que depuis l'apparition des villes-États organisées en métiers et en classes, deux tendances ont marqué concurremment l'organisation de l'activité économique dans les sociétés : 1) le courant primaire où prévalent l'instinct de domination, l'exploitation du travail des plus faibles et le pillage des biens produits par d'autres collectivités ; 2) le courant civilisateur où tend à s'affirmer un esprit de coopération et d'équité qui émane des aspirations humaines les plus profondes de liberté, d'égalité et de solidarité. L'esclavage, le servage et la colonisation sont des systèmes économiques qui perpétuent le premier courant, celui de la domination, de l'exploitation et de la violence. De même, l'ordre économique actuel, fondé sur l'individualisme, l'accaparement, la compétition, l'agressivité et en dernière analyse, la guerre économique, s'inscrit dans le droit fil de ce courant primaire[32]. »

On ne saurait mieux résumer, à mon avis, l'histoire des relations entre les peuples et les individus sur la planète, d'autant plus que ces deux courants sont toujours présents. Ils influencent l'histoire de la pensée économique et démo-

---

32. Jacques B. Gélinas, « Reconstruire l'économie sur le coopératisme », *Possibles*, vol. 32, n°s 3-4, automne 2008, p. 136 et s.

cratique depuis toujours. Charles Gide et Charles Rist, dans leur livre sur l'histoire des doctrines économiques, parlent de l'histoire séculaire du pendule qui mesure le temps dans l'histoire des idées[33]. Pour ce faire, ils se réfèrent aux deux grands pôles de cette oscillation, soit l'individualisme et le collectivisme. Ce mouvement, disent-ils, structure l'évolution de toutes les doctrines économiques. En près de 900 pages, ils écrivent l'histoire des doctrines économiques, s'arrêtant aux années 1930, soit quelques années avant la mort de Gide. Les grands doctrinaires de l'histoire sont présentés de chapitre en chapitre : les physiocrates avec Quesnay et Adam Smith, suivis des pessimistes (dont Malthus et Ricardo), des adversaires (dont Sismondi), des collectivistes (dont Saint-Simon), des associationnistes (dont Robert Owen, Charles Fourier, Louis Blanc), des socialistes (dont Proudhon), des libéralistes (anglais et français), de l'école classique (Stuart Mill), du socialisme d'État et du marxisme (Karl Marx), et évidemment, des Pionniers de Rochdale, reconnus comme les fondateurs de la première coopérative (xviiie siècle) et les promoteurs du coopératisme. Une longue liste qui devrait suffire à convaincre de la possibilité de changer les régimes socioéconomiques.

Chose certaine, au fil du temps, le courant primaire ne se dément pas. D'autant plus que certaines doctrines stimulent volontairement les instincts des êtres humains (soit la capacité de dominer, d'exploiter, de posséder sans limites). Alors que d'autres, à la recherche des règles du « mieux-vivre ensemble » proposent de valoriser, par les règles mêmes du système, les valeurs de liberté – une liberté qui ne nuit pas à celles des autres –, d'égalité, de solidarité et de fraternité. Autrement dit, un système porteur de valeurs civilisatrices

---

33. Charles Gide et Charles Rist, *Histoire des doctrines économiques*, Dalloz, 6e édition, 1944, p. 547.

et de garde-fous protégeant l'individu contre ses instincts humains, soit la cupidité, les inégalités, la domination. Dans certains, les valeurs du système s'intègrent dans les règles de gouvernance des trois pouvoirs essentiels à toute société, le pouvoir politique, économique et social ; parfois, ces règles sont différentes, chacun de ces pouvoirs étant influencé par des valeurs différentes. Par exemple, le système dominant actuel (l'ultralibéralisme) accorde le pouvoir décisionnel au capital lorsqu'il s'agit des affaires économiques et le pouvoir démocratique lorsqu'il s'agit du pouvoir politique. Cloisonner ces trois pouvoirs en des chapelles différentes provoque les incohérences que le monde actuel vit difficilement depuis quelques décennies.

L'histoire de l'évolution des régimes démocratique et économique est aussi celle des courants primaire ou civilisateur. Les êtres humains en tant qu'animaux réagissent spontanément aux stimulations de leurs instincts et de leurs réflexes. Ces actions instinctives ne sont pas raisonnées. Tombé à l'eau, l'enfant se débat non pas parce qu'il raisonne les risques de sa chute, mais parce qu'il en perçoit instinctivement les dangers. De la même façon, il réagira instinctivement et refusera de partager ce qu'il possède jusqu'à ce que ses parents le raisonnent et l'invitent à partager. En somme, l'individu ne devient raisonnable que lorsqu'il atteint l'âge de raison, soit l'âge où il sera éduqué à la citoyenneté, comme nous le disions plus avant. Le besoin de sécurité et le désir d'exploitation des plus faibles se nourrissent de l'instinct de domination et de possession. Il en va de même non seulement pour les enfants, mais aussi pour les adultes dont le désir de bien-être individuel, de sécurité, de santé, de plaisirs ou de bonheur stimule leurs instincts de domination ou de possession, et souvent même l'exploitation des plus faibles. Des instincts si puissants qu'ils altèrent la capacité de raisonner. Le désir de posséder ou de

dominer ne connaît guère de limites instinctives : les fortunes des temps antiques comme celles d'aujourd'hui en
témoignent. Les limites à ces excès ne peuvent être imposées
que par le respect d'une «pensée raisonnable» et d'une
éducation aux vertus du courant civilisateur.

L'évolution des influences – L'Antiquité

Aussi loin qu'on puisse remonter dans l'histoire du monde,
cette dualité entre l'animalité et l'humanité de l'homme est
présente. Le courant primaire cohabite avec le courant civilisateur, à des degrés instables et divers. Aux temps fort
anciens de ce qu'on appelle l'Antiquité, soit des millénaires
avant J.-C., les règnes d'empereurs et de rois puissants
confirment la présence du courant primaire, mais aussi,
parfois, pour diverses raisons, des éléments du courant
civilisateur. Cette autorité d'origine divine, selon les croyances de l'époque, confiait au roi le rôle de pasteur de son
peuple, garant du bon ordre et de la prospérité de son pays[34].
Cette incursion dans la nuit des temps fait découvrir de très
grandes civilisations : celle de la Mésopotamie, par exemple,
(le territoire de l'Irak actuel), les empires pharaoniques dans
lesquels le pharaon, soucieux du bien-être de son peuple,
veillait à le nourrir afin de s'assurer de son obéissance et de
son travail. Ou encore l'ère du peuple hébreu et la fidélité à
la Torah, l'ère de la civilisation phénicienne évoluant vers les
premiers balbutiements de la démocratie de la civilisation
grecque et romaine. D'ailleurs, la notion du partage du risque ou de la protection de tous les membres d'une même
collectivité contre les malheurs ou les pertes remonte à la
plus haute Antiquité : déjà sont nombreux les témoignages

---

34. François-Nicolas Agel, *L'Antiquité*, Éditions Milan, Les Essentiels,
p. 7.

du souci de l'autre tout en se protégeant soi-même. Dans le code d'Hammourabi, 2250 ans avant J.-C. selon une étude juridique écrite par des avocats français[35] ou 1750 ans selon d'autres sources[36], deux millénaires avant J.-C., en ce qui concerne les transports par caravane, il était prévu que le vol, la maladie, la perte d'un chameau d'un des membres se devaient d'être compensés par la collectivité des caravaniers. Autre exemple : 600 ans avant J.-C., le législateur athénien obtint des groupements d'artisans leur intervention pour compenser les membres frappés par l'adversité. Ou encore, 300 ans avant J.-C., Théophraste fait état d'une caisse commune alimentée par des cotisations et dont le contenu servait à prodiguer des secours. Plus tard, des groupes d'entrepreneurs funéraires assurent à leurs membres, moyennant droit d'entrée et cotisations, un bûcher et un tombeau en cas de mort d'un membre de leur famille tandis que les légionnaires cotisent pour permettre à leurs membres de faire face à des frais de mutation, de retraite ou de décès. C'est dans le domaine des risques maritimes que finalement est apparue l'institutionnalisation de l'assurance, beaucoup plus tard, soit vers les années 1300 avant J.-C., le plus souvent sous forme de mutuelles, en vertu de la règle un pour tous, tous pour un ! Autant de mesures du courant civilisateur : la solidarité, l'entraide, le souci de l'autre.

Mais, pour les fins de nos propos, lorsqu'il est question de l'Antiquité, c'est le monde gréco-romain qui vient plus spontanément à l'esprit. Son univers nous apparaît familier et son influence est déterminante sur le monde occidental d'aujourd'hui. On réfère donc plus aisément à la période des

---

35. Voir www.jurisque, écrit par Me Jean-François Carlot.
36. Voir Wikipédia, sous Hammourabi. On parle plutôt de 1750 ans avant J.-C.

premières civilisations urbaines du IVᵉ millénaire jusqu'à la chute de l'Empire romain d'Occident. Une période de l'Antiquité est fortement marquée par le courant primaire, par des centaines d'années de régimes dictatoriaux, monarchiques ou militaires. Le courant primaire domine alors pendant des siècles. La plupart des rois et empereurs n'écoutent que leurs instincts de possession, de domination, de l'exploitation des plus faibles, profitant même de l'esclavage. Grâce à leur force militaire, ils s'enrichissent, pratiquement sans limites. C'est le régime de la loi du plus fort.

Au fil du temps, les inégalités scandaleuses entre la minorité des riches et la majorité des pauvres, les excès des uns et la misère des autres, éveillent la conscience et la sensibilité de philosophes et humanistes[37]. Dans leurs discours et leurs écrits, sous leurs influences, la propagation de l'idée d'amener le peuple primitif et exploité à un état supérieur d'évolution matérielle et culturelle ouvre de nouveaux horizons et encourage la participation citoyenne aux affaires de l'État. À Athènes, à Rome, quelque 700 ans avant l'ère du christianisme, sous l'influence de grands philosophes, l'idée d'une participation citoyenne aux affaires de l'État est proposée.

Des politiciens, influencés par cette pensée philosophique et juridique et cherchant à rétablir une certaine stabilité dans leurs cités fortement troublées par l'insatisfaction d'une bonne part de la population, proposent différentes formes de démocratie. Celle, par exemple, du législateur athénien Dracon qui, décidé à diminuer le nombre de meurtres dans son patelin, crée alors, pour la première fois, une ouverture au «droit commun». Il veut mettre fin à l'arbitraire des décisions des aristocrates. En vertu de règles applicables à tous, il ordonne des peines sévères aux délinquants. De là, l'expression connue: «des mesures draconiennes».

---

37. Périclès, Socrate, Platon, Aristote, etc.

Vingt-cinq ans plus tard, le législateur Solon élargit ce droit commun et procède à des réformes dites constitutionnelles. Ainsi, dans les différentes cités, certaines formes de démocratie cherchent à s'implanter.

On assiste aussi à des expériences nouvelles entre les années 530 et 30 avant J.-C. On doit à ce grand orateur que fut Périclès l'expérience de la démocratie à Athènes, soit la naissance d'un régime politique inédit, porteur de quelques éléments d'un courant civilisateur. Sauf qu'il s'agit d'une démocratie élitiste. Seule la classe riche, considérée supérieure, est reconnue «citoyenne». Il en résulte une lutte entre la classe populaire, dite la plèbe, et la classe supérieure, dite le patriciat. La démocratie est décriée (comment peut-on se laisser gouverner par une majorité d'ignares et d'illettrés?). Seuls ceux qui, par leurs richesses, démontrent leur capacité de décider des affaires de la Cité sont des citoyens.

Platon (au IVᵉ siècle avant J.-C.) se méfie de la richesse. À son avis, elle est la principale source de discorde. La recherche du superflu, disait-il, le désir d'acquérir plus qu'autrui, entraîne la chute de cette société idyllique sans discorde. Il ajoutait: la richesse, c'est la luxure, la mollesse, l'oisiveté, la fainéantise tandis que la pauvreté engendre le manque d'outils, la baisse morale et le travail mal fait. Il pose alors la question du juste et de l'injuste. Aristote (IVᵉ siècle avant J.-C.) dénonce le fait que les masses recherchent le bonheur dans les jouissances corporelles et ainsi ne se distinguent guère des esclaves et des bêtes, inspiré probablement par la pensée de Socrate qui met au-dessus de toute l'activité raisonnable et plus spécialement la fonction logique de l'esprit.

Ces formes de démocratie ne font pas l'unanimité. Le nouveau courant civilisateur affronte le courant primaire. Les marchands craignent la dilution de leur pouvoir économique, les exclus expriment leur insatisfaction. Il en résulte des luttes entre les cités. Et aussi des luttes entre les classes.

Au ive siècle av. J.-C. secoué par des guerres à répétition, Athènes est considérablement affaibli. Les politiciens sont davantage occupés par la défense militaire de leur coin de pays. La critique intellectuelle de la démocratie se fait de plus en plus forte, en particulier sous la plume de Platon. Celui-ci hiérarchise les régimes politiques en plaçant la démocratie devant la tyrannie et derrière l'aristocratie et l'oligarchie. Ce qui donna toutefois le coup de grâce à la démocratie athénienne fut la conquête de la Grèce par Philippe II de Macédoine, qui mit fin à l'indépendance des cités et à leurs systèmes politiques existants. L'idée d'un gouvernement par et pour le peuple est abandonnée. Et la démocratie sommeillera pendant plus de 1000 ans !

Le christianisme

Cela n'a pas empêché un grand prophète appelé Jésus de Nazareth de se faire connaître et de proclamer des valeurs contraires aux volontés des rois et des empereurs. De nouvelles valeurs, simples et généreuses, se résumant en quelques mots : Aimez-vous les uns les autres ! Aimez votre prochain comme vous-mêmes ! En somme, mettez fin à ce courant primaire, à ce mépris des esclaves, des pauvres, des exclus, des handicapés. Chassez les marchands du Temple et choisissez plutôt l'égalité, la fraternité, la solidarité, l'amour du prochain. Des foules entendent ce message créateur de liens sociaux et applaudissent. Ils apprécient ce message les reliant les uns aux autres par les valeurs d'un courant civilisateur. Pour les chefs de pays, il s'agit de discours séditieux. Jésus est accusé de désobéissance civile et condamné à la crucifixion. Le messager meurt, mais le message, cependant, survit. Au fil du temps, ce message est récupéré par ce qu'on a appelé les chrétiens qui en font une religion. Pendant quatre siècles toutefois, cette église porteuse de ce message d'amour du prochain est persécutée. En fait, selon Paul Veyne[38], l'Église chrétienne subit les deux pires persécutions de son histoire de 303 à 311. En 311, un des quatre empereurs qui se partageaient le gouvernement de l'Empire romain s'était résigné à mettre fin à ces persécutions, en reconnaissant dans une loi de tolérance que la persécution ne servait à rien, puisque les nombreux chrétiens qui avaient renié leur foi pour sauver leur vie n'étaient pas revenus pour autant au paganisme. Il y avait donc un trou dans le tissu religieux de la société, ce qui inquiétait les empereurs. Par surcroît, l'année suivante (312), un coempereur, Constantin, se convertit au christianisme à la suite d'un rêve qui lui annonce que grâce à cette conversion, il vaincra! J. B. Bury[39] en rajoute et écrit :

« Il ne faut jamais oublier que la révolution religieuse faite par Constantin en 312 a peut-être été l'acte le plus audacieux qu'ait jamais commis un autocrate, en défiant et en méprisant ce que pensait la grande majorité de ses sujets. »

En effet, libérés des dangers de persécution, les chrétiens, porteurs de ces valeurs civilisatrices – amour du prochain, respect des autres, partage des richesses, etc. –, recrutent de nombreux adhérents. Si bien qu'au VIᵉ siècle, l'Empire ne sera guère peuplé que de chrétiens. Autant de reconnaissance, sur le plan temporel, des valeurs permettant une nouvelle cohésion sociale créant entre les « sujets » des rois et des empereurs des liens sociaux solides et le partage d'un projet commun, tout en confirmant l'autorité des rois et des empereurs, héritiers d'une sagesse et d'une puissance d'origine divine, ce qui fait évoluer les relations entre les individus et entre les individus et les chefs de leur pays. Des valeurs

---

38. Paul Veyne, *Quand notre monde est devenu chrétien (312-394)*, Albin Michel, 2007, p. 9.
39. John Bagnell Bury, *A History of the Later Roman Empire*, Dover Books, 1958, p. 360.

qui favorisent aussi une certaine liberté individuelle, comme nous le verrons.

L'évolution vers la féodalité

Dès les premiers siècles de l'ère du christianisme se développe en Europe ce qu'on appelle la féodalité, une forme de décentralisation du pouvoir entreprise au temps de la décadence de l'Empire romain. Au fil du temps, en France, au cours des premiers siècles, « le petit peuple » trouve sa subsistance et sa sécurité dans la subordination à un seigneur auquel il doit faire serment d'allégeance et de soumission. Il gagne sa pitance en exploitant, à la sueur de son front, les terres appartenant à son maître. Solidement structurée de haut en bas, la société féodale offrait à chacun une place bien définie et immuable[40]. Cette société se plaçait sous le signe de la stabilité. À vrai dire, elle s'enracinait dans le sol. Nul ne pouvait quitter la terre à laquelle il était lié : le serf n'avait pas le droit de déserter, le seigneur n'avait pas le droit de le vendre. Ainsi allait la vie : certains étaient destinés à une noblesse servie par des vassaux et des serfs. D'autres, toutefois, moins nombreux, désireux de s'affranchir du régime féodal, préféraient se marginaliser et « gagner leur vie » autrement. Ils prenaient le pari de parcourir l'Europe, du nord au sud, souvent à pied, afin de vendre certaines marchandises. Au hasard de leurs périples, ils se retrouvaient souvent nombreux en certains carrefours des routes, devenus des lieux de rassemblement, qu'on a appelé finalement des « communes ».

Dès le XIIᵉ siècle, certains marchands réussissent à s'enrichir, ce qui naguère était exclusif à la noblesse. Certains marchands deviennent des bourgeois. Ils acquièrent ainsi

---

40. Éloi Leclerc, *François d'Assise*, Desclée de Brouwer, p. 18.

un certain pouvoir. Jadis soumis aux droits et privilèges des seigneurs à qui ils devaient verser des impôts et des taxes et forts de la puissance de leurs capitaux, ils réclament dès lors une plus grande autonomie et le droit de s'administrer eux-mêmes. Éloi Leclerc, se référant à cette époque, écrit : « C'est vraiment un autre type de société qui apparaît. La société féodale était fondée tout entière sur le servage et sur des relations de vassaux à suzerains. Le monde nouveau des villes rejette ce système de relations, qui s'avère tout à fait inadapté à une économie de marché et de libre circulation : il crée la "commune" libre[41]. »

Les marchands apprécient leur nouvelle liberté et décident d'en faire le fondement de la vie dans leurs communes libres. Heureux de cette nouvelle liberté pour eux-mêmes, ils décident de la partager. Ils établissent de nouveaux rapports sociaux entre eux et les habitants de ces communes fondées sur le droit pour celles-ci de s'administrer elles-mêmes, sur la libre circulation des biens et des personnes, sur la liberté de commerce, sur l'initiative privée, sur le droit à la propriété privée et la possession de richesses, tout en assurant une certaine égalité entre les humains. L'historien Jacques Le Goff écrit :

« Si l'inégalité économique, en matière de fiscalité urbaine, par exemple, ne peut être éliminée, elle doit se combiner avec des formules et des pratiques qui sauvegardent l'égalité de principe entre tous les citoyens. Ainsi, à Neuss, en 1259, il est stipulé que, s'il faut lever une taxe pour la nécessité de la commune, pauvres et riches jureront également (*quo modo*) de payer proportionnellement à leurs ressources[42]. »

---

41. *Ibid.*, p. 19.
42. Jacques Le Goff, *La civilisation de l'Occident médiéval*, Arthaud, 1964.

Mieux que l'adoption d'une charte ou d'une constitution, chaque membre de la commune doit s'engager au respect de nouvelles valeurs par des engagements sous le sceau d'un serment écrit. Le courant civilisateur prend de la force : « Rien n'est plus significatif que ce serment qui lie entre eux les membres d'une même commune. Les communes ont conservé la pratique du serment qu'elles ont reprise à la société féodale. Comme le vassal prête serment de fidélité à son seigneur, les bourgeois se prêtent serment entre eux. Les valeurs considérées comme essentielles, telle la parole donnée, sont maintenues. Mais à la différence du serment féodal qui était un lien d'homme à homme, le serment communal lie la personne à un groupe, en même temps qu'il engage le groupe entier. Et surtout, ce serment unit des égaux. Ce qu'il y a de proprement révolutionnaire à l'origine du mouvement communal urbain et de son prolongement dans les campagnes, c'est précisément le caractère égalitaire du serment qui lie entre eux les membres de la communauté[43]. »

Au départ, comme on peut le constater, l'avènement des communes porte l'idée de fraternité et d'un certain courant civilisateur puisque la commune se double souvent d'une confrérie religieuse, chargée de subvenir aux frais des membres nécessiteux en cas de maladie ou de décès. Liberté, égalité, équité, fraternité, fidélité : autant de valeurs qui affirment un esprit de coopération et d'équité, de solidarité, d'une éthique du mieux-être commun.

Il faut bien se garder toutefois de conférer un caractère idyllique à la révolution communale[44]. Nées de l'enrichissement des marchands, les communes visent avant tout à assurer le développement de cette richesse. Celle-ci permet de jouer un rôle prépondérant dans l'économie, bien sûr,

---

43. Éloi Leclerc, *op. cit.*, p. 29.
44. *Ibid.*, p. 33.

mais aussi dans la vie politique. Les plus riches occupent les charges communales et font les lois. La ploutocratie et par la suite l'oligarchie s'installent, les mêmes familles s'emparant du pouvoir. La cupidité, cet ingrédient du courant primaire, – s'éveille. À la cohabitation d'une minorité de richesses et d'une majorité de moins bien nantis, pour ne pas dire de pauvres. Malgré les serments et les divers engagements citoyens, les nouveaux riches dominent et s'octroient des droits et des privilèges. Ce genre d'abus se retrouve un peu partout en Europe. Des individus et des entreprises, profitant de cette grande et nouvelle liberté que permet ce lent basculement du monde vers des valeurs plus civilisatrices, font d'énormes bénéfices pouvant atteindre 100 % et parfois dépasser 200 % du capital investi. Il suffira de quelques années pour que la volonté d'égalité et de fraternité s'effrite parmi les plus riches. Apparaissent alors un retour aux fortes inégalités sociales. Le petit peuple peine aux métiers ou encore est réduit à la mendicité et à l'extrême pauvreté. La cupidité de quelques marchands, souvent parmi les plus fortunés, fait échec à ce projet social civilisateur. L'odeur de l'argent gâche tout. En quête de plus grands pouvoirs, les plus riches monopolisent les charges municipales et accaparent aussi le pouvoir politique local afin de faire non des lois, mais surtout leurs lois. Le gouvernement urbain devient ploutocratique, les mêmes familles se partagent le pouvoir et instituent un régime de domination qui durera quelques siècles. Bien plus, les communes entrent alors en concurrence avec leurs voisines et ensuite en guerre en vue de dominations coloniales. Se créent alors des rivalités entre grandes puissances, des luttes entre classes sociales. Pour se protéger contre les attaques militaires, les communes érigent des remparts et des murailles. La force du courant primaire fait fi des serments et des engagements civilisateurs

des premières communes. Ce qui fait dire à J.-P. Vivet[45] :
« Elle s'est faite sans bruit, sans clameurs, ni fracas d'armes.
Et pourtant voilà bien la grande révolution qui va bouleverser le Moyen Âge : l'entrée de l'argent dans la vie des hommes. » Dans son ouvrage *Coutumes du Beauvaisis*, Philippe de Beaumanoir, juriste, complète la description des mœurs de l'époque : « Nous voyons plusieurs bonnes villes où les pauvres et les moyens n'ont nulle part dans l'administration de la ville, mais où les riches les ont toutes parce qu'ils sont redoutés du commun pour leur avoir et leur lignage. Aussi advient-il que les uns sont maires, ou jurés, ou receveurs – l'année d'après ils élisent leur frère ou leur neveu, ou leur proche parent, si bien qu'en dix ou douze ans, tous les riches hommes ont toutes les administrations des bonnes villes ; et après cela, quand le commun veut connaître les comptes, ils se couvrent en disant qu'ils ont fait connaître leurs comptes les uns aux autres… »

Ce courant primaire atteint même les héritiers de l'Église chrétienne porteuse de la nouvelle religion, leurs hauts dirigeants étant sensibles aux désirs de domination et de possession. Les rois, les grands marchands et même les papes désirent protéger leurs acquis. L'Église ne réussit pas à éradiquer la pauvreté et l'exclusion – même pas l'esclavage.

Nous voilà donc au milieu d'êtres humains, des êtres hybrides, à la fois animaux et raisonnables. Les deux courants – primaire et civilisateur – s'affrontent. La nature humaine étant ce qu'elle est, l'instinct de domination reprend ses forces. D'un côté, la noblesse, profitant des privilèges que lui accorde la monarchie, resserre les rangs autour du roi et de la cour ; de l'autre, une bourgeoisie, grâce au commerce colonial et à l'expansion de la production manufacturière

---

45. Jean-Pierre Vivet, *Les mémoires de l'Europe*, t. 1, Robert Laffont, 1970, p. 353.

s'enrichit et acquiert un puissant pouvoir économique. Quant au « petit peuple », la main-d'œuvre étant abondante, il se livre aux négociants libres de fixer les conditions d'embauche. Il en résulte un travail mal rémunéré pour de longues heures de travail. L'écart entre les bourgeois et le petit peuple ne cesse de s'élargir. Pendant l'hiver de 1710, « l'on voyait des hommes et des femmes, enfants grands et petits, le visage et les mains terreuses, raclant la terre avec leurs ongles, cherchant certaines petites racines qu'ils dévoraient lorsqu'ils en avaient trouvé. Les autres moins industrieux paissaient l'herbe avec les animaux ; les autres, entièrement abattus, étaient couchés le long des grands chemins en attendant leur mort[46]. » Les inégalités sont flagrantes et connues du roi. Déjà, en 1739, le duc d'Orléans lui avait apporté un morceau de pain de fougère, lui disant : « Sire, voilà de quel pain se nourrissent aujourd'hui vos sujets. »

Plus tard, en 1754, Jean-Jacques Rousseau, dans son fameux texte intitulé *Discours sur l'origine et les fondements de l'inégalité parmi les hommes*, posait cette question fondamentale : « Quelle est l'origine de l'inégalité parmi les hommes et est-elle autorisée par la loi naturelle[47] ? » Ces interrogations diverses suscitent de nouveau des réflexions sur le mieux-vivre ensemble. En 1774, le docteur Quesnay, chef d'un groupe de chercheurs qu'on appela les physiocrates, reconnus par l'histoire comme groupe plutôt que par leurs noms individuels tant ils étaient unis dans une parfaite communauté de doctrine, proclamait que les droits des hommes ne sont pas fondés sur leur histoire, mais sur leur nature. Chaque individu, disait-on à l'époque, trouve

---

46. Gérard Vindt, *Histoire de la mondialisation*, Éditions Mille et une nuits, p. 69.
47. Jean-Jacques Rousseau, *Discours sur l'origine et les fondements de l'inégalité parmi les hommes*, Flammarion, Le monde de la philosophie, 1992.

librement la voie la plus avantageuse pour lui, sans qu'il soit besoin qu'aucune force coercitive ne l'y pousse. Une doctrine fondée sur la liberté individuelle, seule condition, à leur avis, de l'égalité entre les gens et l'éclosion d'une plus grande fraternité. D'un côté, on trouve donc une noblesse aux rangs serrés autour du roi et de la cour qui se réserve l'accès aux offices et veille jalousement au respect de leurs privilèges tandis que de l'autre, la nouvelle bourgeoisie des marchands s'enrichit au commerce et à la croissance de la production manufacturière. Toutefois, elle souffre d'être écartée des affaires de l'État central. Les inégalités entre les classes sont toujours présentes et plus prononcées qu'aux temps de la féodalité ! Le capitalisme, toujours présent et plus structuré, ne réussit guère à partager les nouvelles richesses qu'il crée. Ce qui soulève des indignations. Montesquieu, par exemple, plaide pour l'intervention de l'État pour aider les pauvres. Jean-Jacques Rousseau résume ironiquement le pacte social que propose, à l'époque, le riche au pauvre : « Vous avez besoin de moi car je suis riche et vous êtes pauvre ; faisons donc un accord entre nous ; je permettrai que vous ayez l'honneur de me servir, à condition que vous me donniez le peu qui vous reste pour la peine que je prendrai de vous commander[48]. »

Et dans son discours sur l'origine de l'inégalité parmi les hommes : « Il est manifestement contre la loi de nature, de quelque manière qu'on la définisse, qu'une poignée de gens regorge de superfluidités tandis que la multitude affamée manque du nécessaire. [...] Le pauvre n'a que le loyer de ses bras à vendre, dont on peut se passer deux jours, trois jours, et on lui vend du pain dont il ne peut se passer vingt-quatre

48. Jean-Jacques Rousseau, *Du contrat social et autres œuvres*, Garnier, 1957, p. 236.

heures[49].» Il rappelle aussi que «l'homme est né libre et partout il est dans les fers». Il plaide alors pour la souveraineté du peuple : «S'il y avait un peuple de dieux, il se gouvernerait démocratiquement.» La révolte gronde. «C'est dans les salons, dans le luxe des velours, des dentelles et des ors, là où germent et circulent les découvertes des savants et les idées des philosophes que va pouvoir se développer le courant multiforme de la contestation.»

Les révolutions (XVIIIᵉ siècle)

Ce retour en force du courant primaire conduit à des révolutions populaires. Après des millénaires de gouvernance ploutocratique et l'enrichissement d'une bourgeoisie provoquant des tensions sociales entre l'État, la bourgeoisie et la plèbe, voilà que des populations se soulèvent. Des révolutions populaires, tant au XVIIᵉ qu'au XVIIIᵉ siècle, ouvrent la voie à l'éveil plus marqué du courant civilisateur par l'institutionnalisation de la démocratie sur les continents européen et américain. En premier lieu la révolution civile anglaise, entre 1641 et 1649, aboutit à l'arrestation du roi de l'époque[50] puis à sa décapitation. La population ne souffre plus la domination du roi. Ce qui donna lieu à l'établissement d'une république – le Commonwealth de l'Angleterre. Ce nouveau régime sera de nouveau modifié par des révolutions successives (1660 et 1688). Ces révolutions populaires font de l'Angleterre la pionnière de la démocratie, sans abandonner toutefois le prestige de la monarchie, gardienne des valeurs dominantes. La *Magna Carta Liber Tatum* ou Grande Charte confirme ce basculement vers un nouveau régime qui influencera les règles de gouvernance de l'État

---

49. Du pain et du blé, cité dans *Histoire du capitalisme*, p. 79.
50. Le roi Charles Iᵉʳ.

pour l'avenir. Ce texte limite l'arbitraire royal et établit en droit l'*habeas corpus* qui empêche, entre autres, l'emprisonnement sans cause. Il établit les fondements de ce que seront les pays démocratiques futurs. Cette *magna carta* influencera le texte des constitutions à venir de la France et des États-Unis. En France, la révolution populaire est la période comprise entre la convocation des États généraux de 1789 et le coup d'État de 1799. Cette révolution marque la fin de l'Ancien Régime et le passage d'une monarchie constitutionnelle à une première république. Ce nouveau régime inscrit ses règles dans un document solennel, soit la *Déclaration des droits de l'homme et du citoyen*. Un document fondamental affirmant l'égalité des citoyens devant la loi, proclamant la liberté citoyenne et la souveraineté de la nation apte à gouverner par ses représentants élus. Il en résulte un basculement de régime. Le but de cette révolution est de mettre fin à la domination de la majorité par des minorités et de fonder la nouvelle société sur le respect des valeurs de liberté, d'égalité et de fraternité.

En Amérique du Nord, la révolte des habitants des treize colonies contre la Grande-Bretagne à la fin du xviiie siècle, sera l'épisode fondateur de la nation américaine et de la naissance des États-Unis. Taxés sans consultation par les Anglais, les Américains réclament l'annulation de cette décision, qui est refusée par le roi de la Grande-Bretagne. Dès lors, les Américains adoptent la *Déclaration d'Indépendance* qu'ils défendent militairement et définitivement. Ils rédigent alors une Constitution (1787) par laquelle est créé un nouvel État, soit une république fédérale dotée de nouvelles institutions d'où émerge une nation américaine distincte du peuple britannique, solennellement fondée sur des idéaux républicains et démocratiques et sur des valeurs de liberté, d'égalité et de solidarité.

La suite

Depuis l'institutionnalisation de la démocratie au XVIIIe siècle, la cohabitation des courants primaire et civilisateur est confirmée. Deux siècles au cours desquels l'oscillation des régimes politiques fondés sur différentes formes de collectivisme ou d'individualisme se maintient. Des événements majeurs, tels que deux guerres mondiales, un important krach boursier, l'accélération de la mondialisation, la dissolution de l'Union soviétique et l'affaiblissement du socialisme d'État et du communisme, ont autorisé les capitalistes à proclamer leur triomphe alors que les démocrates y ont vu des possibilités de renaissance et de réorganisation des sociétés. Malgré la multiplication des doctrines économiques visant à l'émergence permanente d'un courant davantage civilisateur, le courant primaire est de plus en plus présent et influent et des populations toujours souffrantes. L'histoire se répète. Comme nous le disions plus avant, à la suite de chacun des grands échecs (guerres, crises financières ou autres, chômage, pandémie, etc.), les dirigeants des pays ont recours à des projets de renouveau du courant civilisateur. Après la Première Guerre mondiale (1918) et la mort de plus de 15 millions de personnes, des représentants de plusieurs pays se réunissent afin de trouver les moyens de mettre fin à ces carnages humains. Ils créent alors la Société des Nations dans le but d'assurer une paix permanente dans le monde et la création d'un monde meilleur pour tous. Toutefois, au nom de son indépendance, le grand pays que sont les États-Unis refuse de se joindre à cet effort, affaiblissant ainsi les pouvoirs de la nouvelle société chargée d'assurer la paix dans le monde. En 1929, une crise à la Bourse de New York marque le début d'une grande dépression. L'économiste Kenneth Galbraith, qui en a fait l'étude, croit que les trois principales causes de cette crise ont été l'inégalité sociale, la spéculation des agents boursiers de Wall Street et le déclin de la confiance dans un marché libre de tout contrôle prôné par le gouvernement républicain du président Hoover. Autant d'ingrédients renouvelés à la veille de la dernière crise de 2008 : inégalités sociales en hausse, spéculation exacerbée au bénéfice des émetteurs et des distributeurs et non de la population, et connivence des États à l'indiscipline par leur silence et leur inaction. Cette crise de 1929, comme celle de 2008, sème la panique dans tous les pays industrialisés et particulièrement aux États-Unis. À l'époque, le président Franklin D. Roosevelt propose des mesures civilisatrices, le « New Deal ». L'objectif est de soutenir les couches les plus pauvres de la population, de plafonner les rémunérations excessives et de réformer les marchés financiers. En 2008, les États soutiennent plutôt les banquiers et quelques multinationales et non les victimes de la crise. Entre 1933 et 1937, l'économie américaine connaît une certaine croissance grâce à cette volonté de partage des revenus et de l'emploi, ce qui ne règle pas tout. Ainsi, les mesures adoptées par le président démocrate Franklin D. Roosevelt, dans le cadre du New Deal, permettent de redonner un nouveau souffle au système capitaliste américain qui avait fait face à son plus grand défi. Plus tard, d'autres économistes, en particulier le grand Milton Friedman, considérera le manque de liquidité dans le système financier, dû à la rigueur de la Banque centrale américaine dans le contrôle du crédit, l'application de hauts tarifs douaniers par les pays industrialisés et la montée du protectionnisme dans le système d'échange international, comme étant des éléments très importants de cette crise et qu'il fallait plutôt libéraliser les règles régissant le pouvoir économique et financier. Or, aujourd'hui, on réalise qu'au contraire, ces libéralisation et indiscipline du marché sont plutôt une des causes importantes de la récente crise de 2008. Par surcroît, les remèdes proposés n'ont rien réglé. Les inégalités sociales s'élargissent de plus en plus, le chômage demeure élevé, et l'économie est fragile. Ironiquement, c'est la Guerre mondiale 1939-1945 qui aidera les États-Unis, entre autres, à sortir réellement de cette dépression et à reprendre le chemin de la prospérité économique, mais aussi, et je dirais surtout, la volonté de l'État d'assurer un meilleur partage de la richesse. Aujourd'hui, la multiplication des guerres – la plupart inutiles finalement – n'a pas enrichi les pays guerriers. Au contraire, elle a contribué à leur endettement. La fin de la guerre de 1939-1945, fortement meurtrière – 50 millions de morts –, fut, de nouveau, une occasion de réflexion en haut lieu. De nombreux représentants de pays se réunissent alors, en premier lieu, à Bretton Woods aux États-Unis, en 1944, afin d'adopter de nouvelles règles relatives à la finance internationale et particulièrement afin d'assurer la stabilité monétaire. À cette occasion, les États-Unis acceptent d'échanger l'or à un prix fixe de 35 $ l'once et d'agir comme réserve de la valeur de la monnaie mondiale. En 1945, les dirigeants de cinquante et un pays, déterminés à maintenir la paix et la sécurité internationales entre les nations, se réunissent et fondent l'Organisation des Nations Unies (ONU) dont le siège social sera à New York, ce qui assure, cette fois, la présence américaine. Les buts principaux de l'ONU sont de maintenir la paix dans le monde, développer des relations amicales entre les nations, aider les nations à travailler ensemble pour aider les pauvres à améliorer leur sort, vaincre la faim, la maladie et l'analphabétisme et encourager chacun à respecter les droits et les libertés d'autrui ; et finalement, coordonner l'action des nations pour les aider à atteindre ces buts. Aujourd'hui, elle compte 193 pays. Elle constitue donc un forum où ses États membres expriment leur opinion par l'intermédiaire de l'Assemblée générale, du Conseil de sécurité, du Conseil économique et social et des autres organes et comités. En 1948, l'ONU proclame la *Déclaration universelle des droits de l'homme*, dont le sous-titre, éloquemment civilisateur, propose «la dignité et la justice pour nous tous».

Cette déclaration universelle des droits de l'homme se veut l'idéal commun à atteindre par tous les peuples et toutes les nations afin que tous les individus et tous les organes de la société, ayant cette déclaration constamment à l'esprit, s'efforcent, par l'enseignement et l'éducation, de développer le respect de ces droits et libertés et d'en assurer, par des mesures progressives d'ordre national et international, la reconnaissance et l'application universelles et effectives, tant parmi les populations que parmi les États membres. On ne peut nier qu'il s'agit d'une proposition de renforcement du courant civilisateur et du rejet des effets pervers d'un courant primaire exacerbé. Autrement dit, en toute cohérence et urgence, elle vise la création d'institutions et d'organisations sociales, politiques et économiques dont les encadrements assureraient l'incarnation de valeurs civilisatrices. Une déclaration faisant écho à la *Déclaration des droits de l'homme et du citoyen* de 1789 en France, à la *Déclaration d'indépendance des États-Unis* et aux grandes chartes des divers pays démocratiques, y compris la *Charte des droits et des libertés du Québec*[51].

Les Trente Glorieuses

Les années 1945-1975 seront des années de prospérité. Le prix Nobel américain Paul Krugman rappelle cette période avec une certaine nostalgie: «L'Amérique d'après-guerre était d'abord une société de classe moyenne. La grande ascension

---

51. Voir en annexe le texte de l'avant-propos de l'édition de la Déclaration, ainsi que les articles 1 et 3.

des salaires inaugurée par la Seconde Guerre mondiale avait fait passer des dizaines de millions d'Américains – dont mes parents – des taudis urbains ou de la pauvreté rurale à une vie de propriétaire et de confort sans précédent. Les riches, eux, avaient régressé : il y en avait fort peu et, par rapport à cette classe moyenne prospère, ils n'étaient pas si riches que cela. Quant aux pauvres, s'ils étaient plus nombreux que les riches, ils constituaient malgré tout une minorité assez réduite. Il y avait donc un sentiment très fort de communauté, d'égalité économique : la plupart des Américains vivaient dans des conditions matérielles assez homogènes et tout à fait décentes.» Il conclut : «Désormais, une société relativement égalitaire, avec une classe moyenne forte, et une vie politique apaisée, constituait, pensions-nous, l'état normal d'un pays parvenu à maturité.»

D'ailleurs, après la Deuxième Guerre mondiale, la plupart des pays occidentaux connaissent un regain économique, lequel se traduit non seulement par une amélioration du niveau de vie moyen des gens, mais aussi par une diminution de l'écart entre les salaires et, en conséquence, une progression du pouvoir d'achat. Autrement dit, un régime favorisant un développement économique dont les citoyens et citoyennes demeurent l'élément central. Le développement économique soutient ainsi le développement social. En somme, de bonnes années pour la majorité. Pas encore la perfection : une certaine pauvreté persiste, mais la grande majorité des citoyens ont accès aux services dont ils ont besoin. Fait intéressant à souligner ; cette nouvelle réalité n'est pas attribuable à un exclusif progrès économique. Oui, on assiste à une certaine croissance du produit intérieur brut. Mais celle-ci ne suffit pas à expliquer ce rapprochement d'une société plus égalitaire. Le changement est plutôt la conséquence d'un partage différent de la richesse, d'une création soutenue d'emplois et d'une diminution de l'endettement autant des États que des individus. C'est, en somme, la réussite d'un certain niveau de cohérence dans les décisions, les engagements et les responsabilités des citoyens et de leurs élus à l'égard du projet de société décrit dans les grandes chartes des droits de l'homme et des citoyens et le consentement à un partage équitable des avantages d'une évolution spectaculaire des sciences théoriques et des nouvelles technologies.

Avec un peu de retard, le Québec fut aussi secoué par la crise de 1929. Pour s'en sortir, toutefois, il n'a pas suivi l'exemple américain. Les Québécois – du moins leurs élus – cherchent plutôt à faire des alliances avec les grands de la finance. Ce qui ajoute une crise politique. La présence de ministres et même de premiers ministres au conseil d'administration de grandes entreprises crée une confusion entre les intérêts collectifs et les intérêts individuels et laisse croire que le gouvernement est la voix du grand capital. Ce qui contredit les valeurs dominantes de l'époque. Ce « désordre politique », dit l'historien Yvan Lamonde, provoque la création de nouveaux partis politiques : au fédéral, la Co-operative Commonwealth Federation (CCF) en 1932, le Crédit social en 1935, et au provincial, l'Action libérale nationale (1934), autant de nouveaux partis contestant le vieux Parti libéral, au pouvoir depuis de nombreuses années et offrant, dans leur programme, des mesures du courant civilisateur, non seulement au Québec mais à tout le Canada.

Puis ce fut la guerre, de 1939 à 1945, et les débats politiques qu'elle a provoqués, particulièrement sur la question de l'enrôlement obligatoire des jeunes dans l'armée canadienne. La marginalisation des Canadiens français dans l'économie d'après-guerre, l'arrogance durant et après la guerre du gouvernement fédéral à l'égard du Québec, le désir de la laïcisation de l'État, autant de sujets qui nourrissent les débats politiques. Dès 1948, il se développe une effervescence de la part de différents groupes de citoyens, en particulier, un groupe dirigé par Paul-Émile Borduas, un artiste peintre bien connu, qui remet en question les valeurs traditionnelles et rejette l'immobilisme de la société québécoise de l'époque. On désire « entrer dans la modernité ». En 1960, le Parti libéral, sous la gouverne de son chef Jean Lesage, lance une campagne électorale sur le thème « Maîtres chez nous ! ». Il propose de faire confiance à une « équipe du tonnerre » et en particulier à un cabinet ministériel de gens compétents habiles à diriger un État fort assumant le rôle d'entrepreneur, non seulement sur le plan économique, mais aussi sur les plans politique et social. Ainsi, après 1960, l'intervention de l'État s'est accentuée au Québec, dans tous les secteurs d'activités, comme nous le verrons plus loin. L'État s'engage à suppléer la faiblesse du secteur privé et à intervenir dans les secteurs économiques jugés stratégiques (ressources naturelles, énergie, finance, acier, etc.). Il doit aussi, par des mesures sociales, assurer une plus grande égalité des droits et des chances pour l'ensemble des Québécois. Les gouvernements qui succéderont au Parti libéral s'engageront à en faire autant et même plus. Dans son rapport publié en 1969, la Commission d'enquête sur le bilinguisme et le biculturalisme confirme l'absence quasi complète des francophones dans la direction des entreprises. Les anglophones et les étrangers contrôlaient entre 62,5 % et 93,5 % des principaux secteurs de l'économie québécoise. Je me souviens fort bien de cette période, où, par surcroît, les cinémas étaient majoritairement anglophones et les francophones considérés comme des incompétents, particulièrement dans le secteur de la finance ! Au fil des ans, les francophones ont repris du terrain grâce à leur fidélité au projet de répandre leur présence dans leur État. On assiste donc, après les années 1960, à la mise en place de sociétés d'État telles que Hydro-Québec, la Caisse de dépôt et de placement du Québec et la

Régie des rentes, ou de ministères tels que celui de l'Éducation, de la Santé, de la Culture, de la Forêt. Ajoutons des lois autorisant les assurances sociales, le fameux «*no fault*» pour les victimes d'accidents d'automobile, l'indemnisation des victimes d'actes criminels, etc. Autant de mesures visant au mieux-être collectif et au renforcement de la collectivité québécoise. Claude Castonguay, un des pères de la Révolution tranquille, écrit dans son livre intitulé *Mémoires d'un révolutionnaire tranquille* (Boréal, 2005):

«J'étais intimement convaincu que les assurances sociales constituaient un élément essentiel dans toute société orientée vers un développement économique et humain équilibré. D'une part, les régimes d'assurance maladie, d'assurance-emploi, de santé et de sécurité au travail permettent d'éviter les catastrophes financières qu'entraînent la maladie, la perte d'emploi et les accidents du travail. Ce faisant, en les protégeant de drames découlant d'événements hors de leur contrôle, ils permettent aux travailleurs et à leurs familles d'améliorer leur sort. Les régimes de pension, quant à eux, aident les travailleurs à mieux préparer leur retraite. Enfin, en remplissant ces différentes fonctions, les assurances sociales permettent de redistribuer la richesse et, du coup, de réduire la pauvreté et les inégalités sociales, ce qui contribue à la stabilisation de l'économie. À mon avis, les assurances sociales constituent un puissant levier de développement social et humain. C'est largement grâce à ces différents programmes que nombre de pays ont pu, depuis la Seconde Guerre mondiale, s'engager dans la voie de la prospérité et bénéficier d'un progrès équilibré et soutenu.»

Voilà, certes, la confirmation d'un courant civilisateur – d'une économie inspirée des valeurs de solidarité sociale, d'empathie des uns envers les autres, de partage et d'égalité des droits et des chances.

Ce nouveau régime justifiait, sur le plan économique, un régime d'une économie plurielle : des entreprises capitalistes traditionnelles, des entreprises coopératives et mutualistes, des entreprises d'État, dont une des missions est d'assurer aux Québécois un meilleur contrôle de leur économie et de leurs richesses naturelles et de maintenir des régimes universels d'éducation et de santé. En somme, le projet d'une social-démocratie, incarné dans un modèle québécois dont nous traiterons plus avant lorsqu'il sera question des enseignements du passé.

Les années 1970 – L'accélération de la mondialisation

Puis vinrent les années 1970. Des événements imprévus font basculer le monde. Plusieurs événements contribuent à ce nouveau virage et à son développement. J'en distingue cinq sur le plan mondial :

1) En premier lieu, le désengagement des États-Unis de l'entente de Bretton Woods, à la suite de la Deuxième Guerre mondiale. Les dirigeants des États-Unis décident de renoncer au rôle qu'ils avaient accepté de jouer, en 1944, celui d'assurer la stabilité monétaire en se référant à l'étalon-or. Or, en 1971, ils annoncent le divorce de leur monnaie de cet étalon, préférant, à l'avenir, faire évaluer leur monnaie sur le marché des devises. Il en résulte une spéculation nouvelle et la création de richesses importantes déconnectées de l'économie réelle. On assiste aux premiers soubresauts d'une finance globalisée et à la financiarisation de l'économie. C'est le début du règne des spéculateurs. Entre 1970 et 2004, les transactions quotidiennes sur le marché mondial sont ainsi passées d'une dizaine de milliards de dollars (américains) à deux mille milliards, soit deux cent fois plus !

2) Par la suite, les pays producteurs de pétrole (1973), prenant conscience des mérites financiers de la spéculation, haussent les prix de leurs produits. On assiste alors à «la crise pétrolière» et à la création de nouvelles richesses déconnectées de l'économie réelle. Une importante masse monétaire à faire fructifier. De là, l'ouverture toujours plus grande des Bourses où les détenteurs de capitaux et un nombre grandissant d'individus spéculent sur la valeur des actions des entreprises. Désormais, grâce aux nouveaux moyens de communication, il y a toujours une Bourse ouverte quelque part! Donc, une perpétuelle création de richesses sans production de biens ou de services – et une invitation à spéculer. Une invitation à tous – même aux petits épargnants qui n'ont pourtant pas les moyens de risquer la moindre parcelle de leurs petites économies. De là, l'ouverture toute grande aux marges de crédit, aux cartes de crédit, à l'endettement dans le but d'accélérer la consommation et d'enrichir davantage les riches. L'endettement individuel, jusqu'alors considéré comme le signe d'une mauvaise gestion de son budget, est désormais encouragé au point de se transformer en une règle d'une moderne gestion! En 1977, *Time Magazine* annonce que «la société d'abondance est devenue une société du crédit où la volonté d'acheter uniquement lorsqu'on peut payer en liquide vous fait passer pour un démodé». Il en va de même pour les États dont les dirigeants élus n'hésitent pas à créer des déficits importants afin de combler une partie de leurs promesses et de «prendre» ou conserver le pouvoir. Deux nouveaux piliers fondent désormais la société moderne: la spéculation (en particulier celle qui permet de s'enrichir sans produire de biens et de services) et l'endettement. George Soros, en 1992, gagne un milliard de dollars en misant sur la livre sterling, sans rien produire. Ce nouveau système est créateur de «bulles» à répétition. En conséquence, le monde subit des crises économiques nombreuses

et récurrentes. Je me souviens des crises de 1973, 1981, 1987, 1991, 1996, 2001... et 2008 ! Sans compter les centaines de crises économiques ou financières de moindre importance sur les différents continents au cours de ces années. Sans parler des crises politiques, sociales et alimentaires, ainsi que la crise environnementale – celle de la planète, surexploitée, qui demande grâce.

3) La perméabilité des frontières et le rapprochement des marchés, grâce à l'évolution spectaculaire des moyens de transport, de communication et de transmission des données permettant aux plus riches de prendre les devants dans la course aux fusions et acquisitions d'entreprises, cela entraîne la constitution de méga-entreprises et une baisse de la concurrence réelle. Les technologies de mécanisation, robotisation et informatisation ont banalisé l'importance de la ressource humaine – les travailleurs étant désormais considérés comme « une marchandise » ou comme « un outil de production » utilisé aux temps de la production et congédié aux temps des inventaires suffisants. Il en résulte des conséquences importantes sur l'emploi comme moyen privilégié du partage de la richesse. En conséquence, alors que l'élément central du développement était, jusqu'aux années 1970, la satisfaction des besoins humains, l'élément central du développement devient le rendement sur le capital (la spéculation), le profit et le rendement maximum.

4) Les changements dans le monde du travail. L'évolution des moyens de production et la facilité pour les entreprises de délocaliser leurs sièges sociaux créent chez les employés un sentiment d'impuissance. Un récent sondage indiquent que les travailleurs, dans la société actuelle, sont de plus en plus stressés, anxieux et inquiets à propos de leur emploi. Ils dorment mal et n'ont plus confiance en l'économie.

Certains montrent des signes de problèmes de santé mentale. Selon ce sondage, un grand nombre de travailleurs canadiens ont l'impression d'avoir perdu la maîtrise de leur vie, alors que la récession économique provoque une hausse du taux de chômage et que leur sécurité financière semble s'effriter. Le sondage fait ressortir aussi que le tiers des répondants sont plus stressés aujourd'hui qu'il y a un an. Environ 30 % des travailleurs canadiens souffrent d'anxiété et d'insomnie, et même de maux de tête, de douleurs musculaires ou d'autres tensions physiques qui sont souvent des signes précurseurs de problèmes plus graves de santé. Les trois aspects les plus stressants de leur vie sont liés à leur emploi : argent, charge de travail et sécurité d'emploi. La grande majorité (83 %) convient qu'elle accorde maintenant plus d'attention à ses finances personnelles et à ses habitudes de dépenses qu'avant la récession. Les heures de travail semblent avoir augmenté puisque 54 % des répondants ont l'impression que la crise actuelle a une incidence sur l'équilibre de leur vie professionnelle et personnelle. De plus, 43 % craignent de perdre leur emploi. Un autre signe de la plus grande inquiétude des répondants est leur conviction que la récession durera beaucoup plus longtemps que ne le prédisent la plupart des économistes. En réaction à cette situation qui ne cesse de se détériorer, l'Association canadienne pour la santé mentale (ACSM) exhorte les employeurs des secteurs public et privé à étendre l'accès à des programmes de santé mentale dans leurs lieux de travail.

On le constate, les effets pervers de l'ultralibéralisme dépassent les seuls effets financiers ou économiques, et ils ont des effets également sur les plans politique, social et humain.

5) Le basculement du monde, depuis les années 1970, carbure à une crise profonde de valeurs. C'est désormais le triomphe de la cupidité, comme l'écrit Joseph Stiglitz, vice-président

et chef économiste démissionnaire de la Banque mondiale. C'est le triomphe du courant primaire. «Nous sommes revenus aux temps de la féodalité», écrit Jean Ziegler. Les priorités changent: dans un rapport du PNUD (Programme des Nations Unies pour le développement) de 1998, on constate déjà ce changement profond des valeurs. Alors que les dépenses mondiales pour l'éducation pour tous sont de six milliards de dollars américains et se classent au dernier rang, les dépenses militaires dans le monde sont de 780 milliards de dollars. Oui, c'est le triomphe de la cupidité. L'affaiblissement de l'empathie et du courant civilisateur. La vie serait, pour chacun et chacune, une lutte individuelle. Une lutte – l'histoire nous le révèle clairement – qui produit une minorité de gagnants et une majorité de perdants. Cette minorité approuve le système et en assure le maintien. Par contre, la majorité désire un changement. Elle désire une certaine cohérence avec les engagements énoncés dans les grandes chartes des droits de la personne.

Un monde à changer

L'écoute des échos parvenant de partout dans le monde indique clairement que des changements sont requis. Le coup d'œil sur l'évolution des systèmes au cours des siècles démontre que l'humanité, malgré les engagements de ses chefs d'État, n'est jamais parvenue à créer cette société idéale décrite dans les grandes chartes. Certes, l'humanité a fait des progrès au cours des siècles. Établir des règles du vivre-ensemble pour huit milliards d'êtres humains et des milliards d'animaux de toute espèce sur une immense planète n'est pas une mince affaire. Déjà, ce qui a été accompli est remarquable, mais pas suffisant et trop instable. Et lorsqu'au lieu de progresser, l'histoire nous indique des périodes de recul, c'est-à-dire des périodes où il existe trop de perdants, il y a certes lieu de *changer le monde*.

Les grands chefs d'État contemporains et de nombreux professionnels de diverses disciplines sont du même avis : il faut changer le monde car de toute évidence le système du « vivre-ensemble » moderne ne répond plus aux besoins des populations. Les dirigeants des pays les plus puissants, soit les membres du fameux G8 (États-Unis, France, Allemagne, Japon, Royaume-Uni, Canada, Italie et Russie) et les représentants d'un nouveau groupe créé récemment en conséquence des défis actuels, soit le G20, sont d'accord. Il faut trouver des solutions aux défis actuels. Ils se font les défenseurs, dans leurs discours, de quelques éléments du courant civilisateur. En visite au Québec, s'adressant aux membres de l'Assemblée nationale, en 2009, le président de la France, Nicolas Sarkozy, déclarait avec conviction « qu'il fallait réguler et moraliser le "capitalisme". Il ajoutait : « Jamais la France n'acceptera qu'on recommence comme avant... » Il proposait non pas seulement quelques injections de capitaux pour revigorer le malade, mais surtout et plutôt un libéralisme renouvelé et humanisé. Après, toutefois, la déficitaire situation européenne a requis toutes ses énergies. Et les chefs d'État cherchent toujours des solutions aux défis de notre temps.

De partout, des voix s'élèvent. En faire la liste est utopique tant elle serait longue. Quelques exemples suffiront. Le Cercle des économistes de France n'ose plus parler du triomphe du néolibéralisme. Ses membres écrivent : « On pense qu'il est possible et souhaitable de préserver les systèmes économiques et sociaux... » Donc, finie la *pensée unique !* Ce qui est déjà une perspective intéressante.

Pour sa part, un groupe de 687 économistes a publié un manifeste contre le système économique et financier actuel sous le titre *Des économistes atterrés*[52]. Ces économistes prennent l'initiative d'écrire un manifeste dans lequel ils dénoncent 10 fausses évidences, mal fondées scientifiquement, disent-ils. Ils soumettent 22 propositions pour une autre stratégie. Initialement adressé à la communauté des économistes, ce manifeste est surtout destiné aux citoyens. La page couverture arrière de ce manifeste résume son contenu :

« Les décideurs européens ont-ils appris quelque chose de la crise provoquée par les dérives de l'industrie financière ? On peut en douter. Pour résorber les déficits provoqués par le sauvetage des banques et la récession, la Commission européenne et les gouvernements appliquent avec une vigueur renouvelée des programmes d'ajustement qui ont dans le passé démontré leur capacité à accroître l'instabilité économique et les inégalités sociales. Ces politiques de soumission au pouvoir de la finance mettent en danger l'avenir du projet européen. [...] Le décalage est aujourd'hui patent entre les affirmations péremptoires des "experts" et la fragilité de leurs diagnostics. Nous souhaitons aider les citoyens à mettre des mots et des concepts sur leurs doutes, et les conforter dans l'idée que d'autres choix peuvent être mis en débat. »

Ces économistes, déjà en 2010, déploraient la non-mise en cause de la finance dans ses fondements mêmes. Au contraire, les États, particulièrement les États européens, sous la pression des institutions internationales et des agences de notation, appliquaient avec une rigueur renouvelée des programmes de réforme et d'ajustements structurels qui, déjà dans le passé, avaient démontré leur capacité à accroître l'instabilité et les inégalités. Les économistes

---

52. Collectif, *Des économistes atterrés*, Éditions LLL, Les liens qui libèrent, 2010.

«atterrés» s'inquiétaient alors d'une aggravation de la crise européenne. Or, ils ont eu raison. Depuis, la situation des États européens (Grèce, Italie, Espagne, Portugal, France, Allemagne...) n'a cessé de se détériorer.

Joseph Stiglitz, vice-président et chef économiste de la Banque mondiale qui, plutôt que d'être muselé, préféra quitter son poste, écrira de nombreux ouvrages sur le sujet. Il juge sévèrement la gestion de la mondialisation: «Aujourd'hui, la mondialisation, ça ne marche pas. Ça ne marche pas pour les pauvres du monde. Ça ne marche pas pour l'environnement. Ça ne marche pas pour la stabilité de l'économie mondiale[53].»

«Nous sommes aujourd'hui à la croisée des chemins. Soit que nous continuons à faire triompher la cupidité, à mettre au cœur de nos sociétés démocratiques le libre marché, l'obsession du court terme, les déréglementations, la libre circulation des capitaux; soit nous acceptons de faire un pas de côté et de considérer les causes fondamentales de notre échec. Il est donc urgent aujourd'hui de repenser le monde, de réformer une science économique qui s'est fourvoyée[54].»

Jean Ziegler, pour sa part, croit que l'un des aspects les plus inquiétants des organisations financières est qu'elles sont dirigées par des hommes qui croient agir pour le bien de l'humanité alors qu'à son avis, ils font le contraire[55].

Jacques Attali, ce prolifique essayiste et réputé journaliste français, parle, pour sa part, d'un programme d'urgence[56]. La gravité des menaces qui pèsent sur l'économie mondiale

---

53. Joseph Stiglitz, *La grande désillusion*, Fayard, (Livre de poche), 2002, 407 p.

54. Joseph Stiglitz, *Le triomphe de la cupidité*, Éditions LLL, Les liens qui libèrent, 2010, 467 p.

55. Jean Ziegler, «Portrait de groupe à la Banque», *Le Monde diplomatique*, juin 2004, p. 17.

56. Jacques Attali, *La crise et après?*, Fayard, 2008, p. 167.

exige, à son avis, la mise en place d'un programme cohérent dans tous les pays où les dérives des marchés des capitaux ont provoqué des ravages. Il conclut à la nécessité de rééquilibrer le pouvoir des marchés par celui de la démocratie. Ce qui exige aussi l'action de l'État de droit. Quant aux populations, elles doivent comprendre que l'humanité ne peut survivre que si chacun se rend compte qu'il a intérêt au mieux-être des autres. Il propose donc une certaine cohérence dans les comportements des populations, des dirigeants d'entreprises et des populations, tous œuvrant à faire en sorte que l'économie et la finance soient au service de tous les êtres humains.

Dans un livre intitulé *Le monde d'après* (*une crise sans précédent*), Mathieu Pigasse, vice-président d'une banque franco-américaine, et Gilles Finchelstein, directeur général de la Fondation Jean-Jaurès, sont d'accord avec l'idée de l'urgence. Ils insistent toutefois sur l'important défi de réinventer la social-démocratie pour l'adapter aux enjeux du moment et gagner la bataille idéologique autour de l'équilibre entre égalité et liberté. Urgence aussi de relever un défi culturel en posant la question du système des valeurs de nos sociétés puisque la crise met en lumière une dérive dans la place qu'occupe l'argent par rapport aux autres valeurs de la société[57].

Un collectif intitulé «*20 propositions pour réformer le capitalisme*[58]» sous la direction de Gaël Giraud et Cécile Renouard, propose, entre autres, de faire de la fonction sociale de l'entreprise une priorité stratégique, inscrite dans un pacte mondial de l'ONU. Encore ici, un retour à la cohérence.

---

57. Mathieu Pigasse et Gilles Finchelstein, *Le monde d'après (une crise sans précédent)*, Plon, 2009, p. 211.
58. Collectif, *20 propositions pour réformer le capitalisme*, Flammarion, 2009.

Les altermondialistes

En plus des réactions de chefs d'État, d'économistes, d'universitaires de nombreuses disciplines, des syndicats de travailleurs, d'unions de citoyens, de nombreux citoyens réagissent et ce, depuis déjà quelques années. Un mouvement spontané et si vigoureux qu'il a donné lieu à la naissance du Forum social mondial qui porte l'espérance «d'un autre monde possible.» Ce forum cherche à faire «concurrence» à la fameuse réunion annuelle des grands détenteurs de capitaux de ce monde, début février, à Davos, en Suisse. Il se tient, à la même période chaque année. Ce forum international a pour but de favoriser la rencontre des dirigeants des organisations citoyennes du monde entier sensibles à la cause altermondialiste et traite des principaux sujets de préoccupation de la société civile en rapport avec la situation mondiale actuelle. La première édition du Forum social s'est tenue en 2001 à Porto Alegre, au Brésil. Depuis les réunions de 2002 et 2003, les forums sociaux à toutes les échelles sont régis par la Charte des principes du Forum social mondial, dont les principes les plus importants sont l'opposition à l'ordre «néolibéral» caractérisant la mondialisation actuelle, l'ouverture à tous les courants idéologiques pour les projets alternatifs, l'absence des partis politiques en tant que tels. Les forums sociaux ne font pas de déclaration finale, mais sont des espaces ouverts de débat d'idées et d'élaboration de projets. L'organisation du Forum se fait par un conseil international qui ne cesse de s'accroître et où les représentants de tous les mouvements ou groupes, convaincus de la nécessité de recréer le courant civilisateur et de créer des remparts aux risques que fait porter à l'humanité la liberté accordée au courant primaire, se réunissent pour faire état de leurs progrès et éduquer le monde à la démocratie et la citoyenneté. En somme, au «mieux-vivre ensemble».

Ce monde changé maintes fois oscille entre deux courants historiques: différentes formes d'un courant individualiste et d'un courant collectiviste. Un véritable dilemme puisque l'individualisme n'est pas l'isolement étant donné que l'individu doit vivre avec les autres et que la collectivité ne peut exister sans la somme des membres individuels. Charles Hampden-Turner et Fons Trompenaars[59] posent les bonnes questions: avons-nous des obligations d'abord envers nous-mêmes ou envers les autres? Sommes-nous nés pour donner l'exemple de nos prouesses ou pour contribuer au bonheur de notre famille, de nos voisins, de notre pays? L'individu doit-il rechercher l'indépendance, l'intérêt personnel, le progrès et l'épanouissement personnel ou plutôt la création de liens sociaux, l'altruisme, le service public et l'héritage social?

L'individualisme est naturel et instinctif, avons-nous dit. Le collectivisme et la solidarité sont le fruit de la réflexion et de l'éducation. L'instinct de l'égoïsme est toujours présent: son évolution est oscillatoire et compte des périodes de ralentissement et aussi de triomphe! L'évolution de la pensée associationniste et coopérative mérite qu'on s'y arrête.

UN MONDE EN CHANGEMENT!

Dans le *New York Times Magazine*, Thomas Friedman, journaliste américain bien connu et promoteur de la globalisation, exige des combattants de l'espoir d'un monde meilleur un programme détaillé et l'explication des étapes de sa réalisation[60]. Le World Economic Forum lui fait écho[61]. Son président, Klaus Schwab, veut

---

59. Charles Hampden-Turner et Fons Trompenaars, *Au-delà du choc des cultures,* Éditions d'Organisation, p. 61.

60. Numéro du 28 mars 1999 du journal *New York Times.*

61. Le Forum de l'économie sociale fut créé afin de faire entendre la voix de cette économie solidaire.

connaître sur l'heure les projets précis de «l'autre monde» et met en demeure les mouvements de dévoiler leur programme, faute de quoi «aucun dialogue[62]» n'est possible, dit-il. En réponse, plus de 60 000 hommes et femmes, venus des cinq continents et appartenant à plus de 2000 mouvements sociaux différents, se sont réunis en 2002 au second Forum social mondial de Porto Alegre, au Brésil. Ils exigent l'abolition du Fonds monétaire international et de l'Organisation mondiale du commerce ; la suppression des paradis fiscaux, des agences de notation et de l'indépendance des banques centrales ; la fermeture de la Bourse des matières premières agricoles de Chicago ; l'interdiction des brevets sur le vivant et des OGM ; la remise sans contrepartie de la dette extérieure des pays du tiers-monde ; l'introduction de la taxe Tobin et du contrôle public des fusions d'entreprises ; la création au sein de l'ONU d'un conseil de sécurité pour les affaires économiques et sociales ; la revendication des droits économiques, sociaux et culturels de l'homme et leur prise en compte par le droit positif.

La société fraternelle et solidaire, plus libre et plus juste qui naîtra sur une planète débarrassée des prédateurs est en voie de création. Quel sera son visage ? Nul ne le sait. Les combattants de l'espérance savent avec certitude ce qu'ils ne veulent pas, mais leur certitude s'arrête là. Des millions d'êtres à travers le monde sont à présent réveillés. N'acceptant pas la privatisation du monde, ils ont décidé de s'organiser, de lutter pour un autre monde. L'immense cortège des insurgés est en marche. Il avance, dans l'incertitude, en boîtant. La libération de la liberté dans l'homme est son horizon. La légitimité du mouvement est indiscutable. Il parle au nom des millions de victimes tombées tout au long des siècles.

JEAN ZIEGLER, dans son livre *Les nouveaux maîtres du monde et ceux qui leur résistent*, publié chez Fayard, en 2002. Jean Ziegler est rapporteur spécial des Nations Unies pour le droit à l'alimentation. Il est auteur de plusieurs autres ouvrages.

---

62. Klaus Schwab, dans son discours inaugural au Forum social mondial, 31 janvier 2002.

CHAPITRE DEUXIÈME

L'évolution de la pensée associationniste et coopérative dans le monde[1]

L'individualisme[2] est naturel à l'être humain, disions-nous. Il s'est donc imposé naturellement. Le collectivisme[3], autant dans sa forme radicale (le collectivisme d'État) que modérée (les associations), n'est pas instinctif, mais le fruit d'un exercice de raison. Des individualistes peuvent fort bien s'associer pour mieux exploiter les isolés. Ou pour faire la guerre. Ils conviendront de cette stratégie associative pour mieux triompher comme groupe en lutte contre d'autres groupes d'une même communauté, mais non pas pour assurer le mieux-vivre de toute une collectivité. Ils ne seront pas des collectivistes : leur raisonnement s'arrêtant à leur satisfaction individuelle.

Au fil de l'histoire, la réflexion et le raisonnement de philosophes et d'humanistes ont démontré qu'il était possible, par une forme nouvelle d'organisation, d'assurer à

---

1. Associationnisme : selon sa première définition, l'associationnisme est une doctrine fondant la connaissance sur l'association automatique des idées. Une deuxième réfère au fouriérisme, Fourier étant le nom d'un des concepteurs du coopératisme.
2. L'individualiste : qui a tendance à favoriser l'individu plutôt que le groupe social.
3. Collectiviste : partisan d'un système fondé sur la propriété collective des moyens de production.

chacun des membres d'une collectivité la satisfaction de ses besoins, tant économiques que sociaux. Cette pensée s'est développée tout particulièrement au début de l'ère chrétienne et depuis «le dilemme entre l'individualisme et le collectivisme est devenu fondamental dans l'entreprise ou dans toute culture, quelle qu'elle soit[4]». Si certains croient en la puissance de l'individualisme comme créateur d'une société prospère, d'autres sont d'avis contraire. L'homme de science russe Pierre Kropotkine est plutôt d'avis que l'entraide et la vie associative sont les moteurs de l'évolution[5]. Selon lui, la tendance à l'entraide chez l'homme est profondément mêlée à l'évolution de la race humaine. Il écrit :

«Chaque fois que l'humanité eut à créer une nouvelle organisation sociale, correspondant à une nouvelle phase de son évolution, c'est de cette même tendance, toujours vivante, que le génie constructif du peuple tira l'inspiration et les éléments du nouveau progrès.»

Oui, il est vrai qu'au moment de trouver une solution aux révolutions, aux guerres ou aux diverses crises affectant les collectivités, les chefs d'État ont cherché à changer le monde en se référant aux valeurs d'entraide, de partage, de justice et d'équité, autant d'ingrédients du courant civilisateur.

La pensée coopérative

L'association coopérative, dès ses premiers balbutiements et avant même son institutionnalisation, est née de regroupements de personnes cherchant à se donner, par l'association, les moyens de l'égalité et de la solidarité. Les tendances d'institutionnalisation de l'entraide et de la solidarité humaines

---

4. Charles Hampden-Turner et Fons Trompenaars dans leur essai, *Au-delà du choc des cultures*, Éditions d'Organisation, 2004.
5. Pierre Kropotkine (1842-1921), *L'Entraide, un facteur de l'évolution*, Écosociété, coll. «Retrouvailles», p. 11 et p. 281 et suivantes.

remontent, en effet, aux derniers siècles de l'Antiquité. Des philosophes, tels Aristote, Socrate, Cicéron, Épicure, Platon, saint Augustin réfléchissent sur la vie commune : comment mieux vivre ensemble ? se demandent-ils. Certains d'entre eux proposent la souveraineté du peuple par la pratique de la démocratie. Mais les rois, les empereurs, les seigneurs, les grands marchands n'aiment pas ces idées de « peuple souverain », craignant la tyrannie du peuple ! Ils craignent d'ailleurs toute forme d'association. En conséquence, la monarchie ou l'oligarchie imposera sa domination sur la minorité. L'idée démocratique sommeillera pendant plusieurs siècles. Toutefois, sous l'influence du message chrétien, l'idée de l'entraide, de la compassion pour les pauvres, du respect des autres, subsiste. Dès le IIᵉ siècle se forme une religion dont les promoteurs sont pourchassés et même parfois mis à mort. Mais finalement, le roi proclame la religion catholique comme étant la religion d'État. Commence l'ère chrétienne... et l'adoption d'un nouveau calendrier. Désormais, il y aura avant J.-C. et après J.-C.

Le Moyen Âge et la Renaissance

À compter des premiers siècles de l'ère chrétienne, des hommes et des femmes, inspirés par les réflexions des philosophes et par le message du christianisme, font profession de réfléchir, de penser, de produire des ouvrages aux fins de raviver un courant civilisateur. Au XIᵉ siècle, de grands scolastiques, comme Thomas d'Aquin, sont des artisans de la descente sur terre des valeurs qu'on associait auparavant à l'au-delà. Jadis, le souci existentiel du salut absorbait les efforts des hommes et l'existence terrestre était surtout considérée comme un passage et le monde, une vallée de larmes. Sous la nouvelle influence, l'homme s'associe à l'œuvre divine de création dès son passage sur terre ; il se doit d'agir et de créer à son tour. Thomas d'Aquin propage l'idée de la participation citoyenne à son propre destin et à son bonheur et à celui des autres. De là, l'idée de l'éducation. Il faudra y mettre du temps, évidemment, le changement proposé est de taille. Mais, au fil du temps, des élites créent des écoles et des universités. La fondation de ces maisons d'éducation et d'enseignement place la notion du savoir au cœur de la croissance médiévale. Un moment important dans l'histoire : des empereurs et des seigneurs acceptent l'idée de créer des universités. Ils ne craignent pas de transmettre le savoir à ceux qu'ils considèrent comme la relève au service de l'oligarchie, convaincus que ce faisant, la force de l'État en sera maximisée. Cela soulève chez les grands penseurs un vent de liberté. De grands philosophes poursuivent leurs recherches sur les éléments civilisateurs des doctrines socioéconomiques : Hobbes, Locke, Rousseau, Marx, pour n'en mentionner que quelques-uns. Ainsi, Thomas Hobbes (1588-1679), philosophe anglais, dont l'œuvre majeure, le *Léviathan*, exerce une influence considérable sur la philosophie politique de l'époque par sa conceptualisation de l'État et du contrat social. Le *Léviathan* eut une grande influence sur l'émergence du libéralisme économique. John Locke (1632-1704), également un philosophe anglais, est l'un des principaux précurseurs de la théorie politique qui fonde le libéralisme et la notion « d'État de droit ». Jean-Jacques Rousseau (1712-1778) est auteur de plusieurs essais percutants, dont celui sur les *Inégalités parmi les hommes* (1755). Ayant pris le contrepied de la philosophie de Hobbes, il poursuit une réflexion sur le fonctionnement d'une société démocratique inspirée par *Le Contrat social* (1762) par lequel le peuple souverain contribue à l'organisation de la collectivité. Rousseau propose aussi une réflexion sur l'éducation, laquelle doit s'appuyer sur la préservation des qualités naturelles de l'enfant et assurer plutôt des savoir-faire concrets que des savoirs livresques. L'influence de Jean-Jacques Rousseau sera majeure sur la philosophie politique, en nourrissant la réflexion sur la démocratie. Mentionnons aussi Karl Heinrich Marx (1818-1883), journaliste, philosophe, économiste, théoricien révolutionnaire socialiste et communiste allemand. Connu pour sa conception matérialiste de l'histoire, sa description des rouages du capitalisme et son activité révolutionnaire au sein des organisations ouvrières en Europe ; exerce une grande influence sur le développement ultérieur de la sociologie.

Ces réflexions et cette liberté de parole, liberté de pensée et de diffusion des idées provoquent le choc des idées. De nombreux débats et une littérature de plus en plus abondante sur le sujet de l'organisation des sociétés y contribuent. De là, un crescendo dans les revendications populaires. De plus en plus, de petits marchands devenus riches imposent leur vision de décentralisation des pouvoirs, désireux d'exercer eux-mêmes une certaine domination dans les communes qu'ils créent, au carrefour de leurs rencontres, avec d'autres marchands itinérants. Ces revendications atteignent leur sommet au moment des révolutions populaires. De là, finalement, l'institutionnalisation de la démocratie et des éléments du courant civilisateur.

Du XVIIIᵉ au XXᵉ siècle

Cette éducation libère la pensée de nombreux citoyens, leur fait mieux comprendre les véritables enjeux et prendre conscience de leurs propres pouvoirs. Elle contribue à la responsabilisation d'un plus grand nombre de citoyens. D'ailleurs, déjà en Angleterre, en 1215, la Grande Charte (*Magna Carta*) limitait audacieusement les pouvoirs du roi et garantissait la liberté individuelle. Le début, non pas de la démocratie, mais d'une nouvelle organisation sociale accordant au peuple un plus grand pouvoir par une forme de monarchie constitutionnelle. Un document fort influent au moment des révolutions américaine et française, comme nous l'avons vu précédemment.

L'institutionnalisation de la démocratie, selon les historiens, est donc réalisée au XVIIIᵉ siècle. En Angleterre, en France, en Espagne, en Amérique, des démocrates établissent de nouvelles règles du «vivre-ensemble» par la promulgation de chartes des droits des citoyens ou par des constitutions des pays. Le monde hérite ainsi de documents fondamentaux maintes fois cités: en 1789, à la suite de la Révolution, la fameuse *Charte des droits de l'homme et des citoyens* de France. Et aussi la grande *Déclaration de l'Indépendance* des États-Unis et la Constitution du pays proclamant la démocratie.

La cohabitation des courants primaire et civilisateur

C'est à cette époque que se créent en Europe et en Amérique les premières coopératives, telles qu'on les connaît aujourd'hui. Et aussi les premiers syndicats de travailleurs. Toutefois, pour la gestion des affaires financières et économiques, déjà soumises aux valeurs du courant primaire depuis des siècles, rien ne change. C'est le *statu quo*. La confiance qu'on porte à la démocratie gouvernementale suffit: le peuple étant souverain, disait-on, ses élus pourront faire en sorte que le pouvoir économique soit régulé et surveillé par le pouvoir politique. Donc, sont adoptées les règles «*une personne, un vote*» pour les affaires de l'État, et «*une action, un vote*» pour les affaires économiques et financières, sans y voir le danger du triomphe éventuel de la puissance financière. Les deux courants, primaire et civilisateur, cohabitent donc, porteurs de valeurs et règles de fonctionnement différentes[6].

---

6. Jacques Gélinas, revue *Possibles, op. cit.*

En peu de temps, la domination politique sur l'économie s'avère un véritable défi ; comme au temps de l'Antiquité, la puissance de l'argent s'impose. Dans tous les pays dits démocratiques, la conciliation des valeurs associationnistes, collectivistes, ou coopératives et les valeurs individualistes se fait difficilement. Pas étonnant que depuis des siècles, le monde oscille entre des périodes de domination du courant primaire, suivie d'une accalmie civilisatrice, pour basculer de nouveau vers le courant primaire. Sur ce plan, les êtres humains, dont la vie sur terre est courte, ne profitent guère de l'expérience des générations précédentes. L'éducation citoyenne, fondement même du courant civilisateur, comme le démontrent l'histoire du Moyen Âge et l'émergence de la Renaissance et ces années des Lumières, est toujours à refaire. L'éducation au vivre-ensemble et non seulement l'enseignement utile à l'employabilité apparaît essentielle à la vie communautaire.

Sans prétendre à une revue exhaustive de l'évolution de cette pensée civilisatrice, certaines étapes m'apparaissent suffisamment significatives pour qu'on s'y arrête.

Avant 1844

Comme nous le disions plus tôt, aux premiers temps du calendrier chrétien, on assiste à quelques associations influencées par les valeurs du courant civilisateur. Après le passage du grand prophète Jésus de Nazareth et son message d'amour et de respect des autres, il se crée de nombreuses associations dont le but est l'entraide, le partage, la satisfaction des besoins de l'ensemble des membres, la solidarité. On assiste, par exemple, à la création d'ordres dits religieux : des ordres mendiants, des ordres hospitaliers, des ordres voués à l'éducation du peuple, des ordres missionnaires, des ordres luttant contre la pauvreté, dont les membres font eux-mêmes les vœux de pauvreté et de chasteté afin de se consacrer entièrement à leur mission. Mais aussi des communautés d'hommes croyant à l'approche imminente du Jugement dernier et qui désirent vivre d'une manière extrêmement simple dans l'attente de la fin du monde. À ce sujet, Paul Lambert, juriste français spécialiste de la doctrine coopérative, écrit :

« Entre les colonies du premier type, les colonies essentiellement religieuses et les colonies owenistes ou fouriéristes[7], il existe une différence fondamentale : c'est que les communautés d'inspiration religieuse ne prétendaient nullement présenter au monde une nouvelle institution propre à résoudre le problème social[8]. »

Plus tard, des intellectuels et aussi des entrepreneurs s'intéressent aux valeurs d'entraide et de coopération par l'association. En Europe, Henri de Saint-Simon (1760-1825) propose l'entraide et la fraternité dans les affaires économiques. Il dénonce l'exploitation de la masse des travailleurs par une minorité oisive. Il veut donner aux travailleurs un certain pouvoir économique.

Le philosophe français Charles Fourier (1772-1837) cherche à institutionnaliser ce réflexe associatif. Sans qu'il en ait lui-même fait mention dans ses écrits, les résultats de sa réflexion sont tels qu'il sera considéré comme un des pères de la coopération. Trois raisons justifient cette reconnaissance : en premier lieu, il est un des premiers à avoir réfléchi aux imperfections de la distribution des marchandises, par souci de justice et d'égalité entre les êtres humains. Il propose la création de ce qu'il appelle des « phalanges » formées par l'association des membres d'un canton et la mise en

---

7. Deux humanistes reconnus comme étant parmi les fondateurs du coopératisme.
8. Paul Lambert, *La doctrine coopérative*, Bruxelles, Les propagateurs de la coopération, 1964, p. 35.

commun de ce qu'ils possèdent, principalement leurs terres. Il supprime toute limite à leurs propriétés individuelles et partage l'objectif d'assurer le mieux-être de tous les membres du canton. En second lieu, Fourier est considéré comme un des pères de la coopération grâce au principe de la démocratie, soit la reconnaissance des droits égaux de tous les membres de l'association. Et finalement, parce qu'il est l'apôtre de l'association volontaire et met en valeur la liberté fort appréciée par les impuissants « sujets » du roi. Par ces pensées nouvelles, Fourier influence plusieurs de ses élèves qu'on retrouvera éventuellement comme fondateurs et animateurs de villages coopératifs. (Retenons ces ingrédients importants pour la pensée coopérative : souci de justice et d'égalité, mise en commun des forces et des talents afin d'assurer le mieux-être collectif, démocratie, association volontaire.)

Charles Fourier est aussi partisan des coopératives de travailleurs. Il condamnait ce qu'il appelait « la fausse industrie morcelée et répugnante, le commerce mensonger des intermédiaires parasites, le dogme pitoyable des biens, ce sont des monstruosités à faire hausser les épaules que de prêcher au XIXe siècle l'abolition de la propriété et de l'hérédité ». Visionnaire, il écrit : « On devrait s'intéresser à transformer tous les salariés en propriétaires cointéressés. »

Robert Owen (1771-1858), industriel humaniste soucieux du mieux-être de ses employés, occupe aussi une place parmi les pères de la coopération non seulement par la diffusion de sa pensée, mais aussi par ses actions concrètes. Il cherche, en Angleterre, à assurer de bonnes conditions de vie à ses employés, y compris la sécurité de l'emploi, ce qui dépasse de loin les coutumes de l'époque. Tout en étant conscient que ce « paternalisme » ne suffit pas à régler les problèmes sociaux découlant de la révolution industrielle, il comprend que changer les choses suppose un mouvement, une association de personnes unies par le partage des mêmes valeurs d'entraide et d'empathie envers son prochain. Owen se présente comme un adversaire résolu du capitalisme et en général du système de la concurrence et du profit excessif. Puisque l'amélioration des conditions de vie de ses seuls ouvriers ne suffit pas à résoudre les problèmes sociaux de l'équipe, Robert Owen fonde des colonies ou des villages de la coopération, des «communes» où tous œuvrent à assurer le mieux-être de tous. C'est le «*Chacun pour tous, tous pour chacun*». C'est la vie communautaire. En somme, il croit aux coopératives intégrant l'homme global : producteur, consommateur, citoyen, en tant qu'être moral et social[9]. De toute évidence, Robert Owen conçoit ces villages de coopération comme une solution au problème du chômage et de la misère. Il veut permettre aux citoyens les plus pauvres d'acquérir une propriété commune et de se livrer à des travaux, surtout agricoles, ce qui les sauverait du désespoir. Peu à peu, sa conception s'est élargie. Ces villages de coopération, dans l'esprit d'Owen, se doivent de devenir le type de société idéale vers lequel il voudrait pousser l'humanité. En 1835, dans une célèbre conférence, il annonce son plan pour «une association pour toutes les classes de la société» qui devait répandre et mettre en pratique son nouveau système social[10]. Cette association met sur pied quelques organes institutionnels et un organisme nommé «Conseil central», mais qui ne regroupa que des coopérateurs britanniques et une tournée en Europe ne lui apporta aucune autre adhésion. Il reste que cette association est considérée comme la semence de l'éventuelle Alliance coopérative internationale.

---

9. Paul Lambert, *La doctrine coopérative*, *op. cit.*, p. 43.

10. William Pascoe Watkins, *L'Alliance coopérative internationale, 1865-1970*, traduit de l'anglais par Françoise Baudier, édité par l'Alliance coopérative internationale, 1971, p. 3.

À la fin de sa vie, Robert Owen, après quelques succès, mais aussi quelques échecs, en vient à la conclusion que ces changements ne sont pas possibles sans une éducation permanente des gens. Une éducation au «vivre-ensemble», une éducation à la vie avec et pour les autres. Owen écrit d'ailleurs un livre à ce sujet, *Essai sur la formation du caractère*. Il est convaincu de l'influence de la morale sur le milieu.

À sa suite, Louis Blanc insistera aussi sur la nécessité de la solidarité des travailleurs et la création de contre-pouvoirs du travail afin de mettre fin à leur exploitation.

Un magazine britannique, *The Cooperative Magazine and Monthly Herald*, écrit en 1827 :

«Quelle est donc la nature du système coopératif et communautaire? C'est précisément celle du système familial. Tous les membres de la communauté travaillent selon la diversité de leurs capacités et de leurs compétences, pour le soutien de tous et le bonheur de chacun. Ils consomment en commun, de façon égale, selon leurs besoins et leurs désirs, le produit de leur effort commun[11].»

William King (1786-1865), que certains considèrent comme le «père du mouvement coopératif moderne», est aussi un chaînon important de l'histoire de la pensée coopérative. King est l'instigateur de la Cooperative Benevolent Fund Association, dont l'objet est de permettre à ceux qui n'en ont pas les moyens de se joindre à des communautés coopératives. Il publie un bulletin intitulé *The Cooperator* dont le premier numéro paraît en 1828, dans lequel le message dominant est le suivant : pour éviter d'être exclu de la société, créez-vous des «sociétés dans la société», des sociétés qui vous appartiennent. Il ajoutait: «Vous allez au magasin tous les jours; pourquoi ne pas aller à un magasin qui

---

11. Cité dans *Économie et sociologie coopératives*, publié par la Coopérative d'information et d'édition mutualiste, 1977, n⁰ˢ 41-42, p. 24.

vous appartient ?» On dit que la lecture de ces feuillets ins-
pira les Pionniers de Rochdale qui, en 1844, créeront ce qu'on
convient aujourd'hui de reconnaître comme la première
véritable coopérative. Dans un des bulletins, on peut lire :
« Une société coopérative a pour objet de protéger les
hommes des maux auxquels ils sont exposés lorsqu'ils agissent seuls, et de leur procurer certains avantages dont ils
seraient autrement frustrés.»
Cette idée du développement local inspire encore de nos
jours les coopératives naissantes.

En 1831, l'idée de la création d'une réserve impartageable
est développée pour la première fois par Philippe Buchez
(1796-1865). Il conçoit un modèle d'entreprise différent de la
société des capitaux, soit une entreprise organisée par des
travailleurs au service des travailleurs. Dans cette entreprise, dit Buchez, «les hommes associent leur travail, non
leurs capitaux. C'est un contrat par lequel les travailleurs
prennent le double engagement de constituer un capital
commun qui sera l'instrument de travail, mais qui restera
inaliénable, indivisible et en croissance constante, par les
prélèvements annuels sur les bénéfices...»

Il écrira aussi dans un journal :
« Le capital social s'accroissant ainsi, chaque année, du
cinquième des bénéfices, serait inaliénable : il appartiendrait
à l'association, qui serait déclarée indissoluble, non point
parce que les individus ne pourraient point s'en détacher,
mais parce que cette société serait rendue perpétuelle par
l'admission continuelle de nouveaux membres. Ainsi ce
capital n'appartiendrait à personne, et ne serait point sujet
aux lois sur l'héritage. La fondation et l'accroissement du
capital social seraient inaliénables, indissolubles. C'est ainsi
que cette forme d'entreprise créera un avenir meilleur pour
les classes ouvrières. S'il en était autrement, l'association
deviendrait semblable à toute autre compagnie de com-

merce; elle serait utile aux seuls fondateurs, mais nuisible à tous ceux qui n'en auraient pas fait partie au départ[12].»

Quant à Proudhon (1840), il contribue à développer la pensée coopérative sur la question du financement. L'intérêt sur le capital a été longtemps condamné. Mais cette condamnation n'a pas résisté aux exigences de rémunération des prêteurs. On en vint à «moraliser» l'intérêt en le définissant comme étant une prime aux risques de pertes en cas d'insolvabilité de l'emprunteur. Dans ce cas, l'assemblée générale des membres de la coopérative en fixe les règles. Cette décision des membres est un pare-feu à l'inflammation de la cupidité. De là l'intérêt limité sur le capital dans les coopératives.

Louis Blanc, pour sa part, dans son essai *L'organisation du travail (1840)*, critique l'économie libérale et la concurrence exacerbée qui laissent mourir ceux qui n'ont rien. Il invite les travailleurs à s'associer pour défendre leurs droits. Il propose la création d'associations ouvrières de producteurs. À son avis, ce qui fait défaut aux prolétaires pour s'affranchir, ce sont les instruments de travail. La fonction du gouvernement serait donc de leur fournir. Sa conception: «L'État est le banquier des pauvres.» (À retenir: l'importance d'un État au service du principe de l'égalité des droits de chacun et de l'équité dans le partage de la richesse.)

1844 – La Société des Équitables Pionniers de Rochdale[13]

S'inspirant de cette évolution, des tisserands anglais décident de s'associer et fondent une coopérative. Généralement,

---

12. Cité dans le rapport de Jean-Pierre Girard et Michel Clément, *La réserve impartageable, origine, évolution, situation actuelle*, 1998, ESG-UQAM. Chaire de coopération Guy-Bernier.
13. Créée près de Manchester, au Royaume-Uni.

de nos jours, la Société des Équitables Pionniers de Rochdale est reconnue comme étant à la source de l'institutionnalisation du coopératisme. La charte fondatrice de cette coopérative affirme les principes fondamentaux sur lesquels l'entreprise doit se développer. L'influence des paradigmes proposés par les créateurs d'une pensée coopérative au fil du temps est manifeste. Les Pionniers les résument ainsi :

1. Le contrôle démocratique. (Principe de l'égalité des droits et des chances. La recherche du mieux-être de tous.)
2. L'adhésion libre des membres. (Principe de la porte ouverte.)
3. Le paiement d'un intérêt limité sur le capital investi par les membres. (Cet intérêt relève de la décision de l'assemblée générale des membres. Ainsi, on évite l'enrichissement de l'un au détriment des autres.)
4. La ristourne du surplus payable aux membres en proportion de leurs achats, après constitution progressive d'une réserve générale pour assurer le développement de la coopérative. (Il s'agit du remboursement du trop-perçu ou d'une exagération du profit sur le prix des produits ou des services. Encore là, le partage des surplus est décidé par l'assemblée générale des membres.)
5. Achat et vente au comptant. (S'endetter à l'époque n'était pas recommandé. Les marges ou cartes de crédit n'existaient pas.)
6. Pureté et qualité des produits. (Évidemment, puisque le client est propriétaire de l'entreprise.)
7. Éducation des membres. (Pour combattre les instincts primaires de l'être humain : une éducation permanente à la citoyenneté.)
8. Neutralité politique et religieuse. (Au nom de la liberté.)
9. Dévolution désintéressée de l'actif en cas de dissolution et liquidation de l'entreprise. (L'enrichissement sans cause est contraire à l'éthique du bien commun.)
10. Activité visant à servir l'intérêt des membres dans la mesure seulement où cet intérêt est jugé conforme à l'intérêt général de la communauté. (*Un pour tous, tous pour un !*)

11. Aspiration à conquérir et rendre coopératif l'organisation économique et sociale du monde. (Les coopératives sont les entreprises du projet de société fondée sur la liberté, l'égalité et la fraternité.)

On le notera : sauf l'exigence des transactions au comptant, ces différents éléments sont toujours présents dans la définition contemporaine du coopératisme.

Quelques années plus tard, les Pionniers de Rochdale créent des succursales. Ils mettent sur pied un service de « ventes en gros » en vue d'approvisionner les jeunes coopératives. De plus, ils complètent leur organisation par des œuvres sociales (sociétés de secours en cas de maladie et de mort, lutte contre l'alcoolisme). Ils créent aussi une coopérative d'habitation et de prêts hypothécaires, fondent des filatures et autres entreprises de production, forment ainsi un système complet de coopératives de consommation. Ils créent également un service éducatif : cours, conférences et bibliothèque. Ce qui conduit à penser à un fédéralisme coopératif, mais un fédéralisme qui tend à remplacer le principe de la concurrence par son propre principe d'organisation, soit la satisfaction directe des besoins des consommateurs grâce à un réseau d'entreprises dont la planification est soumise au contrôle démocratique. Ce réseau est nécessairement au service des usagers. Il réalise la synthèse tant recherchée entre la coordination et l'autonomie, entre l'unité et la diversité, entre l'autorité et la liberté, sans brimer les droits à l'initiative des coopératives locales ou régionales. Par leur réussite, les Pionniers démontrent que le modèle coopératif est capable d'un développement durable profitable à l'ensemble des membres des coopératives.

La société coopérative des Équitables Pionniers de Rochdale connaît un grand succès. De 28 membres au départ, elle en comptera 390 en 1849 et 10 000 en 1880 !

Après Rochdale

Inspirés par la Société des Équitables Pionniers de Rochdale et ses succès, d'autres «pionniers», dans leurs milieux respectifs, fondent des coopératives, particulièrement en Europe. On assiste à l'apparition en Grande-Bretagne, en France, en Allemagne, en Italie, de trois types fondamentaux de coopératives: coopératives de consommation, coopératives d'épargne et de crédit, coopératives ouvrières de production. Elles seront suivies de coopératives d'habitation et de services. Il ne s'agit pas d'une simple coïncidence dans le temps. Les révolutions populaires et le projet de sociétés fondées sur la liberté, l'égalité et la fraternité, les crises provoquées par la révolution industrielle du XVIIIe siècle sous la férule capitaliste et les conséquences sur les conditions de vie des ouvriers et des paysans, conjugués aux problèmes de la pauvreté et de l'insécurité, invitent nécessairement à l'entraide et à l'association des forces et des intelligences. De nouvelles coopératives naissent. Rappelons quelques exemples: en 1847, Frederick-Guillaume Raiffeisen, bourgmestre d'une commune allemande, crée une boulangerie sous la forme d'une coopérative de producteurs, s'inspirant de quelques principes des Pionniers. En 1849, ce même Raiffeisen crée une nouvelle association qui, grâce à l'appui des notables, fait l'acquisition de bétail pour les petits paysans, afin de leur éviter de s'endetter en hypothéquant leurs biens. Rapidement, la société devient une caisse de prêts auprès de laquelle les paysans peuvent emprunter à taux bas pour acheter directement leur bétail.

En 1853, à Mulhouse, des industriels, impressionnés par les conditions de logement de groupes d'ouvriers, lancent des initiatives en faveur de logements populaires. Jean Dolifus crée alors des «cités ouvrières». C'est le début de l'histoire des coopératives d'habitation.

Selon W. P. Watkins, dans son livre sur l'histoire de l'Alliance[14], les années 1860 constituent une période d'expérimentation des formes coopératives établies. Fondamentalement inspirée des principes des Pionniers de Rochdale, la pensée coopérative s'adapte aux exigences des différents secteurs d'activités. Déjà, en 1856, en France, Jean-Baptiste Godin avait fondé le «Familistère de Guise», s'inspirant du phalanstère de Fourier, qu'il a transformé, en 1880, en coopérative. En 1863, en Angleterre, est créée une coopérative de consommateurs, la North of England Cooperative Wholesale Society, devenue en 1872 une grande coopérative de consommateurs connue sous le nom de Scottish Cooperative Wholesale (CWS). En France, la même année, Jean-Pierre Beluze fonde le Crédit au travail, une banque pour les coopératives qui inspirera la Caja Laboral Popular de Mondragon, en Espagne. L'objet de cette caisse était de réunir les épargnes des travailleurs pour les prêter à d'autres travailleurs qui les feraient fructifier par le travail, l'économie et la prévoyance[15].

En 1864, le bourgmestre Raiffeisen transforme ses associations de prêts en coopératives de crédit mutuel, soit l'adhésion et la sortie libres de la coopérative, la gouvernance démocratique, la ristourne en proportion des activités de chacun des membres, des réserves financières non partageables entre les membres en cas de liquidation. Et il ajoute la règle de la responsabilité limitée des membres, le bénévolat des administrateurs, et la définition pour chacune des caisses d'une circonscription géographique restreinte. Ce réseau de caisses Raiffeisen n'a cessé de s'agrandir. Il s'est étendu

---

14. William Pascoe Watkins, *L'Alliance coopérative internationale*, *1865-1970*, *op. cit.*

15. Hervé Guider et Michel Roux, *La banque coopérative en Europe*, Revue Banque, 2009.

en Suisse, au Luxembourg et en Autriche. En Allemagne, en 1850, on assiste aussi à la création des banques Schutze-Delitzsch, principalement dédiées aux petits commerçants.

En 1865, Luigi Luzzatti fonde en Italie des banques coopératives, à l'image des banques Raiffeisen, mais s'inspirant aussi des idées de développement économique de Franz Hermann Delitzsch. En 1867, apparaît en France le premier cadre législatif officialisant les coopératives, particulièrement sur la question de la variabilité du capital, l'adhésion libre d'entrée et de sortie des membres de la coopérative. À l'époque, on évalue à 300 les coopératives réparties entre des coopératives de production, de consommation et de crédit.

En 1871, la Commune de Paris promulgue un décret pour l'organisation par les travailleurs groupés en coopératives des entreprises abandonnées par leurs propriétaires. Les coopératives de production prennent forme.

Au cours des années 1880, en réponse à la crise agricole dont les premières manifestations datent de 1875, des agriculteurs français s'intéressent en plus grand nombre à des formes d'associations, plutôt informelles en l'absence de cadre juridique reconnu, aux fins de l'achat en groupe des engrais. À l'époque, une vieille loi du temps de la Révolution française refusait le droit d'association (on se méfiait des regroupements de personnes). La liberté d'association, en France, ne sera proclamée cependant qu'en 1901. Ce qui n'empêchait pas, toutefois, d'une façon informelle, des coopératives ou mutuelles de se former et de s'implanter sans éveiller les soupçons des autorités du pays.

En 1882, on assiste à la création de la première Caisse de Crédit Mutuel sur le modèle Raiffaisen au cœur de l'Alsace. L'idée fait son chemin. En 1888, naissent les banques populaires et Louis Durand, avocat à Lyon, créera en 1893 des caisses du modèle Raiffeisen et les réunira dans l'Union des

Caisses rurales ouvrières de France. La même année, était aussi créé le Groupe Crédit Coopératif de France destiné à financer les coopératives de production et de consommateurs, un réseau dont la mission est toujours d'être l'outil bancaire des personnes morales de l'économie sociale et solidaire.

En 1884, en France, on assiste à la fondation de la Chambre consultative des associations ouvrières de production, l'ancêtre de la Confédération générale des sociétés ouvrières de production (SCOP). D'abord orienté exclusivement vers l'agriculture, le Crédit agricole va connaître un élargissement progressif de ses compétences. Ce groupe n'a cessé de se développer depuis et de prendre une place importante dans le réseau des institutions financières mutualistes ou coopératives. En 2011, à la suite de la crise financière de 2008, le Crédit Agricole a changé sa devise : *Une relation durable ça change la vie* devient ce sage message : *Le bon sens a de l'avenir.*

Comme on peut le constater, ces différentes créations de coopératives ont des parentés certaines : elles sont le résultat d'une réaction collective de consommateurs, de producteurs, de travailleurs, désireux de se regrouper pour se donner de plus grands moyens de satisfaire collectivement certains besoins par une entreprise leur appartenant et dont tous les membres ont des droits égaux, faisant en sorte qu'une minorité ne puisse dominer la majorité et que la puissance du capital ne vienne interférer dans un partage équitable des bénéfices de l'association. Autant de citoyens qui épousent les valeurs et la pensée associationniste et coopérative ou mutualiste.

C'est finalement en 1895 que s'est tenu le congrès de fondation de l'Alliance coopérative internationale, au cours duquel l'identité coopérative est questionnée. Une tâche ardue : c'est à la suite de deux tournées internationales qu'Henry Wolff, dans le but de rencontrer les dirigeants des différentes organisations coopératives dans le monde, réussira à regrouper, en un premier congrès, des représentants d'associations coopératives d'Autriche, de Belgique, de France, d'Allemagne, de Hollande, d'Italie, de Suisse et de Roumanie. Cette alliance est, au début, un forum offrant l'occasion d'un partage utile des différentes expériences coopératives dans le monde. Pour la première fois, la pensée coopérative cherche à s'ajuster aux valeurs socioculturelles et politiques de ces différents pays, ce qui donne lieu à d'éternels débats. La plupart de ces coopératives se développent dans des pays où les systèmes gouvernementaux sont différents. Or, pour certains, l'entreprise coopérative n'est pas un instrument de réforme de l'ordre économique existant, mais simplement une forme d'entreprise s'adaptant à des besoins particuliers de collectivités diverses. Pour d'autres, au contraire, la coopération s'imposait pour mettre fin aux abus du capitalisme. Les coopérateurs se devaient d'être des agents de changement. Au fil des ans, sur le plan international se sont précisées les caractéristiques distinctives des coopératives. Il a fallu y mettre beaucoup de temps.

L'ACI, au départ, se donne la mission de «propager la coopération et la participation sous toutes les formes», visant principalement à concilier les coopératives de consommation (celles des consommateurs) et les coopératives de production (celles des travailleurs).

En 1921, à Bâle, en Suisse, l'ACI ajoute à ses statuts cette mention, laquelle sera maintenue jusqu'à 1969 : «L'ACI, poursuivant l'œuvre des Équitables Pionniers de Rochdale, et en accord avec leurs principes, recherche, en complète indépendance et par ses propres moyens, à substituer au régime actuel, fondé sur la recherche du profit, un système coopératif organisé dans l'intérêt de la communauté tout entière et fondé sur l'autopromotion collective.»

Le choc des idées

Ce forum international a suscité, de toute évidence, de nouveaux défis et de nouveaux débats. Le camp des anticapitalistes, insatisfait d'un collectivisme démocratique propose l'adoption de moyens qu'il considère plus efficaces. Il regroupe des collectivistes radicaux avançant l'idée d'une centralisation des moyens de production entre les mains de l'État. Ces derniers mettent en doute le « collectivisme citoyen » et encore davantage l'associationnisme. À la fin d'une réunion des membres de l'ACI, l'affirmation suivante est consignée au procès-verbal : « les sociétés coopératives de production ou de consommation ne peuvent améliorer le sort que d'un petit nombre de privilégiés et [...] ces sociétés ne peuvent aucunement être considérées comme des moyens assez puissants pour arriver à l'émancipation du prolétariat... » L'idée de « l'aide-toi toi-même » ne les stimule guère. D'autre part, le camp des associationnistes propose le modèle des Pionniers de Rochdale, soit la propriété collective et citoyenne des moyens de production et de distribution de la richesse par la création de coopératives sous contrôle démocratique. Autrement dit, certains préfèrent l'action politique (alors que les Pionniers insistent sur la neutralité politique), tandis que d'autres préfèrent les théories économiques et sociales de Karl Marx et Friedrich Engels, tel qu'exposé dans le fameux *Manifeste* du Parti communiste. S'ajoutent à ces groupes ceux qui préfèrent des expériences de régimes socialistes (libertaire, démocratique, libéral, chrétien, etc.). Bref, tous recherchent les moyens d'assurer la permanence et le développement du courant civilisateur, mais par des moyens différents. Ce qui donne lieu, comme nous le disions, à de longs et vigoureux débats.

Rien d'anormal dans ces visions différentes. En effet, la démocratie a ses exigences : le droit de parole aux membres, l'échange d'idées et d'expériences, le départage des opinions. Les débats sont essentiels à la démocratie. Malgré la bonne volonté et la bonne foi des militants, il n'est pas rare que ces débats créent des dissensions et même des scissions. L'histoire de l'évolution de la pensée coopérative ou des différentes formes d'association en témoigne.

En France, Charles Gide (1847-1932), professeur émérite de l'évolution des systèmes économiques, s'intéresse à la coopération et à la mutualité, et sa participation à ces débats a sûrement contribué à l'évolution de la pensée coopérative. Il est un des auteurs les plus prolifiques sur ce sujet et, en son temps, un conférencier recherché. Au fil du temps, en France, par exemple, les débats entre les socialistes des partis ouvriers, ceux du collectiviste allemand Karl Marx et ceux de l'anarchiste russe Bakounine exercent leurs influences afin de faire des coopératives des instruments de leurs pensées respectives. Ces porteurs d'une vision différente de la socialisation de la société proposent des formules diverses : par exemple, pour les uns, il faut la terre aux paysans, l'usine à l'ouvrier. Pour d'autres, la terre et tous les instruments de travail à l'État. Au Congrès ouvrier de 1879, les délégués de Marseille, partisans du collectivisme, réussissent à faire adopter une résolution par laquelle le Parti ouvrier se donnait comme but « la collectivité du sol, du sous-sol, des instruments de travail, des matières premières, destinés à tous et rendus inaliénables par la Société à qui ils doivent retourner... » De là, les débats entre deux formes de collectivisme : celui de l'État et celui des citoyens.

Il faudra attendre huit ans avant que les partisans du collectivisme démocratique décident de reprendre un certain leadership. Le discours de Charles Gide à cette occasion en dit long :

« Ce qui fait l'intérêt et l'importance du Congrès qui nous réunit aujourd'hui, c'est qu'il renoue avec la tradition,

interrompue depuis huit ans, du vieux socialisme français.
Si quelqu'un refait au commencement du prochain siècle,
comme je viens de le faire aujourd'hui, l'histoire du mouvement coopératif en France, je me plais à croire qu'il
pourra citer le Congrès de Lyon et la date du 19 septembre
1886 comme le point de départ d'une ère nouvelle. [...] Dès
ses débuts, notre organisation nouvelle a révélé un fait tout
à fait inattendu et qui a surpris les personnes même les
mieux informées en ces matières, c'est que l'idée coopérative
avait jeté sur notre sol des racines bien plus profondes qu'on
le pensait. Les statistiques ne donnaient guère qu'une cen-
taine de sociétés de consommation; or, votre secrétaire
général déclare qu'il existe en France environ 600 sociétés
de consommation, 60 sociétés de production et plus de
200 syndicats agricoles ayant un caractère coopératif. Ainsi,
pendant qu'on déclarait dédaigneusement que l'idée coopérative était impuissante et morte, elle faisait son chemin
sans bruit.»

Gide profite de l'occasion pour répondre aux arguments
des adversaires du coopératisme:

«Arrivons au dernier et plus gros grief: c'est que si la
coopération peut améliorer la condition de quelques ouvriers
considérés individuellement ou d'une petite minorité, elle
ne changera pas la condition de la masse ouvrière en tant
que classe. Oh! Cette fois je n'essaie pas de répondre! [...]
Mais ce qui suffit à notre idéal, ce serait un monde où l'accès
de la fortune serait ouvert à tout homme de bonne volonté,
où chacun aurait la certitude de moissonner ce qu'il aurait
semé, où nul ne s'enrichirait aux dépens d'autrui, mais où
pourtant tous bénéficieraient de ce que font les meilleurs.
Or, ce monde-là, je dis que la coopération permet de le
réaliser, non pas tout de suite et pour tous, mais sur une
petite échelle et dans l'intérieur des sociétés qu'elle crée, car
elle offre à tous ceux qui le veulent, j'entends ceux dont la

volonté ne se borne point à un désir platonique, mais se manifeste par des actes, le moyen d'améliorer leur sort et, en même temps, celui de leurs associés. La devise qui figure sur l'en-tête de notre société de Nîmes est une vignette représentant deux mains étroitement serrées: *Chacun pour tous, tous pour chacun*. Or, à qui donc profite cette maxime? Est-ce aux plus forts? Certes, non, car ceux-là arriveraient bien toujours à se tirer d'affaire tout seuls, mais aux plus faibles, au contraire: non point ceux qui ont déjà gravi quelques degrés, mais à ceux qui sont encore en bas et qui, pour s'élever, ont besoin de se cramponner à une main plus vigoureuse. Il faut se représenter, en effet, la coopération, non pas sous l'image d'un cric qui soulève une masse avec une force mécanique et irrésistible, mais sous l'image d'une échelle à laquelle chacun monte en s'aidant des pieds et des mains, sur laquelle ceux qui sont en haut tendent la main à ceux qui sont en bas et qui, comme l'échelle que Jacob vit dans son rêve, a le pied sur la terre ferme et le sommet dans le ciel!»

À retenir cet autre paradigme de la coopération de l'époque: la coopération, c'est la quête de l'égalité dans la société, non pas surtout par l'effet des lois et des décrets, mais par l'Aide-toi toi-même. Par l'entraide et le souci des autres. Et Charles Gide termine son discours ainsi:

«Mais, maintenant, j'ai quelque chose à vous dire. Les sociétés coopératives ont, en effet, à mes yeux une utilité dont je n'ai point encore parlé et qui plane fort au-dessus de toute cette discussion. Elles servent à conférer à la classe ouvrière les connaissances et les vertus sans lesquelles elle ne réussira à occuper dans l'ordre social la place à laquelle elle aspire et à laquelle elle a droit. [...] Ces conditions sont les suivantes: le manque d'hommes en état de diriger des entreprises et plus encore le manque de bonne volonté chez les autres à se laisser diriger par les premiers; le manque de capitaux et surtout de la manière de s'en servir.»

Pour sa part, Charles Gide, ce passionné de la coopération, en rajoute, en parlant des coopératives de travailleurs: «Que voulaient-ils ces ouvriers en fondant ces sociétés coopératives? Améliorer leur ordinaire? Diminuer leurs dépenses ou grossir un peu leur salaire? Nullement. Le but qu'ils visaient était de bien plus haute portée et il est caractérisé très nettement par le considérant que je viens de lire: "Considérant que le salariat n'est qu'un état transitoire entre le servage et un état innommé…" Voilà le but: transformer peu à peu le salariat pour arriver à un état dans lequel le travailleur, au lieu de se borner comme aujourd'hui à mettre en œuvre pour le compte d'autrui les instruments de production, simple instrument lui-même, deviendrait propriétaire de ces instruments de production et acquerrait par là, en même temps que l'indépendance, la propriété et la libre disposition des produits de son travail. De même que nos paysans, c'est-à-dire les ouvriers des campagnes de France, caressent depuis mille ans ce rêve de devenir propriétaires de leur instrument de travail, qui pour eux s'appelle la terre, et ne reculent devant aucun sacrifice pour y arriver, de même aussi les ouvriers des villes ont toujours visé ce même but: acquérir la propriété de leurs instruments de travail qui pour eux s'appellent l'usine, la mine, la machine, l'atelier, et ce désir commun, qui tourmente ainsi les deux grandes classes de nos travailleurs, avait trouvé son expression dans cette formule célèbre, qui avait été répétée en particulier à ce même Congrès de Lyon: "la terre au paysan, l'outil à l'ouvrier"[16].»

Apparaît ici un autre paradigme de la coopération de l'époque: «*L'homme ne doit pas être un instrument pour*

---

16. Charles Gide, *Coopératisme*, Recueil Sirey, Paris, 1929.

l'homme.» Ou, si on préfère : faire en sorte d'éviter au maximum l'exploitation d'un homme par un autre homme. Et faire en sorte qu'une minorité ne domine pas la majorité. Charles Gide voit dans ces multiples manifestations de solidarité et de vie démocratique une incarnation «de l'éternelle aspiration communautaire», soit, comme nous le disions plus avant, «le réflexe associationniste.» S'il admet que les premières coopératives sont des organisations pragmatiques, elles portent la semence d'un réel projet de société. Selon sa vision, la coopérative n'est pas qu'une forme d'entreprise parmi les entreprises des différents systèmes économiques, mais elle est l'entreprise d'un système économique appelé le coopératisme. Autrement dit, ne sont pas des coopératives les entreprises mixtes où les fondateurs ont droit de vote, mais non les autres membres usagers (les clients), ou encore qui ont droit, à la liquidation de l'entreprise et même, selon certains, à l'appropriation des réserves accumulées.

Bref, selon Gide, le coopératisme est en soi un projet de société. Il introduit la démocratie dans les affaires économiques et financières et dans le monde du travail, de l'habitation ou de la santé. Il affirme la souveraineté du consommateur ou du travailleur. Son aboutissement est un régime économique et social transformé, d'où le profit jadis défini comme étant l'appropriation par une minorité des bénéfices émanant des activités de la collectivité est banni, l'économie et la finance étant servantes de la société. En somme, une doctrine évolutionniste, révolutionnaire par ses objectifs. Il rejette en ces termes les thèses fondamentales du libéralisme :

«Les coopérateurs ne peuvent croire que la loi de l'offre et de la demande ne suffise à assurer le juste prix, ni que la concurrence, même en la supposant libre, puisse ramener les profits à un taux normal, ni que les conditions ne tendent d'elles-mêmes vers l'égalité [...]. Au contraire, le mal engendre le mal et la misère une misère croissante.»

D'ailleurs, sa recherche continue d'une systématisation de la coopération, non pas uniquement en tant que forme d'entreprise, mais en tant que projet de société, le conduit à préférer le mot coopératisme au mot coopération. En 1929, Charles Gide publie un livre intitulé *Coopératisme* dédié à son ami De Boyve, en souvenir de 30 années de campagne coopérative. Il écrit en avant-propos :

«Le titre de ce livre a été un peu modifié : Coopératisme au lieu de Coopération. J'ai hésité à le rebaptiser parce qu'il était d'un âge respectable ; cependant le changement des deux dernières lettres m'a paru nécessaire : d'abord pour éviter une confusion avec plusieurs autres de mes livres qui portent le titre "Coopération" et aussi parce que le nom en "isme" exprime mieux la pensée générale qui relie toutes ces conférences : exposer les caractéristiques d'un système social qui se distingue à la fois de l'individualisme et du collectivisme.»

Il référait au collectivisme d'État – au socialisme et au communisme –, mais non pas, de toute évidence, à ce qu'on pourrait appeler un collectivisme démocratique et citoyen. D'ailleurs, Gide n'aimait pas le mot «collectivisme» et préférait parler du *coopératisme,* comme étant, en soi, un système socioéconomique.

On peut donc affirmer qu'à cette époque, l'objectif prioritaire des militants en faveur de la coopération est de «changer le monde» par la construction, par la base, d'une société plus égalitaire où chacun et chacune auraient une place et un rôle à y jouer, permettant à tous d'y vivre dignement. Ils étaient des agents de changement. Selon Gide, les coopératives ne doivent pas être considérées comme des associations de personnes menant des actions spontanées et pragmatiques utiles à leurs membres pour des fins particulières.

Tout comme les entreprises à capital-actions sont les entreprises du capitalisme, les coopératives sont les entreprises du coopératisme. Une évolution importante de la pensée coopérative. En 1902, est créée, en France, la Fédération nationale des SCOP – Syndicat coopératif ouvrier de production. En 1908, est fondée, par des immigrants québécois aux États-Unis, la St. Mary's Bank Credit Union de Manchester, au New Hampshire, à la suite d'une visite d'Alphonse Desjardins, le fondateur de la première caisse coopérative au Québec. En 1912, le médecin Georges Fauquet, inquiet depuis l'époque de ses études en médecine de la condition de certains groupes de travailleurs, effectue une mission en Martinique et, à son retour, publie un rapport à caractère médical et sociologique dans lequel il souligne l'importance d'adopter rapidement une législation du travail, ce qui lui vaut d'être nommé au contrôle des assurances ouvrières et, par la suite, à des postes de hauts gestionnaires dans différents groupes coopératifs d'Europe. En 1935, ses recherches théoriques concluent à davantage de collaboration des diverses formes de coopération et démontrent la diversité des formes de coopératives : production, consommation, services, éducation, etc.

L'année suivante, en 1913, aux États-Unis, Edward Filene, un marchand de la ville de Boston, et Pierre Jay, commissaire aux banques de l'État du Massachusetts, contribuent à l'adoption d'une loi permettant la création de coopératives. La même année sera créée la St. Mary's Credit Union à Marlborough (à ne pas confondre avec la St. Mary's Bank Credit Union de Manchester). Cette nouvelle coopérative offre ses services à tous les habitants de l'État du Massachusetts. La pensée coopérative fait son chemin et ces nouvelles entreprises s'en remettent aux valeurs et principes édictés par les membres de l'Alliance coopérative internationale. En 1934, le gouvernement américain adopte la loi fédération des *credit unions*. Il existe aujourd'hui dans ce grand pays des coopératives dans la plupart des secteurs d'activités.

Au cours des années 1920, au Canada, dans les provinces maritimes, une commission d'enquête du gouvernement fédéral, chargée de trouver des solutions à la situation difficile des agriculteurs et des pêcheurs, recommande la mise sur pied d'un service d'éducation des adultes et l'organisation de coopératives de mise en marché des produits de la pêche. Il se crée un véritable mouvement qu'on appellera le modèle d'Antigonish, par lequel des milliers de résidents de cette région du Canada ont ainsi été solidement sensibilisés à l'action coopérative. Une expérience confirmant l'importance de l'éducation citoyenne. Plusieurs coopératives furent alors fondées entre les années 1930 et 1940 grâce à ce mouvement éducatif: des coopératives de pêcheurs, des caisses populaires et des coopératives de consommation. Dans le petit manuel d'histoire d'Acadie[17], on souligne le développement important des coopératives, en particulier au Nouveau-Brunswick. Les usines coopératives de pêcheurs, les magasins coopératifs, les coopératives de services financiers (caisses populaires), les coopératives d'assurance, assurent aux Acadiens un certain contrôle sur leur économie et favorisent l'éducation au développement endogène et à la démocratie.

En 1922, est mise sur pied l'Association internationale des banques coopératives, ce qui inclut évidemment les coopératives d'épargne et de crédit ou de services financiers et les *credit unions* des pays anglophones, ainsi que

---

17. Père Anselme Chiasson, *Petit manuel d'Acadie*, Librairie Acadienne, Université de Moncton, 1876.

les représentants des coopératives de services bancaires des différents continents.

En 1930, nouvelle remise en question des principes coopératifs. Un coopérateur français, André Cleuet, représentant de la Fédération nationale des coopératives de consommation, propose la publication d'une liste complète des principes de l'ACI aux fins d'en débattre et de préciser les caractéristiques exclusives des coopératives. Un questionnaire contenant cinq rubriques est adressé aux membres de l'ACI : 1. Le principe un homme = un vote ; 2. La vente au comptant. 3. La ristourne sur les achats. 4. L'intérêt limité sur le capital. 5. La neutralité politique et religieuse. En 1934, les résultats de cette consultation de l'ACI auprès de ses membres sont dévoilés, soumis et adoptés au Congrès de 1937. Sept principes sont érigés en normes des coopératives ; quatre principes sont dits essentiels : adhésion libre (principe de la porte ouverte), contrôle démocratique, ristourne en proportion des transactions, intérêt limité sur le capital, et trois principes considérés des obligations morales, mais ne constituant pas des conditions requises pour l'adhésion à l'ACI : neutralité politique et religieuse, vente au comptant et développement de l'éducation.

En 1941, est fondée la société de Mondragon, au Pays basque. Un jeune vicaire de cette ville espagnole décide de mettre en place des moyens pour en finir avec les conséquences négatives de la guerre et du chômage sur la base des valeurs mutualistes. En 1943, il crée une école de formation professionnelle gérée démocratiquement. Cette école sera amenée à jouer un rôle important dans le développement du mouvement coopératif. D'autres coopératives se créent : on assiste à un réel mouvement. Aujourd'hui, le groupe Mondragon est un des plus importants groupes coopératifs du monde, très actif sur le plan international. Son défi actuel, comme pour la plupart des grandes coopératives : vaincre la montée du courant primaire et de l'individualisme.

Nations Unies – 1945

À la fin de la Deuxième Guerre mondiale, la signature du traité de paix inspire la création de l'Organisation des Nations Unies. En 1948, l'ONU publie la fameuse *Déclaration universelle des droits de l'homme*, inspirée par les valeurs de liberté, d'égalité et de fraternité. Ce qui inspire aussi le mouvement coopératif mondial, surtout sur le plan de l'intercoopération. Tel que le constate W. P. Watkins[18], historien de l'Alliance coopérative internationale (1895-1970), le mouvement coopératif a résisté aux luttes idéologiques ayant donné lieu aux deux grandes guerres mondiales (1914-1918) et (1939-1945) grâce à ses valeurs fondamentales et à ses pratiques démocratiques, sa neutralité politique et sa préoccupation prioritaire du mieux-être des populations.

En 1947, en France, Paul Ramadier fait voter une loi sur le statut général de la coopération. Quelques années plus tard, une première loi sur les coopératives, en France, sert de cadre à l'ensemble des coopératives. Par la suite, des lois sectorielles sont adoptées, définissant le statut de la coopération agricole, les coopératives ouvrières de production, les coopératives d'habitation.

Malgré la diversité des secteurs d'activités, il existe une parenté entre les règles de gouvernance de ces différentes coopératives : libre adhésion, contrôle démocratique, distribution des excédents au prorata des opérations, intérêt limité sur le capital, indisponibilité des réserves. À ce sujet, Antoine Antoni, secrétaire général de la Confédération

---

18. William Pascoe Watkins, *L'Alliance coopérative internationale, 1895-1970, op. cit.*

générale des SCOP (Sociétés coopératives ouvrières de production) dans un exposé présenté en 1972, déclare:

«1) Les coopératives exercent leur action dans toutes les branches de l'activité humaine: professions libérales, transporteurs routiers, groupements agricoles, coopératives scolaires, etc. La coopérative doit être une structure d'accueil toujours ouverte à des activités nouvelles. On distingue: les coopératives de consommateurs: elles constituent, avec les coopératives ouvrières de production, la plus ancienne branche du mouvement coopératif. Au cours des dix dernières années, les supermarchés et leur mode de distribution ont fait passer au second plan l'action sur les prix qui était traditionnellement l'apport principal de la coopérative de consommation. Mais de ce fait même se trouvent multipliés les aspects sociaux, éducatifs et militants de la coopération de consommation. Voilà une forme de coopération qui pourrait, par exemple, donner aux gens l'occasion de s'impliquer, en agissant directement sur la nature des produits, de prendre le contrôle d'un vaste secteur de la distribution, au lieu d'aller dans les supermarchés où ils n'ont rien à faire que d'acheter bêtement...

2) Les coopératives de logement: elles sont le fait de familles qui se groupent pour construire en commun leurs logements.

3) Les organisations coopératives de loisir: ce sont des groupements de famille qui s'unissent pour développer au meilleur coût leurs activités de vacances, loisirs et culture.

4) Les coopératives de travailleurs de production (SCOP) qui rassemblent les travailleurs pour l'exercice commun de leur profession. Il y a des SCOP en tous genres: professions libérales (médecins, avocats, comptables, etc.) ou encore informaticiens, urbanistes, ébénistes, comédiens, employés de supermarchés.»

De plus en plus, les coopératives n'apparaissent plus comme des réactions pragmatiques à des situations particulières et à un besoin d'association, mais à un projet d'organisation privée de groupes désireux de vivre autrement dans leur milieu.

En 1951, Henri Desroche, après avoir quitté un ordre religieux, consacre le reste de sa vie à l'étude du coopératisme. Il influencera, par ses études universitaires, la pensée coopérative et la vision d'une économie sociale. En 1957, il lance une nouvelle publication, les *Archives internationales de sociologie de la Coopération et du Développement*. En 1958, il est élu directeur d'études à l'École des Hautes Études et est ensuite proposé pour la création d'une chaire de sociologie de la coopération et du développement. En 1959, il fonde le Collège coopératif de Paris et inspire la création de plusieurs autres institutions du même type en France. Il suscite la création de l'UCI (Université coopérative internationale), puis du RHEPS (Réseau des Hautes Études des Pratiques Sociales). Il organise des sessions de formation coopérative en Afrique francophone et en Amérique latine et y séjourne régulièrement de 1977 à 1987. En 1986, il fonde la BHESS (Bibliothèque historique des économies sociales). Il a donc largement contribué à la diffusion et à l'approfondissement de la doctrine de l'économie sociale et en particulier du coopératisme.

En France, en mars 1959, Paul Lambert écrit un important traité, intitulé *La doctrine coopérative*. Son livre sera réédité en juillet de la même année et de nouveau en 1964. Il en sera fait des traductions espagnole, hongroise, anglaise, russe et grecque! Voilà que la doctrine coopérative se mondialise! Dans sa troisième édition, l'auteur affirme ce qui suit, reprenant les constats de Charles Gide : « La coopération n'est pas seulement un type d'entreprise ; elle est un mode de vie ; elle offre une solution valable pour la société dans son ensemble.»

Lambert réaffirme la souveraineté du consommateur. Il ira plus loin en se référant au concours aussi de deux autres souverainetés, celles du producteur et du citoyen. Il en vient à la conclusion que si le concours de ces trois souverainetés est partout désirable, il ne s'ensuit pas que l'influence de chacune doit être égale.

Il en conclut que la fabrication de biens industriels d'une consommation générale et fréquente, de même que la fourniture de services, dépendent essentiellement du consommateur. Les activités primaires de l'agriculture, de même que les activités étroitement liées à l'initiative d'une famille ou d'un petit groupe (artisanat, coopératives ouvrières) appartiennent aux producteurs (coopératives de production) et les activités qui impliquent la gratuité du service (les routes) ou qui mettent en cause l'ordre public (la monnaie) appartiennent essentiellement à l'État, c'est-à-dire aux citoyens.

Il ajoute : «Ces souverainetés sont d'ailleurs dérivées toutes trois d'un principe unique : le contrôle nécessaire de l'homme sur les institutions qu'il a formées et qu'il fait vivre[19].»

D'autant plus que ce système, par ses règles de gouvernance, établit des filtres à toute tentative de domination de minorités sur la majorité, ou à toute forme de conflit d'intérêts profitable au petit nombre au détriment des autres.

Le dernier paragraphe de la résolution de l'ACI à l'occasion du congrès de Hambourg se lisait ainsi : «Le congrès affirme solennellement que la démocratie politique est indispensable au développement de la coopération et que, réciproquement, le libre développement des idées et des réalisations

---

19. Paul Lambert, *La doctrine coopérative*, Les Propagateurs de la coopération, 1959, réédité en 1964.

coopératives est indispensable à la démocratie économique, sans laquelle la démocratie politique demeure incomplète.» En 1966, l'Alliance coopérative internationale procède à une mise à jour des principes coopératifs. Conclusion de cette nouvelle réflexion : c'est dans un retour vers des sources populaires spontanées plus que dans un économisme néocapitaliste que le mouvement coopératif doit chercher son adaptation au XXe siècle. Déjà, l'évolution des nouvelles technologies présage une évolution des échanges sur le plan mondial, et tout particulièrement des échanges dans le monde financier et économique. Le mouvement coopératif sent le besoin d'affirmer qu'il assurera son développement en faisant de la personne humaine l'élément central du développement et non pas le rendement et le profit comme le propose avec conviction le néolibéralisme. Pour leur part, les grandes coopératives, (celles qui doivent se conformer à des règles internationales sur lesquelles elles n'ont pas de contrôle) qu'on retrouve dans la plupart des secteurs d'activités (agricoles, de consommation, de production, de services financiers, etc.) font face aux défis d'adaptation à ces nouvelles réalités, sans dénaturer la vocation du coopératisme et sans encourager les souffles du courant primaire. Sur ce plan, l'ACI peut jouer un rôle important : établir clairement les principes dont l'observation est obligatoire pour que des entreprises soient reconnues comme étant des coopératives et héritières du droit de porter le titre et le nom «coopérative». Autrement dit, faire en sorte que les règlements s'écrivent davantage en termes d'obligations qu'en termes de souhaits.

À compter de 1975, le choc de l'accélération de la mondialisation se fait effectivement sentir. Désormais, les marchés seront théoriquement ouverts. Pour y pénétrer, les entreprises, coopératives ou pas, devront compter sur des grands moyens et se soumettre à des normes nouvelles. Devenir multinationales ou présentes sur un plus grand nombre de marchés qu'uniquement son territoire d'origine exige de se donner «plus de muscles financiers» afin d'entrer dans la vague des fusions ou d'acquisitions d'entreprises, ou d'ententes de partenariats ou de sous-traitance. Pour les entreprises qui doivent – ou qui veulent – jouer ce nouveau jeu de concurrence, le «local» cède le pas à «l'international».

Toutefois, selon leurs secteurs d'activités, la plupart des coopératives, sur tous les continents, appartiennent à des «locaux». Elles sont d'abord des entreprises locales ou régionales, appartenant à des membres locaux ou régionaux, réunies dans une fédération, créées afin de répondre aux besoins d'une collectivité sur un territoire donné. Dès lors, deux voies s'ouvrent à celles qui désirent franchir d'autres frontières: accepter des membres de collectivités éloignées ou étrangères en offrant à ceux-ci les mêmes services ou produits qu'elles offrent à leurs membres d'origine. Ou, deuxième choix, décider de créer des filiales, de les implanter dans des territoires extérieurs et de faire des affaires avec des non-membres sur ces territoires dans le seul motif de créer une richesse, laquelle sera rapatriée afin de profiter aux membres de la coopérative. Exemple: un réseau de coopératives de services financiers dont le siège social est dans un pays européen décide de créer une banque à capital-actions aux États-Unis aux fins d'y faire des affaires et des profits, lesquels profiteront aux coopératives, propriétaires de cette banque. Coopérateurs chez eux et capitalistes à l'étranger. Des choix justifiés par les exigences et les défis de capitalisation, de financement, d'informatisation, de mise en marché ou de compétences exigées par un monde en voie de globalisation. De là, l'assouplissement de certaines règles propres aux coopératives afin de permettre ces adaptations audacieuses et ces compromis entre l'orthodoxie coopérative et capitaliste. Ainsi, certaines grandes coopératives, celles œuvrant sur le plan international, ont choisi de protéger les caractéristiques exclusives des coopératives en établissant des ponts avec le système néolibéral triomphant. Elles disent NON à la pensée unique et au monopole du capitalisme, et OUI à des sociétés de portefeuille, propriétés exclusives des mutuelles ou des coopératives, habiles à pénétrer les marchés financiers afin de lever les capitaux requis à leur développement. Cette libéralisation, toutefois, nécessaire à certains secteurs d'activités comme celui des services financiers, a fait naître des craintes de libéralisation du coopératisme et sa dénaturation. Comme adaptation et libéralisation extrêmes, certaines mutuelles, par exemple, ont renoncé à la mutualité.

Si certaines coopératives doivent s'adapter aux exigences des marchés dominés par le néolibéralisme, elles peuvent toutefois compter sur un grand réseau de coopératives. Des coopératives locales, mais d'un « local » élargi afin que chaque unité puisse compter sur des moyens modernes de gérer ses entreprises. De là, les fusions. Il s'agit d'établir un grand réseau accessible, selon la volonté des membres. Et pour soutenir ce réseau, il faut un grand nombre de membres. De préférence, des coopérateurs conscients de leur appartenance à une entreprise pas comme les autres. Au cas contraire, le risque est grand de compter éventuellement une majorité de membres qui sont davantage de simples clients, « membres » de la coopérative sans le savoir et sans la volonté de partager ou de contribuer à l'établissement d'une société dominée par les valeurs de la liberté qui ne nuit pas à celles des autres, à l'égalité des droits et des chances pour tous, à l'entraide, à l'empathie, à la solidarité.

Bref, cette période d'accélération de la mondialisation a contraint les grandes coopératives à des adaptations exigées par la modernité et les nouveaux besoins des membres. Elles ont réussi à traverser ces années de turbulence tout en maintenant juridiquement les caractéristiques exclusives et distinctives des coopératives et des mutuelles. Toutefois, ces turbulences ont obligé à un rapprochement et à des chocs importants des valeurs du courant civilisateur et du courant primaire. Ces adaptations à l'allure capitaliste et ce rapprochement des valeurs du courant primaire ont permis aux « loups d'entrer dans la bergerie » comme nous le verrons dans un prochain chapitre.

En 1995, au milieu de toutes ces turbulences, l'Alliance coopérative internationale adopte une nouvelle déclaration sur l'identité coopérative, sous la plume du Dr Ian MacPherson, après une vaste et patiente consultation dans le monde coopératif international. La définition de la coopérative est précisée :

« Une coopérative est une association autonome de personnes volontairement réunies pour satisfaire leurs aspirations et besoins économiques, sociaux et culturels communs au moyen d'une entreprise dont la propriété est collective et où le pouvoir est exercé démocratiquement. »

La démocratie est désormais reconnue comme le principe fondamental du coopératisme. Pour mériter le titre de coopérative, la règle « une personne physique, un vote » doit être respectée intégralement. Autrement dit, les corporations ne sont pas membres des coopératives de premier niveau et le vote par procuration n'est pas bienvenu. Pourquoi ? Parce que, selon cette déclaration de 1995, la responsabilité personnelle et mutuelle des collectivités, l'égalité, l'équité et la solidarité, doivent être assurées et aucune ouverture au vote du capital ne doit être tolérée. Cette prise en charge individuelle repose sur la croyance que toute personne peut contrôler sa propre destinée et doit s'efforcer d'y parvenir, sachant toutefois que le plein développement d'un individu ne peut se faire qu'en collaboration avec les autres membres de cette même collectivité. De là, l'idée de l'« Aide-toi toi-même», du fameux *Un pour tous, tous pour un* et une démocratie davantage participative. De plus, fidèles à l'esprit des fondateurs, les membres des coopératives adhèrent à une éthique fondée sur l'honnêteté, la transparence, la responsabilité sociale et l'altruisme.

En 1990, grâce à l'intercoopération du réseau des Caisses populaires acadiennes, de la Coopération de consommation Atlantique et de l'assureur The Cooperators, la Chaire d'études coopératives de l'Université de Moncton voit le jour.

Ainsi, de nouveau en 1995, l'ACI réaffirme les principes des coopératives pour l'entrée dans le XXIᵉ siècle :

1. Le principe de l'adhésion volontaire, ou le principe de la porte ouverte. Ainsi, les coopératives sont des organisations fondées sur le volontariat et ouvertes à toutes les personnes aptes à utiliser leurs services et déterminées à prendre leurs responsabilités en tant que membres, et ce, sans discrimination fondée sur le sexe, l'origine raciale, la race, l'allégeance politique ou la religion.

2. Le principe du pouvoir démocratique exercé par les membres. Ainsi, les coopératives sont des organisations démocratiques dirigées par leurs membres, qui participent activement à l'établissement des politiques et à la prise de décisions. Les hommes et les femmes élus comme représentants des membres sont responsables devant eux. Dans les coopératives de premier niveau, les membres ont des droits de vote égaux en vertu de la règle «un membre, une voix». Les coopérations des autres niveaux sont aussi organisées de manière démocratique.

3. Le principe de la participation économique des membres. En conséquence, les membres contribuent de manière équitable au capital de leurs coopératives et en ont le contrôle. Une partie au moins de ce capital est habituellement la propriété commune de la coopérative, sous forme de réserves impartageables. Les membres ne bénéficient habituellement que d'une rémunération limitée du capital souscrit comme condition de leur adhésion. Les membres affectent les

excédents à tout ou partie des objectifs suivants : le développement de leur coopérative par la dotation de réserves,
la remise de ristournes aux membres en proportion de
leurs transactions avec la coopérative et le soutien d'autres
activités approuvées par les membres.

4. Le principe de l'autonomie et de l'indépendance. En effet,
les coopératives sont des organisations d'entraide, gérées
par leurs membres. La conclusion d'accords avec d'autres
organisations, y compris des gouvernements, ou la recherche de fonds à partir de sources extérieures, doit se faire
dans des conditions qui préservent le pouvoir démocratique des membres et maintiennent l'indépendance de leur
coopérative.

5. Le principe de l'éducation, de la formation et de l'information. Les coopératives fournissent à leurs membres, leurs
dirigeants élus, leurs gestionnaires et leurs employés l'éducation et la formation requises pour le développement de
leur coopérative. Elles informent le grand public, en particulier les membres, les jeunes et les dirigeants d'opinion,
sur la nature et les avantages de la coopération.

6. La coopération entre les coopératives. Pour apporter un
meilleur service à leurs membres et renforcer le mouvement
coopératif, les coopératives œuvrent ensemble au sein de
structures locales, nationales, régionales et internationales.

7. L'engagement envers la communauté. Les coopératives
contribuent au développement durable de leur communauté dans le cadre d'orientations approuvées par leurs
membres.

Ces principes coopératifs ont été confirmés lors de l'Assemblée générale des membres de l'Alliance coopérative
internationale, en 2011, au Mexique.

Les coopératives et les mutuelles

Ce regard rapide et incomplet sur l'évolution de la pensée
coopérative démontre que l'Europe est l'incubateur de cette

pensée d'où émanent les premiers réseaux de coopératives dans le monde. Réseaux de coopératives mais aussi réseau de mutuelles, tout particulièrement dans le secteur des assurances (l'assurance-vie et aussi les assurances multirisques.) Des mutuelles dont le statut juridique est bien protégé par les lois. Les réserves des mutuelles sont impartageables, ce qui pose un cadenas sur toute velléité de liquidation en vue d'une démutualisation.

Autres continents

Après l'Europe et l'Amérique du Nord, la pensée coopérative a envahi l'Amérique du Sud et les autres continents. Par exemple, au Japon, le coopératisme est très présent. Il faut souligner le caractère social et culturel des coopératives agricoles japonaises, des coopératives de consommateurs (on en compte environ 1200 qui regroupent 32 000 adhérents) des coopératives de santé où des modèles avant-gardistes et efficaces sont désormais une référence[20], des coopératives de travailleurs où plus de 30 000 personnes en sont membres, des coopératives forestières et autres, sans oublier la grande coopérative de services financiers, la Norinchunk Bank et ses coopératives rurales. Culturellement, la gestion des entreprises japonaises encourage le travail en groupes. Habitués à exploiter les rizières, ces groupes de travailleurs sont à l'aise d'œuvrer ensemble dans toutes les formes d'entreprises, y compris, bien entendu, les coopératives. Ils ont culturellement le sens de la fierté du succès du groupe – davantage que la fierté de la réussite individuelle.

---

20. Jean-Pierre Girard, *Notre système de santé, autrement*, Éditions BLG, 2006, p. 131.

La Chine et l'Inde

Les coopératives connaissent également un développement intéressant en Chine. L'État s'est engagé à favoriser la modernisation agricole du pays (les agriculteurs chinois comptent sur un million de tracteurs alors que les agriculteurs américains en comptent 30 fois plus !). Le gouvernement s'est également engagé à renforcer la protection juridique et le soutien politique afin d'accroître la vitalité des coopératives agricoles. Dans une allocution récente, le vice-premier ministre chinois déclarait que, « de plus en plus, les coopératives ont ouvert des marchés pour les agriculteurs en transformant la gestion décentralisée par une coopérative professionnelle. Les coopératives ont permis la modernisation agricole de la Chine[21].» Pour sa part, Yang Chuantag, président de la Fédération chinoise des coopératives d'approvisionnement et de commercialisation, a déclaré « que le gouvernement chinois met l'accent sur le développement des coopératives à travers la Fédération chinoise des coopératives d'approvisionnement et de commercialisation». De plus, la Chine poursuit le développement de son nouveau système de santé coopératif en milieu rural et son système coopératif de finance rurale.

En Inde, deux grandes réussites coopératives méritent d'être soulignées : un réseau de coopératives laitières (Amul) comptant 11 000 coopératives villageoises et l'association SEWA, née en 1972, soit la formation de coopératives de femmes vendeuses de rue, auxquels se sont ajoutés, en 1974, une banque coopérative. Aujourd'hui, SEWA est un large réseau de coopératives présentes dans différentes sphères d'activité. La fondatrice de ce réseau affirme que « si les

---

21. Hui Liangyu, vice-premier ministre chinois, au nom de son gouvernement : allocution dans le cadre des célébrations de l'Année internationale des coopératives (2012).

pauvres sont organisés et construisent leur pouvoir, alors le marketing social peut renforcer l'économie locale ». Autres exemples : Amérique du Sud et Afrique. Dans de nombreux pays de l'Amérique du Sud et en Afrique se sont formés des réseaux de coopératives d'épargne et de crédit, des coopératives de pêcheurs, des coopératives de travailleurs, des coopératives agricoles, etc., à l'initiative d'humanistes locaux ou grâce au travail des Sociétés de développement coopératif[22] tant canadiennes, américaines, qu'européennes.

L'expérience européenne de l'économie sociale

Cette évolution de la pensée coopérative et mutualiste a entraîné en Europe le développement de ce qu'on convient d'appeler l'économie sociale. Dans son livre, *L'économie sociale européenne (ou la tentation de la démocratie en toutes choses)*, Thierry Jeantet rapporte ce qui suit : « L'économie sociale est un ensemble très vivant, riche de sa diversité, heureusement mouvant, comportant des micro-associations locales comme de vastes entreprises mutualistes et coopératives ; sa complexité peut dérouter. Elle est pourtant autant lisible que le monde capitaliste, dont les composantes comportent des contrastes forts, des différences de taille extrêmes, des modes d'organisation divergents. L'importance globale de l'économie sociale est gênante pour ceux qui ne veulent pas reconnaître son ampleur et préféreraient qu'elle continue à être observée par petits morceaux, par fractions. » Il précise que par rapport à 370 millions (en l'an 2000) d'habitants au sein de l'Union européenne, il y aurait

---

22. Sociétés de développement de la coopération telles que Développement international Desjardins, ou SOCODEVI (Société de coopération pour le développement international), l'ACDI (Agence canadienne de développement international).

environ 248 millions de membres de coopératives, mutuelles et associations, tout en rappelant que ce chiffre doit être relativisé puisqu'un citoyen pour facilement être membre d'au moins deux organisations. Ce qui lui permet de conclure que l'économie sociale est un poids lourd dans l'ensemble de l'économie européenne.

Ces chiffres sont impressionnants puisque la référence à *l'économie sociale* n'est pas reconnue ou utilisée dans tous les pays. En certains pays, la confusion possible avec l'économie socialiste en est probablement la cause. Depuis quelques années, toutefois, on se réfère à l'économie sociale ou l'économie solidaire sans gêne, référant à une économie contraire à une économie néolibérale.

Ces exemples – et la liste pourrait longuement s'allonger – révèlent l'étendue de la présence coopérative sur la planète et les effets bénéfiques qu'elle produit.

Au Québec, l'évolution de la pensée associationniste et coopérative est également intéressante. Ce que nous verrons au chapitre suivant.

QUI MÉRITE LE TITRE DE « MOUVEMENT » ?

On dit du secteur coopératif qu'il est un mouvement. Tout comme on parle du mouvement syndical ou du mouvement féministe ou écologique.

Certains dictionnaires définissent le mouvement comme étant le « changement de situation dans l'espace et dans le temps ». En effet, lorsque je marche, je suis en mouvement puisque je change ma situation dans l'espace et dans le temps. Or, par extension, lorsqu'un groupe de personnes, dans leur espace et dans leurs époque, décident, ensemble, de changer certaines situations, on leur accorde le nom de « mouvement » : Mouvement féministe, un groupe d'individus veulent changer la qualité des relations entre les hommes et les femmes. Mouvement syndical, afin de changer les relations entre les travailleurs et les patrons. Mouvement préoccupé d'écologie et de l'environnement qui veut changer les habitudes de consommation et mieux contrôler l'exploitation des ressources de la planète. On parle aussi du mouvement coopératif, ou du mouvement mutualiste, ou du mouvement de l'économie sociale. Pourquoi ? Parce que les coopératives, les mutuelles, les entreprises de l'économie sociale sont des regroupements d'individus qui, dans leur espace et dans leur époque veulent que soient rétablies les valeurs civilisatrices fondées sur la liberté – celle qui ne nuit pas à celle des autres –, sur l'égalité des droits et des chances et sur la solidarité. Ces groupes sont UN MOUVEMENT parce qu'ils veulent changer le monde !

CHAPITRE TROISIÈME

L'évolution de la pensée associationniste et coopérative au Québec

Je me souviens

Devise du Québec

Au Québec, jeune nation comparativement aux pays de l'Europe, les coopératives arrivent plus tard. N'en déplaise à ceux qui rechignent à tout regard sur le passé, la connaissance de l'histoire de la nation québécoise est certes utile à une meilleure compréhension de l'évolution de la pensée associationniste et coopérative. D'abord colonisateurs au nom du roi de France, les Canadiens français contribuent à bâtir une Nouvelle-France, cette colonie riche en fourrures, rivières, lacs et forêts. Ces richesses éveillent l'envie des Britanniques qui s'empressent de les conquérir. Pour survivre collectivement, les Canadiens français sont contraints de se soumettre à la volonté d'un nouveau roi, anglais celui-là, et de vivre sous un régime politique imposé pendant de longues années. Français d'origine pour la plupart, soumis aux décrets du conquérant anglais ainsi qu'aux décrets de l'Église, tout en subissant les influences d'un voisin américain désireux de créer une grande Amérique, voilà plusieurs influences diverses: celles de Paris, de Londres, de Washington et de Rome! Voilà certes les ferments d'une société distincte.

Pour certains, une partie de cette histoire est un mythe. Pourtant, bien réels sont les souhaits des conquérants quant à la disparition éventuelle de «ces francophones ignorants et inhabiles...», comme les décrivait Lord Durham, représentant du roi d'Angleterre[1]. Réelle aussi la lente, mais constante marche vers la reconnaissance d'une société, pas nombreuse, mais distincte malgré son jeune âge, par sa langue, son histoire, ses compétences, sa solidarité et son dynamisme, une distinction légalement reconnue par l'État fédéral canadien.

L'histoire

Globalement, l'histoire de ce miracle de la survie de la nation québécoise est marquée au sceau de la culture associationniste. Et aussi au sceau d'un collectivisme modéré. Certes, au début, cette concertation et cette solidarité se faisaient discrètes face aux conquérants. Les Canadiens français de l'époque comprennent que la patience est nécessaire ainsi qu'une certaine cohérence entre leurs valeurs et leurs actions. Sans cette cohérence, le projet collectif devient vulnérable. Cette résistance tranquille à l'assimilation fait apparaître les Canadiens français comme peu entreprenants ou individualistes, mais privés de leurs pouvoirs politiques et économiques, ils étaient contraints de travailler, par leurs moyens, à la subsistance de la famille. Ce faisant, ils préparaient leur avenir. Le projet historique de ce peuple soumis à un conquérant est celui de la survie et de la reconnaissance éventuelle comme nation. Sa survie ne s'explique donc pas par sa force militaire ou par la force de ses capitaux. Ce miracle ne s'explique que par la volonté largement partagée

---

1. John George Lambton Durham, *Le rapport Durham*, l'Hexagone, 1990, p. 65 et s.

d'assurer sa pérennité comme groupe et d'en assumer la responsabilité collectivement. Et d'agir, quotidiennement, en conséquence ou mieux, en cohérence. Ce qui n'a pas empêché une constante transformation de leur personnalité, au fil du temps. D'une étape à l'autre, acquérant collectivement une plus grande liberté, les Canadiens français ont su s'adapter aux conjonctures nouvelles et changer certains de leurs comportements, sans toutefois renoncer à leur projet fondamental. Les historiens Jacques Mathieu et Jacques Lacoursière[2] le rappellent avec justesse. Au sujet du peuple québécois, ils écrivent:

«Ses valeurs, ses attachements, ses engagements, ses aspirations se tournent vers d'autres horizons. Le Québécois se veut consciemment différent de ce qu'il était auparavant. En même temps qu'il s'éloigne de ses traditions, un nouveau projet prend forme et ravive les sentiments d'appartenance nationale. Le nationalisme survit aux changements en profondeur de l'identité québécoise. [...]»

C'est dans ce contexte que se développe lentement l'accès à certains pouvoirs, tant politiques qu'économiques. Ainsi, vu l'édit royal excluant les conquis des activités commerciales ou financières, les Canadiens français tarderont à créer des entreprises. L'évolution de l'économie québécoise connaîtra trois périodes:

1) Une première qui s'échelonne de la date de la découverte du Canada par Jacques Cartier (1534) jusqu'à la conquête par les forces militaires britanniques en 1760;
2) Une deuxième, celle de 1760 jusqu'à la Révolution tranquille de 1960;
3) Et une troisième, toujours en développement, depuis la Révolution tranquille (1960) à aujourd'hui.

2. Jacques Mathieu et Jacques Lacoursière, *Les mémoires québécoises*, PUL, 1989.

La première période est celle d'une *économie de subsistance*. En 1534, un grand territoire sur les rives du Saint-Laurent est proclamé terre française. Toutefois, la colonisation des nouveaux territoires ne commence vraiment qu'une cinquantaine d'années plus tard. Les familles doivent d'abord satisfaire les besoins physiologiques essentiels à leur survie : se nourrir, se vêtir, se loger, se chauffer, se sécuriser. Une période assez longue puisque, dans ses instructions à l'intendant Jean Talon, en 1665, le roi de France Louis XIV écrit :

« L'un des plus grands besoins du Canada est d'y établir des manufactures et d'y attirer des artisans pour les choses qui sont nécessaires à la vie ; car jusqu'ici il a fallu porter en ce pays-là des draps pour habiller les habitants et même des souliers pour les chausser, soit qu'étant obligés de cultiver la terre pour leur subsistance et celle de leurs familles, ils en aient fait leur seule et leur plus importante occupation, soit par le peu de zèle et d'industrie de ceux qui les ont gouvernés jusqu'à présent. »

Six ans plus tard, en 1671, l'intendant Jean Talon fait rapport au roi en lui écrivant qu'il espère « qu'en peu de temps le pays ne désirera rien de l'ancienne France, que très peu de choses nécessaires, s'il est bien administré ».

Trois secteurs sont développés par les colons français : la pêche à la morue, le commerce des fourrures, et un peu plus tard, la production du blé. Au fil du temps, se développe un certain commerce entre la Nouvelle-France, la France et les Antilles. Ce qui rend le territoire commercialement intéressant.

En 1760, les Anglais prennent le contrôle du territoire de la Nouvelle-France qui compte alors environ 600 000 habitants. Au cours des premières décennies du Régime anglais, les conquérants ne modifient pas substantiellement la structure de production déjà établie. Une lettre du roi d'Angleterre au gouverneur Murray de la Nouvelle-France, en 1760, avait déjà fait savoir que toutes les mesures susceptibles de favoriser le développement de la production manufacturière ou industrielle étaient interdites aux Canadiens français, et ce, afin de sauvegarder la prépondérance de la métropole britannique en ce domaine! Sur le plan économique, on cherche à inférioriser les conquis. Plus tard, dans un rapport au roi d'Angleterre, Lord Durham dira que «les Français de la Nouvelle-France sont forcés de reconnaître la supériorité et l'esprit d'entreprise des Anglais, que les Anglais détiennent déjà l'immense partie des propriétés et qu'ils ont eu pour eux la supériorité de l'intelligence; ils ont pour eux la certitude que la colonisation du pays va donner la majorité à leur nombre; ils appartiennent à la race qui détient le gouvernement impérial et qui domine sur le continent américain.»

La bourgeoisie anglophone est chargée d'assurer désormais le développement économique du Bas-Canada. L'industrie et le commerce sont inaccessibles aux Canadiens français. On les voulait plutôt «nés pour un p'tit pain» ou «porteurs d'eau». Et les Canadiens français se soumettent, du moins pour un temps.

En plus de trouver refuge dans une économie de subsistance pour répondre aux besoins essentiels de la famille, les Canadiens français trouvent également refuge dans leurs croyances religieuses et les promesses d'un avenir meilleur. Plusieurs se convainquent que le monde des affaires n'est pas leur destin. Ce qui fait dire au théologien Louis-Adolphe Paquet, en parlant aux Canadiens français:

«Notre mission est moins de manier des capitaux que de remuer des idées; elle consiste moins à allumer le feu des usines qu'à entretenir et faire rayonner au loin le foyer lumineux de la religion et de la pensée[3].»

---

3. Louis-Adolphe Paquet, *Les mémoires québécoises*, Les Presses de l'Université Laval, 1991, p. 255.

En 1830, des «sujets» du roi décident de se protéger mutuellement des risques contre le feu de leurs maisons ou les risques financiers d'une mort prématurée. Ils créent alors des mutuelles d'assurance fonctionnant sur un mode coopératif. Le but est vraiment l'assurance contre des risques et non pas le profit ou le rendement sur le capital. Les contributions financières à la mutuelle servent uniquement à compenser les pertes financières des membres à l'occasion d'un sinistre ou d'un décès.

En 1846, soit 86 ans après la conquête, Étienne Parent, directeur du journal *Le Canadien*, à l'occasion d'une conférence intitulée «L'industrie considérée comme moyen de conserver notre nationalité», encourage les Canadiens français à devenir entrepreneurs afin d'assurer leur survie en tant que peuple:

«Je vais vous demander d'ennoblir la carrière de l'industrie, en la couronnant de l'auréole nationale, car de là je veux tirer un moyen puissant de conserver et d'étendre notre nationalité. Je viens vous supplier d'honorer l'industrie; de l'honorer non plus de bouche, mais par des actes, par une conduite tout opposée à celle que nous avons suivie jusqu'à présent et qui explique l'état arriéré où notre race se trouve dans son propre pays... Disons-le, on méprise l'industrie[4].»

Il affirme donc que la survivance et le progrès du peuple québécois passent par un meilleur contrôle de son économie. Il propose d'ajouter à la patience, à la soumission et à la négociation, un «moyen puissant», soit celui de l'entrepreneuriat, non plus seulement par la parole mais par des actes.

En 1852, le message est entendu, du moins par quelques francophones, et une nouvelle mutuelle d'assurance se forme, soit la «Mutual Fire Association». Puis, en 1876, l'assurance

---

4. Citation reproduite dans Roger J. Bédard, *L'essor économique du Québec*, Beauchemin, 1969, p. 17-31.

coopérative prend plus d'importance avec la création de la Société des artisans.

En somme, il s'agit d'un appel au développement économique sous contrôle québécois *pour assurer la survie et le progrès des Canadiens français.* Un appel à la solidarité comme garantie de la survie de ce peuple. Et pour assurer la pérennité de ces entreprises, les nouveaux entrepreneurs assurent le contrôle permanent de leur propriété par l'adoption de la formule mutualiste – c'est-à-dire par le contrôle non pas par le vote du capital, mais par le vote des individus. Ils créent des entreprises « inaliénables » dans une perspective de développement durable.

En 1873, 113 ans après la conquête, Laurier-Olivier David, dans *L'opinion publique*, plaide en faveur d'une économie profitable à la collectivité. Il écrit :

« Puisque les grands capitaux nous manquent, unissons-nous pour les produire. Faisons des louis avec des sous et des millions avec des piastres. Que l'établissement de nos manufactures qui doit profiter à tout le monde soit le résultat du patriotisme de tout le monde. Ce qui enrichit un pays enrichit chaque homme en particulier[5]. »

Un message important : unissons nos capitaux pour que ceux qui en possèdent s'enrichissent : non, unissons nos capitaux afin de créer des emplois, ce qui assurera la pérennité de notre nationalité. Il faut enrichir le pays pour que chaque habitant s'enrichisse. Les Canadiens français de l'époque portent en leur cœur, sans le savoir, les valeurs d'une économie sociale sous forme de coopératives et de mutuelles.

À la fin du XIXᵉ siècle, le Québec connaît des difficultés économiques et sociales importantes. En l'espace d'une soixantaine d'années (1840-1900), des milliers de citoyens

---

5. Laurent-Olivier David, *L'opinion publique*, 1873.

quittent leur terre natale à destination des villes de la Nouvelle-Angleterre où la plupart se trouvent de l'emploi dans l'industrie manufacturière[6]. Au début du xxᵉ siècle, ce flot migratoire conserve des proportions alarmantes : plus de 100 000 départs entre 1900 et 1910 et 80 000 dans la décennie suivante[7]. En 1901, le Québec compte 1 638 898 habitants (30 % de la population canadienne). Il conserve les traits dominants d'une société rurale. La solidarité québécoise s'effrite et le capitalisme s'impose et s'accompagne d'un processus de concentration du pouvoir économique et d'un déséquilibre dans le partage de la richesse. Déjà, la grande entreprise dicte les règles du jeu économique et impose une concurrence insoutenable aux plus petites. Le travail artisanal doit céder le pas à l'industrie. Les grandes sociétés par actions se forment et viennent accélérer la tendance à la concentration du capital, particulièrement dans les mains des Anglo-Saxons qui, depuis la Conquête, ont été les grands bénéficiaires des liens coloniaux unissant le Canada à l'Angleterre[8].

C'est dans ce contexte qu'en 1900, Alphonse Desjardins, sténographe au Parlement du Canada, s'intéresse à l'épargne des Canadiens français du Québec. Ému par les faillites des agriculteurs et artisans livrés aux mains des prêteurs usuriers, Desjardins cherche une solution. Après avoir découvert à la bibliothèque du Parlement un livre intitulé *People's Banks*, écrit par le président Wolff de l'Alliance coopérative internationale, il procède à un inventaire systématique des développements coopératifs en Europe. Il entreprend une correspondance soutenue avec des coopérateurs européens.

---

6. Pierre Poulin, *L'histoire du Mouvement Desjardins*, tome 1, Québec Amérique, 1990.

7. Paul-André Linteau, *Histoire du Québec contemporain. De la Confédération à la crise*, Boréal Express, 1979, p. 42.

8. Pierre Poulin, *L'histoire du Mouvement Desjardins*, op. cit., p. 25.

Après mûre réflexion, il crée un modèle nouveau de coopératives d'épargne et de crédit adapté aux valeurs québécoises. Dans une lettre à Charles Rayneri le 18 octobre 1900 (deux mois avant de fonder la première caisse populaire), il écrit : «Je cherche dans la rédaction des statuts à combiner, au moyen de la création d'un type nouveau, les diverses caractéristiques des banques populaires proprement dites et des caisses rurales, telles que vous les concevez en France, me rapprochant, je crois, du type Luzzatti. Vous me direz sans doute que mon entreprise est bien audacieuse, sinon absolument téméraire. Mais voici le motif qui m'a engagé, après bien des hésitations et des craintes, à tenter l'aventure. Aussi, je vous prie de me permettre de vous faire connaître ce motif avant de me désapprouver et de me juger avec sévérité.»

Dans cette lettre, il pose ce qui lui apparaît la garantie du succès de «son aventure» : une caisse comme élément central du futur réseau, la responsabilité limitée des membres, la démocratie, une réserve impartageable pour assurer la solidité financière de la caisse. Un modèle qui deviendra une source d'inspiration pour de nombreuses coopératives par la suite.

Pourquoi des coopératives ? Alphonse Desjardins a des idées précises en réponse à cette question. Dans un discours au Congrès de la Jeunesse en 1908, il répond à la question : «Pourquoi des caisses ? N'avons-nous pas des banques qui, grâce à leurs succursales, vont partout recueillir l'épargne ? D'abord, les banques ne sont pas des créations ayant pour objet de faire du bien aux masses populaires ou de solutionner la question sociale sur le terrain économique. Elles n'y ont jamais songé et par bonheur, car elles ne sont nullement outillées pour une pareille mission. Elles failliraient donc sûrement à la tâche, tout en ne réussissant pas aussi bien à enrichir leurs actionnaires, but unique de leur fondation. Laissons à chaque organe la fin qui lui est propre et pour laquelle il est fait, et les choses n'en iront que mieux. […] Enfin, les banques ne font pas le crédit aux pauvres. Elles prêtent à une clientèle qui se recrute principalement dans les grandes industries et le commerce. L'humble ouvrier ou cultivateur qui dépose chez elle n'a que son argent ; d'emprunt, jamais. Il n'a que l'usurier pour tout réconfort et Dieu sait ce qu'il en coûte.»

Ajoutons cet appel à la citoyenneté :

«Pour qu'une œuvre de régénération économique comme toutes les autres ait chance de réussir, il faut qu'elle sorte des entrailles mêmes du peuple. Il faut que la conception et les procédés propres à son plein établissement soient bien compris par les classes à en bénéficier. Il faut qu'elles se les soient assimilés, si bien qu'elles n'hésitent pas à s'imposer au besoin des sacrifices pénibles pour les réaliser[9].»

Il faut donc l'éducation à l'épargne :

«Sans l'épargne, tous les efforts sur le terrain économique seraient à peu près nuls. C'est le travail qui crée les richesses, mais c'est l'épargne qui les accumule et les perpétue… Sans l'épargne, jamais les capitaux n'auraient existé – et sans les capitaux rien n'aurait été accompli[10].»

Il croit fermement à l'association et à l'action collective :

«Tous les peuples civilisés recourent à l'association, groupent leurs énergies. Allons-nous, par apathie, rester en arrière et permettre aux autres forces sociales de s'emparer de toutes les positions qui leur assureront une puissance formidable et sans frein ? Non, assurément. Allons de l'avant et que les activités partent de haut afin que le peuple sente qu'il peut compter sur la chaude sollicitude des classes vraiment dirigeantes[11].»

9. Article paru dans *L'action sociale*, 12 mai 1908.
10. Discours aux Franco-Américains, Lowell, Mass., États-Unis, 1911.
11. *Revue École sociale populaire*, n°s 7 et 12, *La caisse populaire*, 1912.

Alphonse Desjardins insiste donc sur l'idée de la coopération en tant qu'instrument de régénération économique. Il fait appel à un réveil de la citoyenneté, c'est-à-dire à des citoyens convaincus de la nécessité de créer une force, par la solidarité, dans le but de faire une société plus juste et plus égalitaire. Pour Desjardins, le membre d'une caisse n'est pas un client. Il est un chaînon dans un groupe de gens décidés à créer des services financiers au service de tous les membres, sur la base de l'égalité des droits et des chances. Il rend concrète cette idée de l'association de personnes en regard des banques commerciales qui sont essentiellement des associations de capitaux.

Plus tard, devant le succès de sa démarche, Alphonse Desjardins n'hésite pas, dans un mémoire déposé au gouvernement du Québec, à affirmer, en se référant à un réseau éventuel de caisses populaires et autres institutions sur le territoire :

« Nous créer un patrimoine qui serait sous notre contrôle, toujours à notre disposition, dont l'utilisation servirait à accroître notre influence légitime, à activer notre progrès et, au besoin, à nous protéger contre des agressions injustes. Ce capital serait l'arme la plus formidable mise à notre service. On a beau dire que le sentiment ne gouverne pas l'argent, il n'en fait pas moins sentir son action. »

Au départ, il insiste sur le bénévolat. À défaut de capitaux, il faut investir du temps et des énergies – bénévolement – pour assurer la survie de ces coopératives d'épargne et de crédit. Pendant des décennies, les gestionnaires des caisses donnèrent de leur temps sans exiger de rémunération. Pendant plus de 100 ans, les milliers d'administrateurs de caisses ont œuvré bénévolement. Ce n'est qu'il y a quelques années, en vertu d'un vote serré, qu'une majorité de dirigeants décidèrent qu'ils méritaient une rémunération.

Monsieur Desjardins considérait la caisse comme «un superbe foyer de formation économique, où on y apprend comment avec des sous on forme des milliers de piastres et comment ces piastres peuvent être sagement utilisées. Elles développent des initiatives heureuses, les provoquent et les fécondent. Elles forment la mentalité puisque tous les officiers doivent le servir gratuitement à l'exception toutefois du gérant qui, seul, peut être indemnisé[12].»

Il rêve d'un «noyau dur» dans l'économie du Québec, sous le contrôle des citoyens de chacune des localités du Québec, au cri de: «Si nous ne pouvons être millionnaires individuellement, soyons-le au moins collectivement!»

Il reprend donc le message des plaideurs en faveur d'une prise d'un certain contrôle par les Canadiens français de leur économie et de leurs finances. Toujours le même message: une économie au service des populations; une économie propriété des citoyens et contrôlée pour le mieux-être de l'ensemble de la collectivité. Une économie qui permet aux gens de son coin de pays de devenir riches collectivement tout en étant au service de l'identité québécoise. Une économie qui vise à une société plus égalitaire. Une économie qui crée de la richesse pour tous. Non seulement il plaide, mais il agit.

Dès la création de la première caisse, le clergé appuie fortement les initiatives d'Alphonse Desjardins et de ceux qui s'inscrivent à sa suite pour fonder des caisses dans la plupart des paroisses du Québec. Ce qui s'avère fort utile pour que les citoyens accordent leur confiance à ce projet que d'aucuns qualifiaient «d'osé[13]».

---

12. Conférence devant les délégués de l'Association canadienne-française d'éducation de l'Ontario, 15 février 1912. Cité dans *Les réflexions d'Alphonse Desjardins*, publié par le Mouvement Desjardins.

13. Voir Pierre Poulin, *L'histoire du Mouvement Desjardins*, op. cit., ou Guy Bélanger, *L'histoire de la Caisse populaire de Lévis*, Éditions MultiMondes.

En 1901, Errol Bouchette, avocat et économiste, dans un texte intitulé « Emparons-nous de l'industrie » écrit :

« Un peuple n'accomplit de grandes choses qu'en autant qu'il est armé pour faire respecter ses idées. L'arme par excellence d'un peuple, la condition fondamentale de son existence et de son progrès, c'est la supériorité économique[14]. »

À la même époque, les premières coopératives agricoles apparaissent. Elles permettront, entre autres avantages, de ralentir l'exode des cultivateurs vers les États-Unis. Les gouvernements, tant fédéral que provincial, participent activement à la promotion de la prise en charge par les cultivateurs de leurs propres entreprises. Le commissaire à l'agriculture à Ottawa, Georges-Auguste Gigault, est reconnu comme l'un des principaux inspirateurs des sociétés coopératives agricoles dans la province.

Ce courant de regroupement des forces influencera d'autres secteurs d'activités. Après celui de l'épargne[15], de l'assurance et de l'agriculture[16], ceux des pêcheries, des forêts, de l'habitation, de la consommation, etc.

En 1921, un universitaire renommé, Édouard Montpetit, dans un article publié dans *L'action française* sous le titre « L'indépendance économique des Canadiens français », écrit : « On disait autrefois : Emparons-nous du sol ; on a écrit hier : emparons-nous de l'industrie. Disons maintenant à notre tour : emparons-nous de la science et de l'art[17]. »

En 1924, Esdras Minville, professeur émérite à l'École des Hautes Études commerciales de Montréal, après avoir scruté

---

14. Errol Bouchette, *Emparons-nous de l'industrie,* Imprimerie Générale, 1901.

15. Fondation des caisses populaires. Voir *L'Histoire du Mouvement, op. cit.*

16. Jacques Saint-Pierre, *Histoire de la coopérative fédérée,* Les Presses de l'Université Laval, 1997, p. 3

17. Édouard Montpetit, « Indépendance économique des Canadiens français », *L'Action française,* 1921.

ce qui se fait dans le monde, fait de la coopérative la condition du redressement économique et social de la nation canadienne-française. Durant la première partie de sa carrière et activement jusqu'en 1937, Minville analyse le système dans son ensemble. Il se convainc alors que la coopération est le meilleur moyen «de s'en sortir» puisqu'il s'agit d'une formule pouvant s'adapter à divers domaines d'activités. Par le biais de la coopération, il s'attarde tout d'abord à un territoire qu'il connaît bien, le sien, afin de déterminer ce qui pourrait dégager la Gaspésie du marasme économique dans lequel elle semble s'être embourbée. L'idée de coopérative agroforestière jaillit alors comme une solution parfaitement adaptée à l'économie régionale. Pour lui, l'agriculture et la forêt doivent s'appuyer l'une sur l'autre. Pour ce faire, dit-il, il est impérieux que les gens de la région soient à même de disposer des forêts que l'on concède trop facilement aux grandes entreprises étrangères. Par exemple, en faisant du bûcheron un forestier, pense-t-il, on ne fait que renforcer le sentiment d'appartenance du travailleur au développement de son entreprise, ce qui, en fin de compte, ne peut avoir que des effets positifs. Il s'oppose farouchement aux théories économiques telles que véhiculées par les tenants du libéralisme, d'une part, et ceux du socialisme, d'autre part. Il est un véritable adversaire du libéralisme, tant philosophique qu'économique[18]. Il contribuera d'ailleurs à créer le premier syndicat coopératif canadien-français dédié aux produits de consommation par Victor Barbeau et Berthe Louard, en 1936, à Montréal.

En 1930, à Lévis, Gaspard Arthur Carette, un agent d'assurances au service d'une compagnie étrangère, découvre chaque jour, que le commerce de l'assurance est l'une des principales assises de l'économie et qu'en rassemblant

---

18. Domique Foisy-Geoffroy, *Esdras Mainville*, Septentrion, 2004.

l'épargne des citoyens, non pas nécessairement les plus riches, il est possible de créer des réservoirs de capitaux importants pouvant être mis au service de la population et de l'industrie[19]. Des tirades de politiciens ou de religieux le font réfléchir : en premier lieu, le chanoine Lionel Groulx : «De notre propre domaine, de notre propre travail, de notre propre épargne, nous bâtissons notre servitude économique. Ne nous en prenons pas aux métèques, mais à nous-mêmes[20]!»

Ou encore, Ernest Laforce, un compagnon de Maurice Duplessis, premier ministre du Québec de l'époque, qui affirme lors d'une assemblée citoyenne à Saint-Denis-sur-Richelieu :

«Qu'avons-nous à offrir aux Héros de 1837? Nous avons perdu du terrain partout. Les banques, le commerce, l'industrie, l'assurance sont passés aux mains des étrangers. Ce n'est pas pour ça que nos pères se battirent en 1837!»

Et encore plus mordante, la tirade de Paul Bouchard, en 1935, dans le journal *La Nation* :

«Quand un peuple dépose depuis des années 50 millions de ses épargnes dans les coffres des profiteurs étrangers et quand il s'engage par l'assurance à débourser ces sommes durant 20, 30, ou 50 ans, il ne doit pas s'étonner si aujourd'hui il pourrit dans la misère!»

Aussi, cette parole de Claude-Henri Grignon, célèbre écrivain en son temps :

«Le temps est venu où les Canadiens français doivent faire confiance aux Canadiens français. Et surtout, arrachons de notre cerveau cette idée diabolique qu'un Canadien français ne peut pas réussir en affaires. Nous avons été trop longtemps des porteurs d'eau et des scieurs de bois. Relevons la tête.

---

19. Pierre Godin, *Histoire de la Laurentienne*, Québec Amérique, 1988.
20. Citations tirées du livre de Pierre Godin, *op. cit.*

Canadiens français, réveillez-vous! Faisons une concurrence loyale dans tous les domaines aux étrangers qui vivent dans le Québec grâce aux épargnes des Canadiens français[21].» L'agent d'assurances Carette, décidé à passer à l'action, rencontre, heureux hasard, le docteur Joseph Aristide Tardif. Tous deux décident de fonder une compagnie d'assurances canadienne-française et créent La Laurentienne, laquelle deviendra un groupe financier important, puis, dans les années 1990, la propriété du Mouvement Desjardins. Un «noyau dur» dans l'économie québécoise grâce à l'inaliénabilité que lui accorde le coopératisme.

En 1939, les quelques coopératives de pêcheurs de la Gaspésie s'unissent pour fonder les Pêcheurs-Unis du Québec avec l'aide du clergé et du Service social-économique (SSE) de Sainte-Anne-de-la-Pocatière. Cet organisme jouera un rôle important d'éducation coopérative pour les travailleurs de la pêche. Guy Bernier, directeur général des Pêcheurs-Unis, deviendra plus tard président de l'Union régionale des caisses populaires de Montréal.

Georges-Henri Lévesque – 1939

La même année, le père Georges-Henri Lévesque, conscient de l'importance de la coopération au Québec et de sa méconnaissance, fonde le Conseil supérieur de la coopération qui, en 1951, deviendra le Conseil de la coopération du Québec et, plus récemment, le Conseil de la coopération et de la mutualité du Québec.

Depuis la naissance de la Faculté des sciences sociales de l'Université Laval, le père Lévesque n'a pas cessé de lutter afin que l'Université se donne une double mission, tant intérieure qu'extérieure, comme il le disait lui-même. Au cours d'une entrevue, il déclare:

---

21. *Ibid.*, p. 40-43.

« Il paraît que je m'engageais trop personnellement et que j'embarquais trop la Faculté qui, toujours selon eux, devait s'en tenir à une mission purement théorique. Pourtant je tins bon[22]. »

La coopération l'intéressait particulièrement :

« Durant les années qui suivirent mon retour d'Europe, j'observais le mouvement coopératif tel qu'il se dessinait au Québec. Les efforts et les résultats obtenus dans chaque domaine, qu'il s'agisse de pratique ou d'éducation coopérative, provoquaient certes mon admiration. Cependant, j'entrevoyais une certaine carence d'homogénéité dans l'enseignement et de collaboration entre les différents secteurs quand il ne s'agissait pas parfois d'incompréhension ou d'hostilité réciproques. Ardemment, je souhaitais me dévouer un jour à l'unification de toutes ces forces par la création d'un organisme supérieur, qu'elles devraient mettre sur pied. Une superstructure qui constituerait pour elles un lieu de rencontre, un instrument d'harmonisation et d'éclairage mutuel, en même temps qu'un moteur capable de les stimuler et de les inciter à de nouvelles créations[23]. »

De là, l'idée du Conseil supérieur de la coopération et son siège social à l'École des sciences sociales, à Québec.

Il ne s'agit donc pas d'une confédération des fédérations existantes avec pouvoir décisionnel. Les coopératives locales étaient jalouses de leur autonomie et aussi, lorsqu'elles existaient, de leurs unions régionales ou leurs fédérations. Il n'était pas question qu'une nouvelle entité se permette de leur imposer quelque décision que ce soit ! Intéressé aux travaux des modestes mais célèbres Pionniers de Rochdale en Angleterre (1844), le père Lévesque connaissait aussi les

---

22. Georges-Henri Lévesque, *Souvenances*, tome 1, Éditions La Presse, 1983, p. 331.
23. Georges-Henri Lévesque, *op. cit.*

conférences de Charles Gide, professeur émérite en France. Les coopératives du Nord de la France, ainsi que celles de la Lorraine et de la Belgique qu'il a personnellement visitées, le passionnaient. Il connaissait différents écrits sur les coopératives, particulièrement l'éclairant ouvrage de Marquis Childs, de Yale University, intitulé *Sweden, the Middle Way*, qui représentait à l'époque de façon vivante ce pays situé à mi-chemin entre le capitalisme et le socialisme. Toutes ces recherches ont nourri la réflexion du père Lévesque et façonné graduellement sa pensée. Il écrit:

« Je trouvais que la coopération représentait pour le plus humble peuple une excellente façon démocratique de prendre lui-même en main l'organisation de sa vie économique, de la production à la consommation, en passant par le crédit, réservant la primauté au consommateur, ce cher Monsieur Tout-le-Monde[24]. »

Et il ajoute, s'inspirant d'Alphonse Desjardins:

« Plus spécialement, la formule m'apparaissait comme un instrument privilégié de salut pour le peuple canadien-français, tellement en retard ou défavorisé sur le plan économique, surtout dans les villes. Invité un jour à Radio-Canada, je choisis comme sujet «la coopération, facteur de survivance française». Je voyais aussi la coopération comme une donnée essentielle dans la conception idéale d'une économie mixte – que je partageais avec d'autres et que je soutiens encore – tenant le juste milieu entre l'initiative et la propriété privée du capitalisme et les interventions socialisantes de l'État. Un juste milieu qui prône l'effort personnel et respecte l'intérêt individuel, en même temps qu'il exige l'entraide et l'action collective en cultivant le sens social et le souci du bien commun. »

---

24. Georges-Henri Lévesque, *op. cit.*

Le premier plan d'action du Conseil supérieur de la coopération se résume en huit points : « Préciser et diffuser la doctrine coopératiste ; s'assurer la coordination des activités coopératives ; conseiller les coopératives ; tenir un congrès annuel de la coopération ; fonder une revue coopératiste[25] ; combattre les fausses coopératives ; présenter un front uni dans toutes les interventions auprès des pouvoirs publics ; travailler sans relâche au triomphe de l'idéal *coopératiste*. »

Dès 1940, le Conseil de la coopération du Québec publie un manifeste qui exercera une influence de premier plan sur la détermination d'une pensée coopérative vraiment articulée et, par voie de conséquence, sur l'orientation générale du mouvement à ce stade de son évolution et de son développement. Ce document s'intitule *Manifeste du coopératisme*. On peut y lire ce qui suit :

« Pour que le mouvement coopératif devienne puissant, il faut absolument que tous nos coopérateurs s'entendent sur les mêmes principes essentiels. Or, préciser et répandre la vraie doctrine coopératiste, voilà un des principaux objectifs que s'est fixé le Conseil supérieur de la coopération. C'est pourquoi ce Conseil a jugé bon de formuler une déclaration de principes, basée sur des définitions essentielles, proposant ainsi la doctrine qui doit inspirer tout le mouvement coopératif québécois. La coopération est un acte. Cet acte est accompli par et dans une institution coopérative. Le coopératisme est un système économique édifié avec des coopératives. »

Le père Lévesque sent le besoin d'établir des définitions claires du coopératisme et des coopératives et de faire en sorte que ces mots servent à donner bonne figure à des coopératives qui n'en sont pas. Un texte clair et précis :

---

25. Ce sera fait. Il s'agira de la revue *Ensemble*.

I. LA COOPÉRATION

Pris dans son sens large, le mot *coopération* signifie « collaboration » ou « acte par lequel plusieurs personnes unissent leurs efforts et leurs ressources en vue d'une même fin, en quelque domaine que ce soit ». Cependant, lorsqu'il est employé dans le mouvement coopératif, ce mot comporte une acception plus précise et bien particulière. Il signifie alors « une forme démocratique de collaboration poursuivant directement des fins économiques et indirectement des fins sociales ». Les quatre mots soulignés, exprimant les caractères essentiels de la coopération, exigent quelques explications.

1. *Collaboration* : c'est-à-dire, selon la définition présentée plus haut, un acte par lequel plusieurs personnes unissent leurs efforts et leurs ressources en vue d'une même fin. Bien qu'essentiel à la coopération, ce trait ne lui est pas spécifique. On le retrouve également dans le système capitaliste.

2. *Démocratique* : d'après le sens donné par la coutume et la raison à tout ce qui s'appelle démocratique, l'on veut indiquer ici que la collaboration doit être faite par le peuple et pour le peuple, mais en mettant principalement l'accent sur l'expression par le peuple, parce que nous avons là le caractère qui spécifie la coopération et la différencie des autres formes d'organisation économique : le contrôle démocratique, ainsi que les coopérateurs se plaisent à l'appeler en bref. Dans la collaboration capitaliste, au contraire, le contrôle est réservé à une oligarchie ou à un petit groupe de détenteurs de capitaux. De son côté, l'expression pour le peuple signifie que la collaboration dont il s'agit doit, comme d'ailleurs toute autre formule d'action économique, servir le peuple. En quel sens ? Nous allons le préciser par les deux autres caractères essentiels de la coopération.

3. *Poursuivant directement des fins économiques* : la coopération est proprement et avant tout affaire d'ordre économique. Sa fin immédiate, c'est la prospérité matérielle du peuple.

4. *Poursuivant indirectement des fins sociales* : en effet, le seul fait de travailler à la prospérité économique du peuple constitue une contribution sociale de première importance. De plus, la coopération faisant naître chez le peuple des habitudes de compréhension, d'entraide et d'action concertée fournit un remède des plus efficaces contre les maladies sociales qui s'appellent l'individualisme, la mésentente, la lutte des classes, l'égoïsme, etc. Enfin, les vrais coopérateurs, sachant bien que l'ordre économique est essentiellement lié à l'ordre social, ne peuvent pas ne pas se sentir l'obligation de travailler en même temps pour l'ordre social, soit par des œuvres d'éducation, de bienfaisance, etc.

En somme, dans la coopération, c'est au peuple qu'on demande de collaborer pour assurer lui-même son propre salut économique et social. Et on lui propose un moyen bien précis d'organiser cette collaboration : l'entreprise coopérative, formule institutionnelle qui ne veut être qu'une mise en œuvre et une concrétisation des données fondamentales présentées ci-haut.

II. LA COOPÉRATIVE

1. *Définition* :

La coopérative est une association libre de personnes possédant une entreprise économique qu'elles dirigent et contrôlent démocratiquement pour la mettre à leur service ainsi qu'au service de tout le peuple.

1. Association libre : non imposée par des lois, par des décrets ni aucune forme de contrainte comme cela n'arrive que dans les régimes collectivistes et totalitaires.

2. Une association de personnes, et non une société anonyme de capitaux : d'où le caractère éminemment humain de la coopération.

3. Possédant une entreprise : c'est-à-dire que chaque coopérateur devient, pour une partie, propriétaire de l'entreprise, et c'est sur ce titre que se fondent son droit comme aussi

son devoir de diriger et de contrôler l'entreprise. La coopérative reconnaît ainsi admirablement les responsabilités qui sont essentiellement liées à la propriété. De plus, la coopérative, n'exigeant de chaque coopérateur qu'un apport peu élevé de capital-actions, constitue un excellent moyen de diffuser la propriété et de multiplier les petits propriétaires. Les pauvres comme les riches peuvent avoir accès à la coopération.

2. Principes essentiels :

Dans la définition précédente, le caractère spécifique, distinctif, de la coopération est indiqué par l'expression : diriger et contrôler démocratiquement. À remarquer que l'on distingue ici la direction-contrôle d'avec la gestion (comme en anglais il y a distinction entre *to control* et *to run a business*). Dans une coopérative, le peuple ne gère pas lui-même directement. Il choisit des experts pour accomplir cette gestion, mais en se réservant le droit de les diriger et de les contrôler comme aussi de diriger et de contrôler la marche générale de l'entreprise (par l'assemblée générale et le bureau des directeurs).

I. Cette donnée basique de la direction et du contrôle démocratiques contient et implique nécessairement certains principes qui deviennent de ce fait essentiels à une coopérative :
a) attribution d'un seul vote à chaque membre : afin de laisser vraiment le contrôle au peuple des coopérateurs et de ne pas risquer que ce contrôle passe entre les mains des plus gros détenteurs de capitaux.
b) liberté d'entrée et de sortie : pour être vraiment démocratique, la collaboration doit être librement offerte à tout le peuple. Cependant, il va sans dire que cela ne comporte pas l'admission de personnes sérieusement nuisibles aux intérêts de la coopérative.
c) non-confessionnalité, neutralité politique et ethnique des coopératives : c'est en tant que consommateurs, ou producteurs, ou épargnants que les coopérateurs s'unissent

et non pas en tant que catholiques ou protestants, libéraux ou conservateurs, Français ou Anglais, etc.

d) éducation des coopérateurs : afin de les rendre plus capables de diriger et de contrôler l'entreprise de façon compétente, comme aussi afin de propager l'idéal coopératiste et de recruter des membres bien avertis.

II. À son tour, la finalité démocratique de la coopérative (pour le peuple) vient exiger deux autres principes que l'on doit ajouter aux précédents. Cette finalité démocratique veut que le peuple reçoive de la coopérative le meilleur service possible au plus bas coût possible. C'est pourquoi la coopérative les compte encore parmi ses devoirs essentiels.

e) la distribution à chaque membre des trop-perçus (ristourne) au prorata des affaires transigées avec lui : la coopération ne vise pas à faire des profits mais à servir ses membres. Aussi bien, elle doit, après avoir payé les dépenses et mis de côté les réserves nécessaires, remettre à ses membres ce qu'elle a perçu en trop lors des transactions.

f) limitation du taux de l'intérêt sur le capital : la coopérative veut servir les hommes avant de servir les capitaux.

III. Méthodes : Outre les principes essentiels énoncés plus haut, les coopératives ont l'habitude, pour mieux atteindre leur fin et constituer une meilleure affaire, de suivre certaines règles ou méthodes qui leur sont fortement recommandées. Cependant, manquer à ces méthodes pour des raisons graves ne saurait empêcher les coopératives de rester de vraies coopératives :

a) vente au prix courant.

b) achat et vente au comptant : ainsi que l'exige toute saine administration.

c) pas de vote par procuration afin de mieux garantir le contrôle démocratique.

d) attribution de fonds à des œuvres sociales pour mieux assurer la finalité sociale de la coopération.

III. LE COOPÉRATISME

On appelle ainsi un système économique basé sur l'idée de coopération et édifié avec des institutions coopératives, i.e. organisant la production, la distribution et la consommation selon la formule coopérative.

Une déclaration importante. Pour la première fois, des universitaires et des praticiens énoncent les valeurs et les principes de « la coopération ». Pourquoi ? Pour que le mouvement coopératif devienne puissant. Et pour devenir puissant, il faut absolument que tous les coopérateurs s'entendent sur les mêmes principes essentiels. Une étape importante dans l'évolution de la pensée coopérative.

Cette déclaration a cependant été diffusée avec une certaine discrétion afin de ne pas froisser l'indépendance et l'autonomie des coopératives. Ce qui explique ce résumé présenté par Gérard Filion, membre du conseil d'administration du Conseil supérieur de la coopération, alors représentant de l'Union catholique des cultivateurs, et plus tard, directeur du journal *Le Devoir,* des intentions de ce nouvel organisme :

« Le Conseil supérieur de la coopération n'est pas, comme certains sont peut-être portés à le croire, une fédération des différents mouvements coopératifs du Québec. Il n'entend pas exercer une autorité sans appel sur les sociétés coopératives, encore moins s'immiscer dans leurs affaires de régie interne. Son autorité ne sera jamais que d'ordre moral ; il est et sera, pour employer une expression consacrée, une sorte de *brain trust* où s'élaborera une doctrine adaptée au milieu bien défini qu'est le Québec et d'où viendront des directives. »

La démocratie

Faut-il s'étonner de cette autonomie? Non, pas vraiment. Ne l'oublions pas, on ne peut parler de coopérative sans parler de démocratie. Or, tout au long de cette période de reconquête de certains pouvoirs, les Canadiens français craignent la démocratie. Il ne faut pas s'en surprendre puisqu'aux premiers temps de la colonie, tant sous le Régime français que sous le Régime anglais, les gouvernants ne font guère d'ouverture à la participation des Canadiens français aux décisions. Déjà exclus de l'action économique sur édit du roi, il n'est guère question de participer aux décisions prises à... Londres! Habilement et surtout lentement, quelques membres de l'élite canadienne-française, dans leur soumission aux conquérants, réussissent à négocier le respect de quelques droits acquis. Par exemple, le rétablissement des lois civiles et françaises et la suppression du serment religieux obligatoire, en 1774, soit 14 ans après la conquête. Ou encore, 17 ans plus tard, en 1791, alors que le pays se divise en Haut et Bas-Canada, la création d'une assemblée, laquelle jouit du pouvoir de formuler des recommandations au gouvernement. Un progrès symbolique cependant, puisque cette assemblée dont les membres sont nommés par le gouvernement de Londres n'a qu'un pouvoir de recommandation. Pas d'élection. Pas de pouvoir citoyen. En fait, pas de citoyenneté. Sans démocratie, la citoyenneté est illusoire.

Il faudra attendre plusieurs années avant que naisse une résistance plus affirmée. La patience et la soumission ont leurs limites. Petit à petit, des têtes se lèvent et des voix se font entendre. Un mouvement politique canadien-français bouillonne. Plusieurs étapes importantes se succèdent:

- 1822-1824: tentative impériale d'unir le Haut et le Bas-Canada et de créer une seule province anglaise, ce qui déplaît aux patriotes canadiens-français.

- 1826 : formation d'un parti politique, celui des Patriotes. Un parti anticolonial. Ce qui déplaît aux conquérants.

- Les journaux, *La Minerve* et *Le Canadien* font la critique du colonialisme. Ils proposent plutôt la démocratie républicaine, à l'exemple des voisins, les citoyens des États-Unis. Ce qui déplaît aux conquérants.

- Aux élections, le Parti des Patriotes obtient de fortes majorités. Mais celles-ci se heurtent à l'oligarchie britannique, laquelle contrôle les conseils législatifs et exécutifs dont les membres ne sont pas élus mais nommés par Londres. Les Canadiens français dénoncent cette décision. On crie au déni de la démocratie.

- 1834 : un texte contenant 92 résolutions, rédigé par le député Louis-Joseph Papineau et par Auguste-Norbert Morin est déposé à la Chambre d'assemblée du Bas-Canada, un texte des Patriotes énumérant les griefs du peuple de la colonie. Ils réclament, entre autres, la convocation d'une convention constitutionnelle qui permettrait au peuple du Bas-Canada de se donner des institutions politiques républicaines.

- Le gouvernement impérial réagit : il nomme un nouveau gouverneur dont le mandat est de faire enquête sur la situation politique canadienne. Pour les Patriotes, il s'agit de l'équivalent d'un refus de donner suite à leurs demandes. Ils décident de refuser de voter les budgets à l'Assemblée législative.

- Printemps 1837 : le gouvernement impérial retire à l'Assemblée législative son droit de regard sur les comptes publics.

- Été 1837 : manifestations populaires. Grandes assemblées citoyennes. Refus d'acheter des produits britanniques. Formation de milices.

- Fin de l'été 1837 : le gouverneur Gosford émet des mandats d'arrestation. Un conflit armé éclate. Une guerre qui s'achève à la fin de l'année. Les plus militants des Patriotes sont emprisonnés et une douzaine, pendus.

- Août 1838 : rapport de Lord Durham : « L'exercice de pouvoirs fort étendus, placés entre mes mains, semble avoir agi par enchantement, comme de l'huile qu'on répandrait sur une mer houleuse. À l'heure actuelle, tout est paisible. Un étranger pourrait difficilement croire que le pays a été récemment secoué par une guerre civile... »

- 1840-1867 : Londres propose un Canada uni, de l'Union jusqu'à la Confédération. Le Parti libéral du Bas-Canada dénonce le projet de Confédération. Après Louis-Joseph Papineau, Antoine-Aimé Dorion publie un manifeste contre la Confédération. Il s'interroge sur le mode de représentation et son impact pour le Québec et sur les responsabilités des deux ordres de gouvernement, tout en optant, en démocrate, pour la plus grande décentralisation possible et un pouvoir aux citoyens. Toutefois, Georges-Étienne Cartier, successeur de Louis-Hyppolite Lafontaine, nourrit la tradition fédéraliste dans la pensée politique québécoise, avec l'appui de l'Église catholique qui encourage la population francophone à respecter cette nouvelle constitution :
« Cette nouvelle Constitution vous est donnée, comme l'expression de la volonté suprême du législateur, de l'Autorité légitime, et par conséquent de celle de Dieu même. Ne vous dit-on pas, en effet, au Livre des Proverbes : C'est par moi que règnent les rois, et que les législateurs ordonnent ce qui est juste. C'est par moi que les princes commandent, et que les puissants rendent la justice. »

- 1867 : Création de la Confédération dont la Constitution édicte un partage des pouvoirs. On assure, sous certaines conditions, la souveraineté des provinces en certaines matières, telles, pour le Québec, le *Code civil*, l'éducation, la langue, les soins de santé.

- 1870-1975 : La Constitution du Canada est amendée plusieurs fois, le plus souvent par des lois du Royaume-Uni ou, exceptionnellement, par des ordonnances royales : création de nouvelles provinces, soit le Manitoba en 1870, la Colombie-Britannique en 1871, l'Île-du-Prince-Édouard en 1873, l'Alberta et la Saskatchewan en 1905, et Terre-Neuve en 1949, ainsi que deux territoires dans le Nord habité.

En vertu de ce compromis, les Canadiens français, majoritaires sur leur territoire mais minoritaires dans le pays que leur offrait les conquérants, sont soumis aux interventions constitutionnellement reconnues du gouvernement central pour assurer, dans tout le pays, la paix, l'ordre et le bon gouvernement du Canada, avec pouvoir illimité de dépenser.

Ainsi, les Canadiens français, soumis à la domination d'une majorité étrangère, n'ont pas véritablement cru à la démocratie, du moins pour les affaires de l'État. Pierre Elliott Trudeau écrit à ce sujet :

« Selon les Canadiens français du Canada, le gouvernement du peuple, par le peuple, ne pouvait être un gouvernement POUR le peuple mais seulement pour la partie anglophone du peuple. Tel fut le résultat malheureux de la Conquête[26]. »

Et il ajoute :

« Les Canadiens français l'avaient cette décision ; ils ne pouvaient donc faire semblant de croire à la démocratie [...]. Ils refusèrent de se laisser lier intérieurement par une

---

26. Michel Lévesque, *De la démocratie au Québec (1940-1970)*, Lux, p. 225 et s.

"volonté générale" qui ne tenait pas comp
ethnique.»

«La démocratie ne saurait fonctionner
l'on condamne une grande partie des cit
perpétuel de dominés, qu'il s'agisse d'une domina...
nomique ou autre. Il est essentiel pour une vraie démocratie
de permettre que les minorités politiques se transforment
périodiquement en majorités.»

Voilà ce qui expliquerait le peu d'intérêt des Canadiens
français pour la démocratie dans les affaires de l'État, avant
les années 1940. Cette dernière proposition d'une démocratie qui permettrait à des minorités de se transformer périodiquement en majorités apparaît utopique et impraticable
pour les minorités dans une fédération d'États comme celle
du Canada.

À compter des années 1940, des événements majeurs
influencent le comportement des Canadiens français. L'intérêt à l'égard du concept de la démocratie s'anime. Des
intellectuels et des citoyens prennent la parole et la plume.
L'idéologie démocratique déferle sur le Québec comme un
véritable raz-de-marée, selon l'abbé Gérard Dion. La démocratie devient un des sujets préférés des élites québécoises.
Pourquoi? C'est qu'à cette période, la majorité anglophone
à la Chambre des communes du gouvernement central fait
lourdement sentir son pouvoir. Le gouvernement central
désire renforcer les armées à cause de la guerre mondiale et
oblige les jeunes – y compris ceux du Québec – à s'enrôler
dans les forces armées. Par surcroît, il impose diverses
mesures de guerre, impopulaires, en plus d'empiéter, en
vertu de son pouvoir souverain de faire des lois pour la paix,
l'ordre et le bon gouvernement du Canada, dans des champs
de compétence de la province. Le populaire Camillien Houde,
maire de Montréal, est emprisonné. Son crime? Avoir défié
la loi en recommandant aux jeunes de ne pas participer à

tte guerre! Durant la campagne électorale, le premier
ministre canadien Mackenzie King avait promis de ne pas
obliger les Québécois à «faire la guerre». Élu et bien en selle,
il change d'idée. Il exprime alors le désir d'être libéré de sa
promesse et pour s'en justifier, déclenche un référendum...
pancanadien! Tel que prévu, la majorité anglophone libère
le premier ministre de sa promesse, malgré le solide refus
de la population du Québec. De là, sur l'échelle de la frus-
tration citoyenne à l'égard de la démocratie, une hausse
importante! Ce qui conduit les intellectuels, les politolo-
gues, les professeurs de science politique, à faire connaître
leurs points de vue sur la démocratie. Certains affirment
qu'elle ne peut exister dans ce nouveau pays qu'est le Canada,
d'autres, au contraire, affirment que cette démocratie est
exemplaire! Michel Lévesque[27] dans son ouvrage sur la
démocratie au Québec, écrit: «L'ambiguïté entourant le
terme démocratie s'explique essentiellement par deux facteurs: l'absence d'une définition commune à tous les auteurs
et son caractère polymorphe.»

Autrement dit, certains conçoivent la démocratie comme
un idéal, une valeur ou une croyance fondamentale aux
libertés civiles. D'autres parlent plutôt d'un «état d'esprit»
ou d'un «état d'âme». Mais le plus grand nombre se réfère
à un ensemble de règles de gouvernance de l'État et de ses
différentes institutions ou à un mécanisme pour l'élection
d'un gouvernement.

Avant 1960

Ce coup d'œil rapide et sans doute incomplet permet tout
de même de comprendre que les Canadiens français, collectivement, au début du xxᵉ siècle, font de lents et prudents

---

27. Michel Lévesque, *op. cit.*

progrès tant sur le plan économique que démocratique. L'associationnisme privé toutefois ouvre la voie à une démocratie participative. En 1900, les premières coopératives d'épargne sont fondées ainsi que des coopératives agricoles. Ces deux secteurs n'ont cessé de progresser et plus d'un siècle plus tard, elles sont toujours vivantes et fort utiles dans l'économie québécoise. À défaut d'exercer pleinement la démocratie sur le plan des affaires de l'État, les Canadiens français pratiquent la démocratie sur le plan de leurs coopératives ou leurs syndicats. Dans une étude sur les coopératives de 1900 à 1930, François-Albert Angers, professeur émérite à l'École des Hautes Études commerciales, qualifie cette période de «phase pragmatique, peu préoccupée des aspects idéologiques de la coopération, alors que la seconde vague, amorcée lors de la crise économique, est davantage le fait d'intellectuels, de professeurs, convaincus de l'idéal réformiste coopératif et désireux d'en convaincre leurs compatriotes. Un travail d'éducation et de propagande constitue un des éléments significatifs de cette seconde vague[28].»

Le professeur Angers ajoute[29] :

«Avec la fin du XIXe siècle et le début du XXe, elle (la coopérative) constituait tout de même déjà un phénomène digne d'attention. Il est alors étonnant de constater jusqu'à quel point elle a été et reste ignorée par la presque totalité des économistes, même chez ceux-là qui se préoccupent des aspects institutionnels de l'économie. Tout est dit comme si la coopération n'existait pas, alors qu'il est au moins deux pays, l'Angleterre et la Suède, où le phénomène coopératif a pris une telle importance absolue et relative dans l'économie

---

28. François-Albert Angers, *La coopération: de la réalité à la théorie économique*, tome 1, Éditions Fides, 1974.
29. François-Albert Angers, *La coopération, de la réalité à la théorie économique*, op. cit.

nationale que son rôle n'a pas pu être sans importance dans le développement et l'équilibre de celui-ci.» En effet, pendant cette période, la coopération est pratiquement ignorée au Québec, non seulement par les économistes mais aussi par les médias. Dans les maisons d'enseignement et particulièrement dans les écoles de gestion ou de commerce, le coopératisme et la mutualité sont ignorés. Pourtant, déjà, le Mouvement des caisses populaires fait des progrès ainsi que les coopératives agricoles et les coopératives de pêcheurs. Naissent également d'autres formes de coopératives s'inspirant subtilement d'un modèle québécois de collectivisme démocratique ou d'une forme moderne d'associationnisme.

Puis, vint l'après-guerre, une période de prospérité économique. Cette reconnaissance de la pensée démocratique influence évidemment aussi le Québec. En 1948, après de longues périodes de développement tranquille sous l'aile protectrice d'une Église catholique omniprésente, des citoyens signent et diffusent un manifeste à l'invitation d'artistes peintres connus sous le nom des Automatistes, comme je le rappelais au premier chapitre revendiquant une remise en question des valeurs dominantes au Québec. Profitant de cette remise en question et peu habituée à la nouvelle prospérité économique, la bourgeoisie choisit l'individualisme alors que la population, en général, choisit l'associationnisme et la solidarité. D'autant plus que, dès 1957, une récession frappe le Canada et, comme le veut la tradition, les regards de la majorité se portent alors vers l'État. Le Québec, opprimé de l'intérieur par le régime politique en place et victime de l'extérieur de ses voisins anglophones et de son statut de minoritaire dans un pays dont la majorité ne partage pas les mêmes finalités, revendique les moyens, sinon les droits, d'être maître chez lui. Cette idée culmine en 1960 lorsque Jean Lesage, chef du Parti libéral du Québec, après avoir démissionné de son poste de ministre du gouvernement fédéral, propose aux gens du Québec de devenir enfin maîtres chez eux, tel que mentionné déjà. Mais sur le plan de la solidarité à l'égard d'un projet collectif, de la démocratie, du souhait d'une plus grande égalité entre les Québécois et Québécoises, ce virage politique stimule la pensée associationniste et coopérative. On mise sur la solidarité des Québécois – il faut s'engager à payer les coûts, sous forme d'impôts, de ce désir d'accès à l'enseignement gratuit, aux soins de santé, à un fonds de retraite géré par l'État. Il faut un partenariat entre les différents agents de développement afin d'établir une convergence vers un développement économique durable, axé sur la création d'emploi et un partage équitable de la richesse. Ce qui donne lieu à la création du Conseil d'orientation économique et l'établissement d'une certaine complicité entre les dirigeants des grandes entreprises afin d'assurer le développement du projet commun et qui devint plus tard le *Québec Inc.* On assiste à la mise en place d'une économie plurielle : des entreprises à capital-actions, y compris un réseau important de petites et moyennes entreprises, des entreprises de l'économie sociale (les coopératives, les mutuelles, les associations, les organisations à but non lucratif) et les entreprises d'État.

Autant le pouvoir politique qu'économique et celui de la société civile partagent ce projet commun et n'hésitent pas à élire davantage de Canadiens français aux postes politiques et dans les grandes institutions québécoises. Le ministre des Finances, historiquement un anglophone, est désormais un Québécois francophone. Toutes ces forces vives du Québec œuvrent de façon à ce que les Québécois prennent un meilleur contrôle de leur économie, encourageant la diffusion et la protection de leur langue. Ils souhaitent une société où chacun et chacune ont une place et un rôle à jouer afin que tous puissent vivre dignement. Ils croient en la social-démocratie.

En peu de temps, le Québec se distingue par ce que d'aucuns ont appelé *le modèle québécois,* un modèle qui mise sur l'associationnisme citoyen modéré (par opposition à un collectif radical, soit le socialisme ou le communisme) dont l'État est partenaire. D'une part, ce modèle accorde la liberté à l'entrepreneuriat privé – particulièrement les petites et moyennes entreprises – et aussi à l'entrepreneuriat collectif (l'économie sociale), à la création d'entreprises nées du besoin de compenser la force du capital par la force du nombre et la solidarité des participants. Autant d'entreprises nées d'un réflexe de défense en vue de contrer les atteintes à leurs valeurs, leurs coutumes, leur langue, bref, à leurs acquis et à leur qualité de vie. Autrement dit, une économie plurielle où cohabitent des entreprises à capital actions, des entreprises coopératives, mutuelles ou des organisations à but non lucratif et des entreprises d'État, dont les dirigeants et membres sont tous motivés non pas principalement par la réussite individuelle mais par la réussite collective.

Ce modèle permet au Québec de faire des progrès importants. On constate alors que la bourgeoisie a réussi à changer la perception des enjeux économiques québécois et à mettre l'accent collectif sur la reconquête des leviers de développement. On fait alors référence au *Québec Inc.* Le professeur Gilles Bourque, réfléchissant sur cette période, en vient à la conclusion que le Québec Inc. combine d'une manière originale ces divers modes de gouvernance dans un arrangement qui permet de reconfigurer le système productif québécois en s'inspirant du modèle rhénan (modèle enropéen), en contrôlant la gouvernance marchande plutôt que de s'y soumettre comme dans le modèle anglo-américain[30]. Le Québec se distingue alors non seulement par sa langue ou

---

30. Gilles Bourque, *Le modèle québécois de développement,* Presses de l'Université du Québéc, 2000, p. 51.

ses traditions culturelles, mais par son modèle économique. J'ai vécu cette période et j'ai souvenance de cette ferveur, à l'époque (1960-1990), et de cette convergence dans les actions de certains leaders afin de permettre au Québec de conserver et de développer ses leviers économiques. Il existait des « clubs » de chefs d'entreprises : nous mesurions réalistement ce que nous pouvions faire ensemble afin d'augmenter ou de préserver la propriété des entreprises québécoises, sans renoncer à la concurrence. De son côté, l'État était attentif à la propriété québécoise des entreprises : dès qu'une entreprise québécoise le moindrement importante était mise en vente et risquait de passer à des mains étrangères, il n'était pas rare qu'un ministre du gouvernement rebondisse dans mon bureau de président du Mouvement Desjardins pour que nous agissions – seuls ou avec d'autres – et achetions ou investissions dans une entreprise pour la « sauver », ce qui voulait dire la conserver dans le patrimoine québécois ! (Le ministre responsable des institutions financières faisait même parfois des propositions de création de grandes entreprises en encourageant des fusions, des regroupements, la formation de conglomérats... C'est d'ailleurs au cours de ces années que toutes les caisses d'épargne et de crédit du Québec, soit les deux mouvements de caisses populaires qui existaient à l'époque (la fédération des grosses caisses de Montréal et la fédération des autres caisses sur le territoire du Québec : oui, deux fédérations de caisses populaires !), les caisses d'entraide économique, les caisses d'établissement, les caisses d'économie et les *credit unions* fusionnèrent dans un seul grand mouvement – le Mouvement Desjardins – avec l'accord et l'encouragement du gouvernement. Grâce à cette concertation entre les fédérations, le mouvement des institutions financières coopératives québécoises se classe parmi les plus grands et plus solides dans le monde ! Des décisions inspirées par le désir de convergence des actions des entrepreneurs québécois en vue *d'être maîtres chez nous,* comme le proposait Jean Lesage. Quelques années plus tard, le gouvernement de René Lévesque ajouta à ces outils collectifs d'autres éléments du modèle québécois : les sommets économiques mettant en présence l'État, la société civile et les citoyens (éléments importants de la social-démocratie comme nous le verrons dans les pages suivantes) et la révision de la loi relative au financement des partis politiques. Ce gouvernement ouvre le dossier de la révision du mode de scrutin afin de le rendre plus démocratique. Malgré les recommandations de divers comités à l'effet de remplacer le mode de scrutin en vigueur par un régime de vote proportionnel régional, l'unanimité requise, selon la tradition, n'étant pas assurée, l'opposition s'élevant contre cette modification, ce projet de loi ne sera pas adopté. René Lévesque a aussi proposé l'inclusion dans la loi des procédés d'initiative populaire[31], ce qui a été refusé par son propre parti. Globalement, le Parti québécois a largement contribué à consolider ce modèle québécois d'une société social-démocratie marquée au sceau de la convergence. Toutefois, au fil du temps, le parti de René Lévesque n'a pas manifesté le même enthousiasme à réformer les institutions démocratiques du Québec, comme l'a recommandé les diverses commissions parlementaires ou consultations populaires depuis les années 1976 jusqu'à aujourd'hui.

Cette convergence si vivante à l'époque interrogeait nos voisins des autres provinces. En 1987, Matthew Fraser écrit *Québec Inc.*[32]. On peut y lire :

« Les nouveaux héros québécois ne sont plus des hommes d'Église, des politiciens ou des sportifs, mais des entre-

---

31. Initiative populaire : procédure par laquelle un groupe de citoyens peut obtenir par requête l'organisation d'un référendum sur un projet de loi.
32. Matthew Fraser, *Quebec Inc.*, Éditions de l'Homme, 1989.

preneurs, hommes et femmes, déterminés à atteindre les plus hauts sommets dans le monde des affaires et de la finance. Conséquence logique de la Révolution tranquille, c'est l'émergence économique qui semble le mieux incarner aujourd'hui la volonté des Canadiens français d'être maîtres chez eux.»

Cette convergence inquiétait aussi des universitaires des provinces voisines. En 1989, l'Université Queen's, à Toronto, organise un colloque. Inquiets du fait que le Québec se protégeait des *foreign takeovers* (les prises de contrôle par des étrangers) et qu'il prenait de l'avance dans le décloisonnement des services financiers, ce qui, selon des experts de cette université, était contraire aux règles de la juste concurrence, les organisateurs de ce colloque cherchaient à dénoncer ce modèle québécois contraire à la pensée capitaliste! En 1990, on publie les actes de ce colloque sous le titre *Québec Inc.*

Cette nouvelle solidarité québécoise inquiétait vraiment nos voisins. Cette volonté d'un bon nombre de gens d'affaires du Québec de réussir, non pas seulement pour leur propre bénéfice, mais aussi pour assurer la réussite économique du Québec et en faire une société moderne telle que le proposait la Révolution tranquille, s'incarnait dans cette convergence nommée Québec Inc.

Les «boomers[33]» savent que cette convergence vers une vision commune, celle d'un Québec toujours plus fort, a permis ce progrès remarquable. Ils savent que l'État a joué un rôle important sur la voie de ce progrès: selon les historiens, c'est le Québec qui est allé le plus loin, au Canada, dans l'intervention directe dans l'économie[34]. Ils se souviennent

---

33. Ceux qui ont eu conscience de la naissance et du progrès de la Révolution tranquille au Québec.

34. Simon Langlois *et al.*, *La société québécoise en tendances (1960-1990)*, Institut québécois de recherche sur la culture, 1990.

d'avoir accepté de payer les impôts requis en vue de l'établissement de politiques sociales dont l'objectif est la réduction des inégalités et l'ouverture à l'accès universel à l'éducation et aux soins de santé. Ou encore afin d'appuyer une augmentation marquée de l'aide sociale et de rentes diverses. En somme, une période où la mutualisation des risques et des protections essentielles à un mieux-être partagé par l'ensemble des citoyens et citoyennes était une valeur dominante et l'expression d'un projet de société assumé par la majorité. La vision partagée d'une société social-démocrate, moderne, plus riche, plus juste et plus solidaire alimentait l'imaginaire d'une jeunesse qui désirait accélérer le mouvement de l'histoire et tendre vers un progrès pour toutes et tous. On en venait à croire que la croissance n'aurait de cesse et que ce modèle québécois était promis à l'éternité!

Cette fresque – esquissée à très grands traits, j'en conviens – porte de nombreux enseignements. Elle permet d'affirmer que ce sont les citoyens et citoyennes qui font une société, qui lui donnent ses valeurs collectives, qui lui indiquent sa direction. Nos ancêtres manifestement avaient un but : faire progresser leur communauté civique, protéger leur identité. Et pour ce faire, chacun, dans sa sphère d'activité, convergeait vers ce but ultime.

Le Québec Inc., le volet économique et financier du modèle québécois, s'inspire de la même vision. Dès lors, l'entrepreneuriat devient plus intéressant, plus motivant, plus stimulant lorsqu'il dépasse l'intérêt personnel et individuel et qu'il s'inscrit dans la plus large perspective d'un entrepreneuriat socialement et politiquement rentable et rassurant pour la collectivité. Restreindre la motivation au travail à la seule quête d'une plus grande richesse individuelle, c'est se priver d'une source de motivation puissante, celle qui niche dans la perspective d'être utile, non seulement à soi-même et à sa famille, mais à ses collaborateurs, à ses employés, à son milieu de vie, son village ou sa ville, et finalement à la nation. Ce coup d'œil sur le passé m'a fait comprendre que cette concertation en vue d'assurer le développement de la collectivité assure le mieux-être du plus grand nombre et rejoint l'objectif à la fois de créer une société où chacun et chacune ont une place et un rôle à jouer et d'assurer ainsi la pérennité de cette collectivité distincte. C'est le *Un pour tous, tous pour un,* ce slogan du monde de la coopération.

La recherche universitaire

Au cours de cette période, la recherche universitaire décide de s'intéresser aux coopératives. Au milieu des années 1960, à Sherbrooke, jaillit l'idée d'une chaire de coopération dans l'esprit du père Émile Bouvier, alors directeur du Département d'économie de l'Université de Sherbrooke et de Roger Roy, président de l'Union régionale des caisses populaires de l'Estrie. Ils associent le directeur général du Conseil de la coopération du Québec, Yvon Daneau à leur projet, ainsi qu'Alfred Rouleau[35], alors président du même conseil et président de l'Assurance-vie Desjardins. Ils entreprennent de parcourir la province pour présenter leur idée. Leurs efforts sont récompensés en mai 1967, alors que le Conseil de la coopération du Québec et l'Université de Sherbrooke annoncent la création de la Chaire de la coopération. Il s'agit de la première université à créer un tel lieu de recherche. L'instigateur de cette Chaire, le professeur Émile Bouvier, distingue alors «du point de vue scientifique, le système coopératif du système purement capitaliste» soit «l'entreprise privée motivée par le profit de la rentabilité

---

35. Alfred Rouleau fut le premier président de l'Assurance-vie Desjardins et plus tard président du Mouvement Desjardins de 1970 à 1979.

par rapport aux coopératives motivées par le service communautaire».

Manifestement, cette Chaire s'imposait puisqu'il a fallu plusieurs années avant de faire émaner de l'action positive et pragmatique des coopératives la reconnaissance du coopératisme comme alternative aux systèmes économiques existants. Cette vision du coopératisme comme alternative au système capitaliste ne faisait pas l'unanimité. En effet, en 1974, le professeur François-Albert Angers, dans son introduction à deux volumes sur la coopération, écrivait qu'il préférait la désignation «coopération» à celle du «coopératisme» puisqu'à son avis, elle correspondait à la réalité de l'époque:

«Une raison plus profonde pour préférer la désignation "coopération" à la désignation "coopératisme", c'est qu'elle est plus conforme à la correspondance du vocabulaire avec la réalité. Il y a une distinction fondamentale dans le vocabulaire entre les mots en *ion* et les mots en *isme*. Les premiers sont les mots d'action, qui désignent une réalité spontanément de la vie; tandis que les seconds sont des désignations de systèmes, généralement conçus par des penseurs pour ensuite être appliqués à la réalité, au besoin pour la transformer[36].»

Il y voyait toutefois une exception: le capitalisme a vécu et est passé à l'action avant d'être un système. Ce qui lui faisait ajouter: «Aussi bien, même s'il y a coopération d'abord, phénomène de vie avant de devenir système pensé, il y a aussi le coopératisme, conçu comme tel en vue de rationaliser l'action. Mais le fait demeure que l'organisation coopérative s'est révélée au départ sous la forme d'une action vécue, réalisée par des hommes pratiques afin de régler leurs problèmes du jour. C'est donc mal rendre la réalité que de

---

36. François-Albert Angers, *La coopération, de la théorie à la réalité économique, op. cit*, p. 8.

faire entrer le phénomène coopératif tout entier dans le coopératisme, qui n'est lui-même sorti que de la coopération déjà réalisée.»

Heureusement, la Chaire de l'Université de Sherbrooke réussit à asseoir clairement sa vocation et à présenter un point de vue original de la coopération en la reliant au développement entrepreneurial et au développement des sociétés. En 1976, l'Institut de recherche et d'enseignement pour les coopératives de l'Université de Sherbrooke (maintenant appelé Institut de recherche et d'éducation pour les coopératives et les mutuelles de l'Université de Sherbrooke)[37] assure la continuité de la Chaire de la coopération et se fixe comme but de devenir un institut complet de recherche et d'enseignement universitaire. En collaboration avec les groupes de coopératives sur le terrain, il réussit à désigner des systèmes afin qu'ils soient appliqués à la réalité coopérative, et même, au besoin, qu'ils la transforment. (Récemment, d'ailleurs, l'IRECUS créait une nouvelle chaire en gestion et gouvernance des coopératives et des mutuelles.)

Au cours des années, à l'École des Hautes Études commerciales de Montréal, sous l'instigation du président de l'Association des étudiants et du président de la Coopérative HEC soutenu par quelques professeurs, un groupe d'étudiants fait des représentations auprès de la direction en vue de la mise sur pied d'une concentration sur les coopératives. En 1973, est formé un comité sur la gestion des coopératives afin de développer la formation dans ce domaine. Il en résulte, en 1975, la création du Centre de gestion des coopératives dont le mandat s'oriente vers la recherche appliquée à l'ensemble des aspects de la gestion des coopératives. En 2001, le nom du Centre est remplacé par celui du Centre d'études Desjardins en gestion des coopératives de services

---

37. Connu sous le nom de l'IRECUS.

financiers. Son mandat est orienté vers la recherche appliquée à l'ensemble des aspects de la gestion des coopératives dans l'optique de publications scientifiques et de production de matériel didactique.

En 1974, le Conseil de la coopération du Québec publie un important rapport de son Comité d'étude et d'action coopératives intitulé *Les traits caractéristiques des coopératives*. Le mandat du Comité était d'étudier les critères permettant de distinguer les organisations coopératives des autres types d'entreprises au Québec ; les objectifs globaux des organisations coopératives au Québec et du mouvement coopératif ; d'interpréter les principes et les méthodes de la coopération dans le contexte de la société québécoise en voie de mutation ; les aspirations, les motivations et besoins auxquels devrait s'appliquer à répondre le mouvement coopératif ; l'adaptation des structures coopératives aux exigences de l'efficacité économique tout en respectant et sauvegardant le contrôle démocratique de la part des membres ; et finalement les possibilités d'élargissement de la formule coopérative pour fins éventuelles d'aide à la satisfaction des besoins de groupements nouveaux[38].

La lecture du rapport nous indique également qu'il vise à distinguer les entreprises coopératives des autres organisations qui parfois prennent le nom d'une coopérative sans vraiment respecter les valeurs ou principes coopératifs. « À première vue, dit-on dans le premier chapitre du rapport, si l'on fait abstraction de leur étiquette ou de leur dénomination, ces établissements ne semblent guère se différencier des autres qui les entourent. Ils sont le théâtre d'un va-et-vient semblable et l'activité qui s'y déroule ne paraît rien comporter

---

38. Conseil de la coopération du Québec, *Les traits caractéristiques des coopératives*, 1974.

de particulier. [...] À partir du moment où l'on reconnaît que, par sa nature et son objet immédiat, toute coopérative s'inscrit sur le plan économique, il importe de déterminer ce qui la différencie des autres organisations œuvrant sur le même plan et avec lesquelles elle peut se trouver en concurrence, ou bien encore avec lesquelles elle peut être appelée à entretenir des relations dans ce régime d'économie pluraliste que nous connaissons[39]. »

Le Comité identifie alors quatre traits distinctifs : la notion de propriétaire-usager, le contrôle démocratique, le mode particulier de répartition des bénéfices et la solidarité et l'éducation. Il identifie aussi trois facteurs sur lesquels se démarquent les différences avec les autres formes d'entreprises : la participation à la propriété, au pouvoir et aux résultats[40].

On assiste donc à une réaffirmation des fondements de la coopération, teintés d'adaptations au monde moderne. La nouveauté est dans le fait que la coopération n'apparaît plus comme un phénomène de vie sociale peu structurée mais plutôt comme l'entreprise d'un système économique inspirée des valeurs humanistes, différente des entreprises traditionnelles. Il n'en fallait guère davantage pour que le réseau des universités québécoises s'intéresse plus intensément au coopératisme et à l'économie sociale.

En 1987, la création à l'Université du Québec à Montréal de la Chaire sur la coopération est l'aboutissement d'un effort conjoint de Guy Bernier, alors président et chef de direction de la Fédération de Montréal et de l'ouest du Québec et de Claude Corbo, recteur de l'Université. Dès juin 1987, la Chaire s'engage dans les domaines de la recherche et de l'enseignement. La Chaire poursuit des objectifs sociaux,

---

39. *Ibid.*, p. 16.
40. *Ibid.*, p. 17.

culturels et économiques très larges, en réponse à des préoccupations générales mais aussi spécifiques exprimées par la Fédération des caisses populaires, les caisses et le mouvement coopératif. La Chaire se définit comme une entreprise commune de la Fédération des caisses, de la Fondation de l'Université et de l'UQAM. De même, ses activités ne relèvent pas de l'Université seulement. Il appartient au comité d'orientation d'établir et d'évaluer le plan de travail de la Chaire et d'orienter son action. La mission de la Chaire consiste à susciter et à promouvoir la réflexion et l'échange sur la problématique coopérative dans une société soumise à des modifications diverses et parfois profondes de l'environnement économique, social et démographique.

D'autres composantes du réseau des universités du Québec s'intéressent à la connaissance et à l'évolution de la pensée coopérative et plus largement à l'économie sociale. En particulier, l'Université du Québec en Outaouais est très active dans la recherche en développement des collectivités et de l'économie sociale par la participation au Centre d'étude et de recherche en intervention sociale (CÉRIS). Le centre, aujourd'hui, regroupe une douzaine de chercheurs de diverses disciplines des sciences humaines et sociales et leurs assistants réunis à partir de leur intérêt pour les réponses novatrices aux problèmes sociaux. Leurs recherches portent principalement sur le renouvellement des pratiques de développement social et sur les politiques publiques les plus innovatrices, de là l'intérêt pour l'économie sociale, donc pour le coopératisme, la mutualité et les organismes à but non lucratif. Depuis une dizaine d'années, les chercheurs du CERIS dirigent des recherches au Québec et ailleurs sur la scène internationale. Un observatoire de l'économie sociale, du développement régional, de l'organisation communautaire et du développement international publie régulièrement un bulletin, sous la direction du professeur Louis Favreau.

Il en va de même à l'Université du Québec à Chicoutimi par son Groupe de recherche et d'intervention régionales (GRIR) et sa trentaine de chercheurs, de professeurs ou professionnels de recherche, et étudiants et étudiantes de cycles supérieurs créé en 1983. Le GRIR se définit comme un groupe interdisciplinaire suscitant des recherches dans la perspective d'une prise en main des collectivités locales et régionales. À l'Université du Québec à Rimouski, les principaux axes de recherche sont le développement des régions, la nordicité et les sciences de la mer. Cette expertise en développement régional à Rimouski est issue d'une longue tradition de réflexion et de recherche qui remonte à plusieurs décennies. Dès l'aube de la Révolution tranquille, dans les années 1960, les autorités gouvernementales de Québec et d'Ottawa ont vu dans les régions du Bas-Saint-Laurent et de la Gaspésie celles qui allaient devenir de véritables laboratoires d'expérimentation sociale en matière de développement régional. Au croisement de plusieurs champs disciplinaires et suscitant un intérêt partout au Québec, au Canada et même ailleurs dans le monde, le développement régional apparaît comme un axe de développement utile face à une accélération de la mondialisation.

Sous cette impulsion de l'enseignement de la coopération et du développement local ou régional dans la plupart des universités du Québec, des séminaires, des colloques, des congrès se multiplient. Ce qui incite le gouvernement du Québec à modifier son rôle à l'égard des coopératives. Il organise le Sommet sur la coopération en 1980 et appuie la mise en place de ressources pour faciliter la création et la capitalisation des coopératives, particulièrement dans le domaine du travail. Il finance, principalement sur la base d'emplois créés ou maintenus, des organismes assumant des responsabilités de promotion et d'accompagnement au développement coopératif par la création des coopératives de développement régional (CDR)[41]. En 1990, le Conseil de la coopération du Québec organise les états généraux sur la coopération qui s'échelonneront sur une période de deux ans et consisteront en une quarantaine de forums locaux et régionaux suivis d'assises provinciales. Par la suite, il se tiendra divers sommets, celui de l'éducation coopérative (1993) et celui de la coopération du travail (1996), et quelques années plus tard, des états généraux sur l'éducation coopérative.

Dans la plupart des universités et maisons d'enseignement secondaire et dans les collèges d'enseignement général et professionnel, des coopératives en milieu scolaire sont créées et administrées par des étudiants. Depuis quelques années, réunies en réseau, elles portent le nom de COOPSCO – sauf une indépendante, celle de l'Université Laval.

L'économie sociale

Dès le début des années 1970, l'accélération de la mondialisation se faisant sentir, l'idée d'un développement économique exogène se développe sur tous les continents. Le rapetissement de la planète grâce à l'évolution des technologies de communication et de transmission des données permet un développement économique diversifié et universalisé. Une idée emballante et invitante fondée sur le progrès technologique. Elle présume d'un enrichissement généralisé et d'un monde meilleur. Après quelques années d'expériences de cette mondialisation accélérée, la réalité s'avère différente : il en est résulté une minorité de gagnants et une

---

41. Jean-Pierre Girard, *Aperçu historique du mouvement coopératif au Canada français*, UQAM et IRECUS.

majorité de perdants, comme nous l'avons vu au premier chapitre. Dès les années 1990, l'ouverture à tous les marchés mondiaux profite peu aux collectivités. Au contraire, elle facilite plutôt l'envahissement des marchés par les entreprises les plus puissantes. De là, un retour aux recherches sur le développement des régions éloignées des grands centres et au développement de la théorie de la croissance endogène ayant pour objet la croissance économique à partir de décisions microéconomiques. L'Université du Québec au Témiscamingue créera une chaire sur le développement des petites localités. Ce sujet devient alors un domaine d'étude majeur des sciences économiques. Par exemple, dans un congrès en Europe, un rapport sur la question affirmait :

« Le développement endogène mise sur la pérennité des actions et non sur la recherche d'un avantage non durable lié à la mobilité du capital ; il repose sur une forte part de collectif et de coopératif, sur un développement en réseau dans lequel s'illustrent des tissus de PME, alors que l'internationalisation des groupes les place en situation d'extériorité vis-à-vis du territoire. »

Cette idée influença certains décideurs politiques. Au Québec, en 1996, face à un taux de chômage élevé, à la baisse du produit intérieur brut, à des ralentissements dans la compétitivité des entreprises et à l'urgence d'établir un équilibre dans les finances publiques, le gouvernement convoque le Sommet sur l'économie et l'emploi, précédé d'une vaste consultation sur le thème « Pour un Québec économiquement solide et socialement solidaire ». Quatre groupes de travail sont formés avec le mandat de déposer un rapport devant être discuté lors du grand sommet réunissant tous les partenaires patronaux, syndicaux ou sociaux. L'un de ces groupes doit se pencher non seulement sur les coopératives, mais sur une vision plus large, celle de l'économie sociale, une notion presque méconnue au Québec à l'époque, malgré un nombre important d'organisations ou d'entreprises communautaires répondant à la problématique du développement régional et local. Trois autres groupes de travail sont aussi formés : le groupe de travail sur l'entreprise et l'emploi ; un groupe sur les régions et les municipalités, et un groupe sur la relance de Montréal, tous ces groupes étant chapeautés par le comité du président du sommet.

Pour sa part, le comité du président du sommet (comité directeur) établit les principes devant guider les travaux des participants au sommet, prenant acte des quatre réalités incontournables du contexte dans lequel s'effectuent leurs travaux, soit la situation problématique de l'emploi, le devenir social et économique du Québec, l'assainissement des finances publiques et aussi cette problématique particulière de la situation politique du Québec. Après huit mois (de mars à octobre 1996) de réflexion et de consultations, le groupe de travail sur l'économie sociale dépose un rapport au titre provocateur : « Osons la solidarité » présenté sous la signature de la présidente du groupe, Nancy Neamtan. Le rapport insiste sur le fait que les réalités du chômage et de l'exclusion font la cruelle démonstration de l'échec des moyens conventionnels et de la nécessité de l'innovation et du développement endogène : « Pour passer à l'action, il faut reconnaître comme une des composantes socio-économiques du Québec le modèle québécois d'économie sociale présenté dans ce rapport. »

Il est alors proposé de modifier la loi encadrant l'aide au développement des coopératives en matière de financement pour l'élargir aux autres organismes sans but lucratif afin de rendre possible le partenariat entre les institutions financières, l'entreprise privée et les acteurs de l'économie sociale. Il fait aussi état de tous les projets en cours de l'économie sociale – pourtant non structurée à l'époque mais déjà importante. Pour plusieurs participants – et même certains représentants de l'État –, ces réussites étaient inconnues. Le rapport du groupe de travail sur l'entreprise et l'emploi, signe des temps, fait aussi appel à la solidarité des partenaires, alors que le groupe de travail sur les régions et les municipalités fait appel à l'entrepreneurship local et régional. De nouveau, un appel à un développement endogène.

Les participants au sommet approuvent la création du Chantier de l'économie sociale – pour un temps limité cependant – soit deux ou trois ans. Trois ans après le sommet, les résultats du chantier sont probants. Pendant cette courte période, quelque 17 initiatives sectorielles sont réalisées ou en voie de l'être et génèrent la mise sur pied de 500 entreprises. Environ 20 000 emplois sont créés et 800 autres consolidés. Face à ces résultats, les acteurs de l'économie sociale – réseaux d'entreprises coopératives et communautaires, réseaux de développement local, mouvements sociaux, décident de transformer le Chantier de l'économie sociale en structure permanente autonome pour promouvoir, développer et représenter le mouvement québécois d'économie sociale. Depuis, le chantier, en collaboration avec un ensemble de réseaux membres et de partenaires, continue de jouer un rôle important dans la création de petites entreprises coopératives ou à but non lucratif, créatrices d'emplois et outils précieux du développement de l'entrepreneuriat collectif et du développement endogène. La présidente du chantier, Nancy Neamtan, aime à dire qu'elle n'est pas une travailleuse sociale, mais plutôt une agente du développement économique. Effectivement, le chantier demeure fidèle à la définition que le Chantier de l'économie sociale énonce dans son rapport au sommet:

«Pris dans son ensemble, le domaine de l'économie sociale regroupe l'ensemble des activités et des organismes issus de l'entrepreneuriat collectif et qui s'ordonnent autour des principes et règles de fonctionnement suivants : l'entreprise de l'économie sociale a pour finalité de servir ses membres ou la collectivité plutôt que de simplement engendrer des profits et viser le rendement financier ; elle a une autonomie de gestion par rapport à l'État ; elle intègre dans ses statuts et ses façons de faire un processus de décision démocratique impliquant les usagères et usagers, les travailleurs et travailleuses ; elle défend la primauté des personnes et du travail sur le capital dans la répartition de ses surplus et revenus ; elle fonde ses activités sur les principes de la participation, de la prise en charge et de la responsabilité individuelles et collectives. »

Autrement dit, l'économie sociale mise sur le développement économique ; elle le sait incontournable. Mais elle propose une économie dont l'objectif principal est de faire en sorte que tous les êtres humains soient égaux et qu'en conséquence, tous puissent avoir leur place dans la société, y jouer un rôle et y vivre dignement. Le rapport ajoute :

« Le domaine de l'économie sociale recouvre donc l'ensemble des organismes des mouvements coopératifs et mutualistes et ceux des associations. L'économie sociale peut être développée dans tous les secteurs qui répondent aux besoins de la population et de la collectivité. Dans certains de ces secteurs, et plus particulièrement ceux qui répondent à des besoins sociaux, la viabilité découle en partie des contributions de l'État sous diverses formes (contributions directes, subventions aux usagers, ententes négociées, mesures fiscales, etc.). L'économie sociale repose également en partie sur l'engagement bénévole des individus et des collectivités locales.

Les forces de l'économie sociale tiennent à sa capacité de détecter les nouveaux besoins et de les satisfaire, de transformer ces besoins en emplois, de mobiliser les forces et les réseaux les plus divers et les plus nombreux. Elle contribue également à assurer une meilleure utilisation des ressources financières provenant de la redistribution étatique. En s'appuyant sur l'implication des membres de la communauté, elle contribue à la démocratisation de la société et à une citoyenneté plus active.»

Ce sommet de 1996 n'a pas seulement contribué à l'évolution de la pensée coopérative mais aussi à celle de la pensée du développement endogène. Au Québec, dans la poursuite de ce qui se fait sur d'autres continents, voilà qu'on mise sur l'économie sociale comme partenaire du développement social et économique, soit une économie qui place la personne au cœur de son action. Non pas seulement par les coopératives, mais par toutes les formes d'entreprises fondées sur ce projet de société plus juste et plus égalitaire. Qu'on le veuille ou non, cette économie civilisatrice n'est pas l'exclusivité des entreprises coopératives mais de toutes celles qui partagent ces valeurs civilisatrices. En conséquence, aujourd'hui, le terme « économie sociale » ou « économie solidaire », dans le monde, regroupe un ensemble de coopératives, de mutuelles, d'associations, de syndicats ou de fondations, tous porteurs de valeurs communes. En fait, le Chantier de l'économie sociale, à la suite de ce grand sommet de 1996, a fait reconnaître publiquement et a institutionnalisé la contribution réelle et concrète de cette économie humaniste qui, jadis, marquait l'histoire du Québec. Dès 1888, les Canadiens français aidés de Rameau de Saint-Père, un humaniste français, fondaient la Société canadienne d'économie sociale de Montréal en vue de vulgariser la pensée de l'École de Frédéric Le Play[42]. Alphonse Desjardins, fondateur des caisses populaires, un abonné à la revue *La*

---

42. Frédéric Le Play est le fondateur, à Paris, de la Société internationale des études pratiques en économie sociale (1867). On le considère aujourd'hui comme l'un des théoriciens de l'économie sociale.

Réforme sociale fondée par Le Play, était aussi membre de la Société d'économie sociale de Paris. Il avait aussi demandé son admission à la Société canadienne d'économie sociale de Montréal. Par la suite, cette notion d'économie sociale tomba dans l'oubli. Ce n'est donc qu'à compter du début des années 1980 qu'on peut parler d'un retour de cette économie pour finalement s'intégrer dans la pensée et les actions des partenaires socioéconomiques au milieu des années 1990.

Au Québec, grâce au Conseil de la coopération et de la mutualité et à la présence du Chantier de l'économie sociale, les coopératives se sont développées dans les secteurs de la production (coopératives de producteurs agricoles, pêcheries, foresterie, etc.) ou dans les coopératives de consommateurs (alimentation, librairie, quincaillerie, etc.) ou de services financiers (caisses d'épargne et crédit, assurances, etc.), ou encore dans les coopératives de services (habitation, transport, services funéraires, santé, communication, etc.). Pour leur part, les entreprises de l'économie sociale contribuèrent aussi à la naissance des coopératives ou des organismes à but non lucratif dans d'autres secteurs d'activités, tels que les réseaux de garderie, les coopératives de travailleurs, d'insertion d'handicapés ou d'immigrants, de travailleurs, de producteurs dans le secteur culturel ou des loisirs, etc., ce qui a nécessité des amendements aux lois et même la création d'une nouvelle forme de coopératives appelées des coopératives de solidarité. La coopérative de solidarité fut introduite dans la *Loi sur les coopératives* du Québec en 1997 en réponse à l'émergence de nouvelles réalités socioéconomiques et à l'apparition de besoins particuliers en matière de développement local et régional. Outre les principes communs de démocratie, de partage et d'égalité, et des valeurs sociales propres à toutes les coopératives, d'intérêt limité sur le capital, la coopérative de solidarité se distingue des autres coopératives en permettant la cohabitation de différentes catégories de membres. Cette évolution autorise un grand nombre d'initiatives nouvelles et adaptables à des circonstances particulières, surtout dans les collectivités peu nombreuses. De plus, le Chantier de l'économie sociale a créé une société de fiducie dont la mission principale est de favoriser l'expansion et le développement des entreprises collectives en améliorant l'accès au financement et en assurant une meilleure capitalisation des entreprises d'économie sociale. La fiducie offre des prêts sans remboursement de capital avant 15 ans. Ce capital permet de soutenir les opérations des entreprises et d'appuyer leurs investissements immobiliers.

Puisque la pensée associationniste et coopérative a traversé les siècles sans modifications significatives ; puisqu'elle elle est non seulement toujours présente, mais en développement sur tous les continents ; puisqu'elle permet à des millions de personnes de vivre des expériences de démocratie et de solidarité, et puisqu'il faut changer le monde, jetons un coup d'œil sur les solutions de rechange possibles à un système qui ne répond plus aux attentes des populations.

L'AVANTAGE DE LA DÉMOCRATIE

La démocratie est un régime qui, mieux que le pouvoir absolu, permet l'évolution des sociétés : il est essentiellement le régime du compromis. Les régimes absolus ont au contraire une tendance accusée à résister à l'évolution, ce qui à la longue provoque les révolutions. (Pierre Vadeboncoeur)

Démocratiser l'économie

Aujourd'hui, bien loin de nous laisser séduire par des politiciens qui voudraient réduire les libertés et la démocratie sur le plan politique, nous devons, non seulement conserver au régime politique actuel son caractère démocratique, mais chercher à étendre le principe démocratique au domaine économique. L'économie capitaliste, bien qu'elle existe dans un régime politique à caractère généralement démocratique, est en elle-même une puissance dictature. Or, il faut nous servir des libertés que nous permet le régime politique démocratique pour étendre la souveraineté du peuple au domaine économique.

Pierre Vadeboncoeur, *La démocratie au Québec*,
Michel Lévesque, publié chez Lux

CHAPITRE QUATRIÈME

La recherche d'une alternative

Sur tous les continents résonnent les échos d'un appel à des changements. La recherche d'une solution de rechange s'impose, le *statu quo* étant inacceptable. Le monde est en révolte, le monde est en feu! Guerres fratricides en Syrie, en Libye, en Irak, en Afghanistan, en Palestine, printemps arabe, émeutes à répétition ici et là, crises identitaires, faillites de grands pays, crises financières systématiques tous les six ou sept ans. En annexe, on trouvera une liste des crises dans le monde depuis 1971. À cause de ces crises, de fortes cohortes d'individus vivent le désespoir du chômage et de l'impuissance. N'ayant plus rien à perdre, ils risquent leur vie dans des manifestations publiques désespérées. Autant de populations ignorées et trahies par leurs gouvernants, écrasées par un système économique dominant dédié à l'enrichissement des seuls détenteurs des moyens de production et des capitaux. Et comme l'écrit Serge Truffaut dans un éditorial récent dans le journal *Le Devoir*: «Après 20 ans de politiques faites contre les classes moyennes et les foyers à revenu modeste, les riches ont encaissé, encaissé. De telle sorte qu'aujourd'hui la concentration des richesses est revenue au niveau enregistré dans les années... 1930!» Oui, le monde est en feu. La révolte anime la foule des sans-noms et des sans-abri, des démunis et des exploités, des indignés, mais aussi d'une classe moyenne dépossédée de sa qualité de vie. Une foule qui, de toute évidence, est de plus en plus nombreuse pendant que la minorité s'enrichit à un rythme indécent. Directement causée par de grandes banques motivées par un appétit immodéré du profit, la profonde crise de 2008 se satisfait de remèdes qui ne sont que des cataplasmes qui permettent aux profiteurs de ce système d'en profiter encore davantage, comme si rien ne s'était passé : profits faramineux, augmentation de la rémunération des hauts dirigeants, domination du capital.

Pendant les mois suivant la fameuse crise financière de 2008, les grands chefs de nombreux pays déclarèrent haut et fort qu'il était urgent de réformer le système dominant. Qu'il fallait absolument mieux réglementer ce libéralisme exacerbé, vu son incapacité à incarner, dans la vie quotidienne des populations, les engagements inscrits dans les grandes déclarations solennelles que sont les déclarations des droits de l'homme et les constitutions de certains pays. Le président de la France, Nicolas Sarkozy, dans un discours à Toulon, diagnostiquait les faiblesses du système dominant en disant :

« On a laissé les banques spéculer sur les marchés au lieu de faire leur métier qui est de mobiliser l'épargne au profit du développement économique et d'analyser les risques du crédit. On a financé le spéculateur plutôt que l'entrepreneur. On a laissé sans aucun contrôle les agences de notation et les fonds spéculatifs. On a obligé les entreprises, les banques, les compagnies d'assurances à inscrire leurs actifs dans leurs comptes aux prix du marché qui montent et qui descendent au gré de la spéculation [...]. L'autorégulation pour régler tous les problèmes : c'est fini. Le laisser-faire, c'est fini. Le marché qui a toujours raison. C'est fini[1] ».

---

1. Discours de Nicolas Sarkozy, alors qu'il était président de la France, cité dans *Le Monde diplomatique*, octobre-novembre 2011, p. 74.

En visite à l'Assemblée nationale du Québec, le président de la France déclara solennellement que «jamais la France n'acceptera qu'on revienne comme avant. Il faut moraliser et réguler le pouvoir économique et financier.» Et devant les membres de l'ONU, il demande: «Mais où nous conduit la liberté sans responsabilités?»

À Davos, au grand rendez-vous des élites mondiales, le ministre des Finances de la Suède, Anders Borg, plaidait en faveur de la réinvention du capitalisme. «Nous avons besoin d'une plus grande équité fiscale, des systèmes sociaux qui aident les plus faibles à sortir de la pauvreté.» Il plaidait en faveur d'une social-démocratie prise en charge par les citoyens pour éviter l'étatisme et permettre une certaine concurrence.

On pourrait faire une longue liste d'éminents capitalistes qui réclament que le capitalisme soit «réparé», «moralisé», «mieux régulé», «humanisé». Une plus longue liste d'économistes, de philosophes, de hauts fonctionnaires qui réclament une alternative à ce marché supposément libre, à cette mondialisation de la pauvreté et à ce monde paisible constamment en guerre.

Malgré ces déclarations, rien n'a vraiment changé depuis la dernière crise. Malgré toutes les promesses de changement et ce cri quasi unanime: «*Plus rien ne sera jamais comme avant!*», quatre ans plus tard, rien n'a vraiment changé. De toute évidence, les États n'ont pas réussi à se donner les institutions nécessaires à la création d'une société plus empathique et plus humaine. Alors que jadis, l'élément central du développement était la personne humaine, l'ultralibéralisme a préconisé et obtenu le contraire: désormais, l'élément central du développement est plutôt le profit et le rendement sur le capital. L'argument économique est devenu l'argument final. En conséquence, le pouvoir économique domine, à un tel point qu'on ne peut honnêtement déclarer que nous vivons actuellement dans des sociétés, mais que nous vivons plutôt dans des économies. Pire, nous ne pouvons pas dire sérieusement que nous vivons dans des régimes démocratiques puisque désormais la volonté majoritaire des populations ne fixe pas les règles du jeu de la vie communautaire. Les détenteurs des grands capitaux et des moyens de production imposent leurs volontés. Nous vivons, de toute évidence, dans un régime où le capital domine, influence et décide des grandes orientations. Le PIB (produit intérieur brut) est plus important que le BIB (le bonheur intérieur brut).

Chose certaine, le *statu quo* est inacceptable. Il n'est donc pas question de baisser les bras. Dans la revue *Alternatives économiques,* en France, on peut lire, sous la plume d'experts français, cette affirmation à l'effet qu'effectivement « des alternatives existent ». Ils ajoutent :

« La séquence que nous vivons n'a pas accouché d'un monde nouveau, mais elle est marquée par une rupture dans la conscience collective. L'enjeu est d'inventer une autre manière d'être au monde techniquement et socialement. [...] Or, une alternative est un processus créatif qui essaye de nouvelles choses... »

Bien oui, il faut essayer de nouvelles choses. Mais, à mon avis, sans renoncer aux enseignements du passé. On peut essayer de nouvelles choses sans radier de nos mémoires les révélations de l'historique de la pensée démocratique. On ne peut oublier et effacer de nos mémoires un passé au cours duquel se sont succédé différents régimes politiques. Le XXᵉ siècle l'a clairement démontré : l'alternative communiste ou socialiste n'a pas réussi à créer une économie et une vie sociale humaine. Le capitalisme d'État échoue tout autant que le capitalisme libéral. Pourquoi ? Parce que ces régimes politiques et économiques méconnaissent la nature de l'homme. Chez les communistes et les socialistes d'État, l'homme n'est pas envisagé en tant qu'homme, mais en tant que sujet à la gloire de l'État. Chez les capitalistes, l'homme n'est pas traité en tant qu'homme, mais comme consommateur au service de l'économie. Et ceux qui, dans cette jungle, triomphent, sont proclamés des héros, sinon des génies. Or, l'homme ne doit pas être considéré comme un moyen pour atteindre un but : c'est le contraire, l'homme EST le but de la société humaine.

Malgré son ancienneté, de nouveau, l'humanité est à la recherche d'une alternative : à la recherche d'un processus créatif qui se nourrit des expériences passées et qui s'adapte aux réalités nouvelles. À cet égard, le passé nous livre quelques enseignements.

Premier enseignement

Voir les choses autrement. Oui, sûrement, il faut s'adapter aux réalités nouvelles. Pour ce faire, ce premier enseignement est important, celui qui nous rappelle que ce sont les hommes et les femmes qui font ce qu'est une communauté ou une société. Ce ne sont pas les constitutions, les lois, les statuts, les décrets ou les règlements qui font le monde. L'intelligence humaine est à ce point développée qu'elle sait détourner et neutraliser ces contraintes juridiques ou réglementaires que cherchent à imposer les dirigeants des villes ou des pays. C'est plutôt la somme des comportements individuels qui oriente les comportements collectifs. Malgré les termes d'une loi encourageant le développement local, si la majorité des contribuables décide d'encourager des entreprises étrangères, le pays ne réussira pas la conquête de son économie. L'important, c'est la fidélité des citoyens à leurs engagements communs. Anciennement, du moins au Québec, sachant que Dieu était partout et qu'il nous surveillait pour comptabiliser les indulgences qui nous permettraient d'entrer au Ciel à la fin de nos jours, nous hésitions à ne pas respecter les lois ou les commandements de l'Église. Aujourd'hui, Dieu n'étant plus partout, ce sont les policiers ou les inspecteurs de l'État qui surveillent et évaluent nos comportements. Mais, contrairement à Dieu, les policiers et les inspecteurs ne sont pas partout. Si le bien-être commun ne nous préoccupe pas, il suffit d'apprendre à déjouer les lois ou à éviter les inspecteurs ou les policiers. L'habileté à tricher est parfois plus célébrée que la soumission aux lois! Ce sont les individus qui font ce qu'est ou ce que devient une collectivité.

Au XVIIIe siècle, les «perdants» décidèrent de mettre fin à la loi du plus fort et ils prirent les moyens de *changer le monde*. Les comportements individuels sont transformés en comportements collectifs et majoritaires. Les militants du «printemps arabe», par exemple, et partout où l'indignation populaire atteint son paroxysme, sont des individus qui se rassemblent et poursuivent le même objectif et qui sont prêts à tous les sacrifices pour parvenir à leurs fins. Il est donc possible de changer les choses et pas nécessairement par des révolutions ou des guerres. Plusieurs révolutions tranquilles et plusieurs solidarités citoyennes ont permis aux populations d'arriver à leurs fins par les comportements individuels de la majorité. Ainsi en est-il, au Québec, par exemple, lorsque les Québécois décidèrent, au moment de la Révolution tranquille, au début des années 1960, de permettre l'accès à l'éducation à l'ensemble de la population ainsi que l'accès aux soins de santé ou à un régime de retraite pour tous les travailleurs. Ils acceptèrent d'en payer les coûts par la voie des impôts et des taxes. Par leur solidarité et leurs actions, les citoyens rendaient possible la réalisation de leur projet collectif. Mais si, au contraire, un nombre important de citoyens décident de ne pas contribuer à ce projet et de faire en sorte de ne pas payer les impôts ou d'en payer le moins possible, ils installent alors une société parallèle où se pratique le travail au noir, les transactions sans taxes, où se créent des réseaux de paradis fiscaux. Ils se désolidarisent de la responsabilité du financement des projets dont ils n'hésitent toutefois pas à profiter! Dans un tel cas, le projet d'une société solidaire n'arrivera jamais à réaliser ses promesses et fera dire aux observateurs de l'évolution des sociétés que la société solidaire, ça ne marche pas!

D'ailleurs, le succès de tout projet collectif n'atteint pas seulement les sociétés civiques, mais aussi les sociétés commerciales, communautaires ou les entreprises. J'ai vécu souvent cette expérience : les structures organisationnelles que j'ai construites au cours de ma carrière, seul ou avec l'aide de consultants, n'ont pas toujours connu le succès espéré. Celles auxquelles mes collaborateurs, visés par cette structure, ont contribué, ont la plupart du temps bien fonctionné. D'autres toutefois ont échoué parce que ceux visés par la structure n'avaient pas participé à sa construction ou ne l'avait pas comprise. Autrement dit, les politiques ou les structures organisationnelles fonctionnent si les gens qui y sont soumis consentent à ce qu'elles fonctionnent! Ces organigrammes réussissent si tous les acteurs sont imputables des résultats. De là, l'importance, comme nous le verrons, d'une démocratie participative.

Ce qui signifie que le «monde», ce n'est pas la planète, les pays, ou les États, les politiciens, la ploutocratie, les élites, les militaires ou «les autres». Le «monde», c'est l'ensemble des individus peuplant un territoire donné. Le «monde» au Québec, ce sont les hommes et les femmes habitant le Québec. Changer le monde, c'est d'abord changer chacun de nous. C'est combattre les instincts antisociaux en chacun de nous, affirme Daniel Cordonier[2] en parlant de la nécessaire lutte

---

2. Daniel Cordenier, psychologue suisse, dans son livre *Le pouvoir du miroir. Changer le monde au quotidien*, Georg Éditeur, 1998.

aux «tyrans» qui ruinent nos relations avec les autres. Il écrit : « Ces tyrans à détrôner n'habitent pas seulement dans des palais ou des forteresses, ils se dissimulent au fond de nous-mêmes. Leur puissance vient de leur capacité à passer inaperçus. Ils manipulent nos décisions et nous empêchent de découvrir comment nous pouvons, dans notre vie de tous les jours, agir sur l'avenir de la société.»

Tel que mentionné en introduction, si nous venons à mieux nous connaître, à mieux connaître la nature humaine – connaître ses forces et surtout ses faiblesses –, nous parviendrons à comprendre comment nos «tyrans» intérieurs, ces instincts du courant primaire, agissent et comment nous pouvons – et devons nous en protéger collectivement. Nous comprendrons mieux comment ils agissent et nous constaterons que finalement nous agissons nous-mêmes dans le sens contraire des valeurs nécessaires à la réussite de la société à laquelle nous rêvons ! Nous réaliserons aussi que notre vie quotidienne est faite de nombreuses décisions qui permettent de transformer la société.

À la fin des grandes guerres, ou au moment des crises de toute nature ou des révolutions, le choix de l'alternative fut toujours le même : des mesures favorisant l'émergence des valeurs civilisatrices. Au XVIIIe siècle, à la suite des révolutions, en Europe comme en Amérique, l'alternative choisie fut la transformation de la souveraineté royale en une souveraineté du peuple. À la suite de la fameuse crise financière de 1929, le gouvernement américain choisit le *New Deal*, et les Américains acceptèrent de collaborer à une forme de social-démocratie, laquelle influencera les politiques américaines jusqu'aux années 1970. À la fin des guerres de 1914-1918 et de 1939-1945, l'alternative choisie fut la création d'organismes internationaux de coordination et de solidarité en vue de l'instauration d'une paix durable. Création de la Société des Nations en 1919 et création de l'Organisation des Nations Unies en 1945. En 1948, adoption par les pays membres de l'Organisation des Nations Unies, de la *Déclaration universelle des droits de l'homme*. Le préambule résume bien les intentions des signataires : « il est essentiel que les droits de l'homme soient protégés par un régime de droit pour que l'homme ne soit pas contraint, en suprême recours, à la révolte contre la tyrannie et l'oppression, [...] il est essentiel d'encourager le développement de relations amicales entre nations ».

Or, pour que ce courant civilisateur souffle sur le monde, il faut que « le monde » en soit le porteur et l'acteur.

Nos ancêtres disaient avec sagesse : « *Rien de nouveau sous le soleil !* », rappelant ainsi que l'être humain, fondamentalement, ne change pas ! Il demeure un animal instinctif qui devient raisonnable par son éducation et ses relations avec les autres humains. Il est surtout un animal raisonnable qui s'ignore, disait Alexis Carrel[3] :

« Il y a une inégalité étrange entre les sciences de la matière inerte et celles des êtres vivants. Les sciences de la matière inerte nous révèlent la maîtrise de presque tout ce qui se trouve à la surface de la Terre, à l'exception de nous-mêmes. »

Plus loin, Carrel ajoute : « Un matérialiste et un spiritualiste acceptent la même définition d'un cristal de chlorure de sodium. Mais ils ne s'entendent pas sur celle de l'être humain. En fait, notre ignorance est très grande. »

Cette ignorance, dit Carrel, est attribuable à la fois au mode d'existence de nos ancêtres, à la complexité de notre nature, et à la structure de notre esprit. Avant tout, il fallait vivre. Et cette nécessité commandait la conquête du monde extérieur. Pendant d'immenses périodes, dit Carrel, nos ancêtres n'eurent ni le loisir, ni le besoin de s'étudier eux-

3. Alexis Carrel, *L'Homme, cet inconnu*. Librairie Plon, 1936, p. 8.

mêmes ou de se mieux connaître comme êtres humains. Ils employèrent leur intelligence à fabriquer des armes et des outils, à découvrir le feu, à dresser les animaux, à se soigner en cas de maladie. Si ce biologiste inquiet revenait sur terre, il réécrirait sans doute le même paragraphe avec des mots différents. Encore aujourd'hui, l'être humain n'a pas le temps de se connaître lui-même, car il doit employer son intelligence à construire des armes et des bombes de plus en plus meurtrières (il se dépense beaucoup plus de milliards à créer ces armes que dans l'éducation), à découvrir de nouvelles sources d'énergie en exploitant la planète à outrance, à s'occuper davantage à l'exploitation de la matière qu'à la connaissance de lui-même, à créer une panoplie de produits financiers pour favoriser les échanges entre les humains et créer une gamme d'activités qui éveille le courant primaire chez l'homme.

Deuxième enseignement : la domination de la majorité

Au xviiie siècle, par l'institutionnalisation de la démocratie, l'homme réussit à faire en sorte que la minorité cesse de dominer la majorité. Afin de déterminer les normes du mieux-vivre ensemble, des humanistes inventent la règle de *la volonté générale exprimée par la majorité,* soit la *démocratie.* Cette nouveauté provoque un important basculement du monde par lequel la souveraineté du roi ou de l'empereur se transforme en souveraineté du peuple! Désormais, la souveraineté ne loge plus dans un seul ou dans quelques cerveaux, mais dans la «volonté générale». Il s'agit d'une notion nouvelle, un paradigme fondamental du nouveau régime. Les «sujets du roi» devenus «citoyens» décident de mettre fin à la domination des majorités par des minorités.

Troisième enseignement : les trois piliers de l'alternative

Une meilleure connaissance de l'être humain et la soumission à la volonté générale créent des liens sociaux menant à une nécessaire cohésion sociale.

Ces trois enseignements s'incarnent dans trois piliers de soutien essentiels : (1) Le renouveau de la démocratie à la faveur d'une démocratie inclusive et participative et d'un respect durable de la « volonté générale ». (2) L'éducation citoyenne. Je le répète : je dis bien l'éducation et non uniquement l'enseignement. (3) L'assurance de liens sociaux solides en vue d'une cohésion sociale.

Trois piliers interdépendants. En effet, pas de réussite démocratique ni de cohésion sociale possible sans éducation permanente à la citoyenneté.

Le renouveau démocratique

Pour changer le monde, une des conséquences de l'exacerbation de l'ultralibéralisme étant le déclin de la démocratie, il faut changer le comportement des individus par le renouveau de la démocratie. La démocratie représentative, cette forme simplifiée de la démocratie, est en crise. Il faut faire mieux. Récemment, la firme Gallup International, avec la collaboration de 5000 intervieweurs et près de 60 000 répondants de différents pays, fit un sondage afin de recueillir l'opinion des gens sur les grands enjeux mondiaux et nationaux, l'un d'eux étant la démocratie. À la lecture des résultats, les sondeurs concluent ainsi :

« En ce début de XXIᵉ siècle, les peuples de toutes les régions, religions et classes sociales vouent une admiration sans précédent à la démocratie, du moins en tant que principe. Mais un sérieux doute plane quant à la concrétisation de la promesse démocratique, à savoir qu'il est possible d'avoir des dirigeants qui gouvernent selon la volonté de la population et ce, surtout dans les pays depuis longtemps démocratisés. Près de 80 % des répondants considèrent la démocratie comme le meilleur système politique, mais à peine 30 % d'entre eux se croient vraiment gouvernés selon la volonté populaire.»

Au Canada, seulement 36 % des répondants sont d'avis que les élus gouvernent selon la volonté du peuple.

À la question «*Avez-vous le sentiment que les élections dans votre pays sont libres et justes?*», 48 % répondent NON, 5 % ne savent pas et 47 % disent OUI. Au Canada, 66 % des répondants disent OUI alors qu'aux États-Unis seulement 54 % sont d'accord.

Les sondeurs concluent: *La démocratie: admiration pour le principe, désillusion pour la pratique.*

La démocratie représentative est vraiment en crise: on le dit partout. Même un dictionnaire l'affirme[4]: «La démocratie représentative – et son évolution récente le confirme – apparaît comme une forme de dépossession du peuple par les élus.»

La démocratie représentative serait donc un simulacre de démocratie puisque les premiers démocrates n'ont certes pas imaginé la démocratie comme étant uniquement un mécanisme d'élection dont peuvent profiter les citoyens pour choisir les membres d'un gouvernement et leur confier le pouvoir. On l'a vu tout au long des pages précédentes, la démocratie n'est pas qu'un mécanisme électoral: elle est plutôt un projet de société! À ce que je sache, le peuple n'a jamais renoncé au projet d'une véritable démocratie ni à son pouvoir de définir les règles de gouvernance du vivre-ensemble. Car si tel était le cas, il faudrait cesser de proclamer la souveraineté du peuple et renoncer à la démocratie, comme

---

4. SIREY, *Dictionnaire des sciences politiques*, France.

le suggère d'ailleurs le professeur Vladislav Inozemtsev, dans la revue *The American Interest*[5]. Cet éminent politicologue termine son texte en disant : «*Who needs democracy?*» («Qui a besoin de la démocratie?») Et il ajoute : si on veut absolument sauver la démocratie, soyons sérieux : d'une part, rendons admissibles à poser leur candidature à un poste de député les détenteurs d'un diplôme d'une école formant les individus à devenir législateur ou chef de gouvernement. De plus, accordons le droit de vote aux individus détenteurs d'un permis émis par le directeur général des élections, qui auront démontré qu'ils ont la capacité d'exercer ce droit en toute connaissance de cause. Et l'auteur nous dit tout simplement : revenons au modèle athénien où n'étaient citoyens et électeurs uniquement ceux qui faisaient la preuve de leur capacité à comprendre les enjeux de la société dans laquelle les populations vivent.

Puisque des universitaires en sont rendus à douter de la démocratie, il faut certes admettre que la démocratie est en grande crise! D'ailleurs, cette démocratie représentative est dénoncée depuis longtemps à cause de la difficulté de préciser le statut du lien entre le représentant et le représenté. Cette forme de démocratie peut être efficace lorsque, comme l'écrivait Hobbes, «une multitude d'hommes devient une seule personne lorsqu'une seule personne les représente, à la condition que cette unité se fasse avec le consentement de chaque individu singulier de cette multitude. Car, disait-il, c'est l'unité de celui qu'il représente, non l'unité du représenté, qui rend une personne "une". Et c'est celui qui représente qui assume la personnalité et il n'en assume qu'une

---

5. Vladislav Inozemtsev, «The Cultural Contradictions of Democracy», *The American Interest*, mars 2012, p. 32. Le président du conseil d'administration de cette revue est Francis Fukuyama.

seule. On ne saurait concevoir l'unité dans une multitude, sous une autre forme» (*Léviathan*, 1971).

À lire cette description de la démocratie représentative, on ne peut décemment affirmer que cette forme de démocratie est simple ! De plus, par la démocratie représentative, les intérêts des élus ne coïncident pas nécessairement avec ceux de leurs électeurs. Elle est source de conflits d'intérêts : les élus votent eux-mêmes le système électoral auquel ils se soumettront, ils déterminent leurs propres salaires ou leurs régimes de retraite, un député élu comme représentant d'un parti peut changer d'allégeance politique en cours de mandat, sans la permission de ses électeurs, souvent dans son propre intérêt, et autres choses du genre.

D'ailleurs, la démocratie représentative atteint son plus bas niveau démocratique lorsque le représentant élu est membre d'un parti politique et prend l'engagement d'être solidaire de son chef. Pour justifier du caractère démocratique de ce processus interne, on plaidera que la démocratie des partis politiques est pyramidale : à la base, les congrès des membres (certaines études démontrent que la très grande majorité des résolutions adoptées dans ces congrès «mourront» d'ennui dans les archives des partis sinon seront condamnées à la déchiqueteuse. Deuxième niveau, les caucus des députés – sous la gouverne du chef. Troisième niveau, cabinet des ministres, sous la présidence du premier ministre. Quatrième niveau : le bureau du premier ministre. Le système électoral en vigueur actuellement, tant au Canada qu'au Québec, fait du premier ministre un quasi-monarque, disaient des citoyens lors de la consultation populaire, en 2003, à l'occasion des États généraux sur la réforme des institutions démocratiques du Québec. Dans le régime parlementaire canadien et québécois, le premier ministre cumule les fonctions de chef de l'Assemblée législative (celle qui fait les lois) et aussi de chef du gouvernement (celui qui gouverne). Il nomme les ministres et les congédie à sa guise. Il choisit les lois qu'il veut prioriser. Il impose la discipline de son parti. Le refus d'un représentant élu – un député – de respecter la volonté du premier ministre risque de nuire à sa carrière, surtout s'il aspire à occuper un poste de ministre. Ainsi va la démocratie représentative.

Pourtant, la démocratie permet aussi le régime présidentiel, un régime fort différent. Aux États-Unis, par exemple, le président, élu au suffrage universel, est chef du gouvernement. Il nomme des ministres non membres du Congrès ou du Sénat, mais à l'extérieur du processus législatif. C'est ainsi que des présidents de grandes corporations, des recteurs deviennent ministres, nommés par le président. Ainsi, la «ligne de parti» n'a pas la même importance que dans un régime parlementaire. Le président et ses ministres ne siègent pas au Congrès, ni au Sénat. Les membres du gouvernement ne votent pas les lois. C'est pourquoi parfois des membres du Parti démocrate votent dans le même sens que des membres du Parti républicain. Cette séparation entre le pouvoir législatif et le pouvoir exécutif permet une plus grande liberté de parole aux députés. Et ainsi les députés peuvent, s'ils le veulent, voter dans le sens souhaité par leurs électeurs.

La démocratie, dit-on, est le gouvernement du peuple, par le peuple et pour le peuple. Pas étonnant que les citoyens ne s'y reconnaissent pas dans cette forme de démocratie représentative: ce processus électoral contredit le fondement même de la démocratie. Gouvernement par le peuple? Or, la démocratie représentative n'accorde au citoyen que le pouvoir d'élire, tous les quatre ou cinq ans, le député de son comté. Dans un tel régime, les citoyens ne sont que des électeurs. Ils n'ont droit à aucune intervention statutaire, aucune initiative ou démarche de consultation ou de contrôle. Ils en sont réduits à la «démocratie de rue» et à des manifestations bruyantes et médiatisées. Une démocratie peu accessible pour la plupart des « représentés ». Une démocratie infirme. Elle contribue peu à l'établissement d'une cohésion sociale. Au contraire, elle brise les liens sociaux et fait perdre la confiance des citoyens envers leurs élus. Elle crée le cynisme et l'indifférence.

Pourtant, une autre forme de démocratie est possible et remet aux citoyens les pouvoirs que lui permet la souveraineté populaire. Il s'agit de la démocratie semi-directe ou la démocratie participative. Non seulement cette forme de démocratie est possible, mais elle est nécessaire, si on veut une démocratie qui mettra fin à la domination de la majorité par des minorités, ce qui est le motif même des révolutions populaires inspirant les premières démocraties. Si on veut que les individus reprennent leur statut de citoyens puisque la démocratie représentative confine les individus au seul rôle d'électeurs. Si on veut donner un sens à la notion de « souveraineté du peuple » et faire en sorte que, par sa volonté générale, ils puissent participer aux décisions qui affectent leur vie collective.

Pour ce faire, il faut une démocratie participative « constitutionnelle », c'est-à-dire une démocratie dont les règles sont inscrites dans une constitution adoptée, à la suite d'une assemblée constituante composée de citoyens et dont les termes énoncent les responsabilités et les pouvoirs tant des citoyens que de ses mandataires, les élus. Une constitution adoptée par le peuple ne pouvant être modifiée que par lui, selon la volonté générale.

En bref, il faut une démocratie réelle qui n'éveille aucun cynisme lorsqu'on la définit comme le gouvernement du peuple, par le peuple et pour le peuple. « Ce qu'il nous faut, disent des initiateurs du Forum social mondial, ce sont des formes supérieures, participatives, permettant à la population d'exercer directement son pouvoir de décision et de contrôle, comme c'est le cas avec le budget participatif de la municipalité de Porto Alegre et de l'État du Rio Grande do Sul[6].»

Apparu à la fin des années 1960, le concept politique de démocratie participative s'est développé dans le contexte d'une interrogation croissante sur les limites de la démocratie représentative. Ainsi s'est affirmé l'impératif de mettre à la disposition des citoyens les moyens de débattre, d'exprimer leur avis et de peser dans les décisions qui les concernent. «Quand, au sommet de l'État, on joue du violon, comment ne pas s'attendre que ceux qui sont en bas se mettent à danser?» écrivait Karl Marx.

Les citoyens, en s'associant à l'élaboration des décisions politiques, favorisent la transparence de l'action publique, améliorent la qualité des débats politiques et évaluent, sans complaisance, la qualité des services publics.

Cette nouvelle façon d'appréhender la décision politique répond également au besoin éthique de statuer sur les controverses sociotechniques issues notamment des nouvelles découvertes technologiques et scientifiques. Un essai sur la démocratie résume synthétiquement ce problème et les moyens de le dépasser :

«Les avancées des sciences et techniques ne sont plus contrôlables par les institutions politiques dont nous disposons. Les décideurs doivent avoir, en cas d'erreur, la possibilité de corriger les décisions publiques et d'appréhender à nouveau des options qu'ils avaient abandonnées. Pour éviter l'irrévocable, il faut quitter le cadre des décisions traditionnelles et accepter de prendre, plutôt qu'un seul acte tranché, une série d'actes mesurés, enrichis par les apports des profanes[7].»

---

6. William F. Fischer et Thomas Ponniah, *Un autre monde est possible*, Paragon, p. 287.

7. Michel Callon, Pierre Lascoumes, Yannick Barthe, *Agir dans un monde incertain. Essai sur la démocratie technique*, Le Seuil, coll. «La Couleur des Idées», 358 pages.

Cette nécessité de revitaliser la démocratie, cet «impératif participatif», s'appuie donc sur un rôle et un pouvoir nouveaux dévolus aux citoyens. Elle s'appuie, comme l'exprimait le philosophe pragmatiste John Dewey, sur une «citoyenneté active et informée» et sur la «formation d'un public actif, capable de déployer une capacité d'enquête et de rechercher lui-même une solution adaptée à ses problèmes[8]».

Pour décrire ce mouvement d'appropriation du pouvoir et la posture active qu'il confère, la langue anglaise parle d'«*empowerment*» que l'on traduit parfois par «empouvoirisation» voire «capacitation». Comme il participe à la réalisation de l'idéal démocratique du «pouvoir du peuple», peut-être devrait-on l'appeler simplement «démocratisation»?

La démocratie participative n'est nullement réductible à la «démocratie d'opinion» en cela qu'elle crée les conditions nécessaires au déroulement d'un débat public ouvert et démocratique. Inspiré par des penseurs de la délibération collective tels que Jürgen Habermas et James S. Fishkin, l'impératif délibératif se fonde sur une logique simple: meilleure est la qualité du débat, plus légitimes et efficaces sont les décisions qui en découlent. Toute la question porte alors sur les conditions d'un bon débat et notamment sur la qualité de la procédure délibérative pour arriver à ce qu'Habermas appelle «une entente rationnellement motivée», notamment la liberté des participants au débat (ils doivent être actifs et ouverts, exempts de toute forme de contrainte) et un débat public et potentiellement ouvert à tous. Mais cette démocratie d'opinion, ou délibérative, ne suffit plus: dans la nouvelle démocratie participative, il faut partager les pouvoirs: ceux du peuple, ceux des élus – et

---

8. John Dewey (1888), Université du Michigan. Voir Wikipedia.org/wiki/John Dewey

ceux des dirigeants des institutions de l'État, tel que défini dans la Constitution du pays.

Dans un monde où les citoyens ont perdu leurs repères – un monde qui se cherche –, un monde où le régime démocratique est en crise, une renaissance d'une plus profonde démocratie est incontournable. Sans démocratie réellement participative, le peuple est sans pouvoirs réels. Sans démocratie davantage participative, il y a risque que la démocratie ne devienne qu'un mécanisme électoral dont les individus se désintéressent. Alors, d'autres formes de régimes politiques se créeront par l'oligarchie ou la ploutocratie.

Démocratiser la démocratie

Sur ce plan, certaines initiatives sur le plan municipal méritent d'être rappelées. La démocratie participative est née sur le plan local par la formation de groupes de citoyens s'imposant dans les débats locaux ou régionaux. Il s'agissait des premiers pas vers une *démocratie d'opinion* ou une *démocratie délibérative*. Cette forme d'organisation de la participation citoyenne se transforme, depuis quelques années, en un partage d'exercice du pouvoir[9]. Et un appel à l'adoption d'une charte ou d'une constitution dans laquelle le partage et les règles de gouvernance sont énoncés.

Sur plan municipal, si la participation électorale demeure faible, les procédés de consultations publiques se font plus nombreux. Il ne convient pas, dans le cadre de ce livre d'en faire la liste. Je citerai simplement trois exemples. (1) Les expériences des conseils de quartier à Québec. En novembre 2003, la Ville de Québec adoptait une politique sur la consultation publique qui permettait aux citoyens de se prononcer, en dehors du cadre électoral, sur des questions portant sur

---

9. Fr.wikipedia.org/wiki/démocratie_participative

la gestion des affaires municipales. (2) Autre exemple, celui de la région de l'Outaouais et tout particulièrement de la ville de Gatineau. Les dirigeants de la ville convoquent régulièrement les citoyens à des consultations publiques. Mais il ne s'agit pas uniquement d'écouter les requêtes des citoyens. Les dirigeants de la ville s'engagent à dresser un rapport de chacune de ces consultations. Les suggestions et recommandations des citoyens sont par la suite étudiées par les services administratifs ainsi que par le conseil municipal et, à moins d'objections juridiques ou budgétaires, sont approuvées par le conseil municipal et ensuite mises en œuvre. (3) Pour ceux qui pensent que le virage vers une démocratie participative est illusoire, on peut certes donner l'exemple d'une grande ville, celle de Montréal, où, à cet égard, de grands pas ont été faits. Succès total? Non, mais «la balle» est dans le camp des citoyens de Montréal. Le maire Gérald Tremblay, dès son élection en 2002, convoqua la fonction publique et les représentants de la société civile à réaliser un *Sommet de Montréal* pour convenir d'une vision commune du devenir de la nouvelle ville. (Savoir en somme ce que les Montréalais voulaient faire ensemble.) Trois mille personnes travaillèrent en 27 sommets d'arrondissements et 14 sommets sectoriels pour déterminer des priorités d'action. Une conclusion principale: la nécessité de la démocratie et de la participation afin que tous les citoyens intéressés participent au devenir de la ville. Création de chantiers, dont le Chantier sur la démocratie, sous la responsabilité du maire lui-même et sous la présidence d'un grand coopérateur, Dimitri Rossopoulos, auteur d'un ouvrage portant sur la *Démocratie participative*. Ce chantier a engendré des réalisations importantes comme l'adoption de la *Charte montréalaise des droits et responsabilités* de la Ville de Montréal et de ses citoyens. Et, encore plus important à mon point de vue, après de longues discussions avec les élus, le droit d'initiative en matière de consultation publique (une première dans le monde municipal). Les citoyens de Montréal, en nombre spécifié dans cette politique, peuvent exiger la tenue d'une consultation publique sur un sujet qui les préoccupe. Déjà, malgré la jeunesse de cette nouvelle politique, des consultations publiques ont été demandées par des groupes de citoyens. Il s'agit donc de cas de démocratie participative réelle et concrète. Ajoutons à cela que la Ville, désireuse de toujours mieux informer ses citoyens, a produit un nouveau site Internet : *Montréal, je fais ma ville, ici !* Sans oublier la « démocratie en ligne », soit la diffusion des délibérations du conseil municipal en direct sur Internet.

L'article 5 de la *Charte montréalaise des droits et des responsabilités* de la Ville de Montréal stipule : « La participation des citoyennes et citoyens aux affaires de la Ville contribue au renforcement de la confiance envers les institutions démocratiques, au renforcement du sentiment d'appartenance à la ville ainsi qu'à la promotion d'une citoyenneté active. »

Une démocratie participative est donc possible – parfois facilitée par un partage efficace de certains pouvoirs entre la ville centrale et ses arrondissements. Comme c'est le cas dans de grands réseaux de coopératives où les pouvoirs se partagent entre les membres, les fédérations et, parfois, les confédérations.

Évidemment, une telle démocratie est plus aisée dans les petites collectivités. On peut même y pratiquer une démocratie quasi directe dans certains cas. Par exemple, vivre à Saint-Camille, au Québec, c'est vivre l'esprit de famille ou une social-démocratie adaptée aux projets du milieu. Comme il est dit sur le site Internet de cette municipalité : « Ville de 500 habitants, dans un paysage vallonné magnifique, à la tête du bassin versant de la rivière Nicolet, Saint-Camille occupe un territoire de 81 km carré à 60 % sous couvert forestier. Les résidents et résidentes de Saint-Camille sont reconnus pour leur accueil, leur ouverture et leur engagement dans le développement et l'animation de la communauté.» À Saint-Camille, la démocratie et la participation citoyenne sont vivantes. Par exemple, récemment, les citoyens ont refusé leur consentement préalable (exigé par la *Loi sur les mines*) à des prospecteurs miniers. La solidarité citoyenne fut si forte que ces derniers abandonnèrent leur projet, du moins jusqu'à ce jour.

Les communautés civiques dans lesquelles se pratique la démocratie participative créent un terreau fertile à l'établissement des valeurs de la social-démocratie et deviendront un des alliés incontournables d'une société plus juste et plus égalitaire.

Oui, je sais, la social-démocratie n'a pas toujours bonne presse : elle fut souvent présentée comme responsable des déficits budgétaires de l'État. Pourtant, une social-démocratie rigoureusement gérée par un partage efficace des responsabilités entre les citoyens et leur gouvernement démontre le contraire. Il ne faut pas confondre social-démocratie et État-providence. La reconnaissance et le pouvoir de la volonté générale, paradigme de la social-démocratie, contribuent d'ailleurs à éviter la transformation de la social-démocratie en État-providence : la social-démocratie est un partenariat entre les citoyens, la société civile, alors que l'État-providence est plutôt le pourvoyeur principal et parfois exclusif de services multiples et différents en faveur des citoyens, j'allais dire des électeurs. Un rôle que les dirigeants de l'État se sont eux-mêmes donné par leurs promesses électorales. Ce faisant, les dirigeants de l'État font de la satisfaction des besoins de chacun une promesse électorale pour contrer les promesses moins généreuses des partis adverses. En conséquence, l'inflation des promesses et la transformation du citoyen en bénéficiaire de l'État produit un résultat semblable à celui de l'inflation de la spéculation dans le régime capitaliste : elle produit des bulles d'espoir et des crises ! L'État-providence repose sur une logique de croissance exponentielle des besoins et, en conséquence, se doit d'être solidaire des citoyens alors que la social-démocratie repose sur une logique de partage équitable : les sociaux-démocrates se doivent d'être solidaires les uns envers les autres, y compris envers leur État.

Puisqu'il faut changer le monde, il faut la démocratie participative dont l'efficacité sera mieux assurée par une éducation citoyenne adéquate et aussi par la pratique d'une telle démocratie dans toutes les coopératives, mutuelles, organismes sans but lucratif ou autres entreprises sous contrôle démocratique. C'est ainsi que le secteur de l'économie sociale pourra contribuer à changer le monde, à la condition que les citoyens et que les membres des coopératives jouent pleinement leur rôle dans un esprit de partage équitable des ressources. Les coopératives, fondamentalement, sont des écoles à la démocratie, que cela plaise ou non aux gestionnaires et employés. L'important, c'est de s'assurer que les membres connaissent leurs droits démocratiques – et qu'ils sachent qu'ils ont le pouvoir de les exercer.

L'éducation

La démocratie exige l'éducation. Or, éduquer, ce n'est pas enseigner. L'étymologie latine d'éduquer est issue des mots « *ducare* », soit « nourrir », « assimiler », « conduire », etc. et « *ex* », soit « hors de » ou « vers » les autres, ce qui en dit long sur le sens de ce mot. Éduquer, c'est apprendre à vivre en société. C'est assurer à chacun le développement de ses capacités physiques, intellectuelles et morales en cohérence avec le projet global de la collectivité. C'est former des citoyens responsables.

Enseigner, c'est différent. Enseigner, c'est développer les connaissances, transmettre le savoir. C'est développer les connaissances utiles à l'entrepreneuriat ou à l'employabilité. Jadis, «l'être» était plus important que «l'avoir». Le psychanalyste et philosophe d'origine judéo-allemande Erich Fromm[10], dans un texte intitulé *Avoir ou être*, a depuis longtemps posé ce dilemme. À son avis, la survie de l'humanité dépend du choix qu'elle fera entre ces deux modes d'existence. Car notre monde, dit-il, est de plus en plus dominé par la passion de l'avoir, concentré sur l'acquisition des biens, la puissance matérielle, l'agressivité, alors que seul le mode de l'être le sauverait, celui fondé sur l'amour, sur l'accomplissement spirituel, le plaisir de partager des activités significatives et fécondes. Si l'homme ne prend pas conscience de la gravité de ce choix, dit-il, il courra au-devant d'un désastre psychologique et écologique sans précédent. Un retour du dilemme courant primaire vs courant civilisateur.

L'éducation s'intéresse à l'Être, l'enseignement davantage à l'Avoir. Depuis l'accélération de la mondialisation et l'évolution rapide des nouvelles technologies, de même que le besoin grandissant de professionnels et de techniciens compétents, l'enseignement est devenu prioritaire, au détriment de l'éducation. L'utilitarisme l'emporte, selon l'avis des utilitaires, l'étude de la philosophie, de la morale, de l'éthique, de la démocratie, de l'histoire serait une «perte de temps».

J'ai vécu ce changement. Au temps de mon adolescence et de mes études chez les jésuites, le perfectionnement de *l'être* était recherché. On nous entraînait à devenir des meilleurs êtres humains, de meilleurs citoyens. Nous apprenions à comprendre ce que nous étions, à comprendre le monde dans lequel nous vivions. À la fin du cours, après sept ans d'apprentissage à la vie, mes confrères et moi avions

---

10. Erich Fromm (1900-1980), psychanalyste humaniste américain.

choisi la devise suivante : *Semeurs de joie !* Une devise encore inscrite sur la photo encadrée des diplômés du Collège Jean-de-Brébeuf de l'année 1950 ! Non pas semeurs de plaisirs, même si nous en avions beaucoup, même pas du plaisir de l'avoir, nous en avions peu, mais de la joie de l'être. Au collège, nous « apprenions à apprendre », sachant qu'il faut toujours apprendre tout au long de sa vie : apprendre à maîtriser nos instincts, à développer notre jugement, à trouver méthodiquement des solutions à des problèmes, à exercer sa volonté à l'obéissance, à la rigueur de la cohérence. Tous nos travaux portaient cette signature, CQFD : ce qu'il fallait démontrer ! Imaginez ! Nous apprenions le latin et le grec, ce qui, aujourd'hui, dans ce monde utilitaire, apparaîtrait comme une ridicule perte de temps !

J'ai aussi vécu ce changement comme chef d'entreprise. Au Mouvement Desjardins, le président Raymond Blais, mon prédécesseur, avait compris cette nuance et connaissait l'importance de l'éducation. Il fallait d'abord éduquer aux valeurs du Mouvement et enseigner ensuite. Connaître le « pourquoi » avant d'apprendre le « comment ». Les cadres de l'organisation, avant leur embauche, devaient faire un stage à l'Institut coopératif Desjardins. Les nouveaux cadres étaient « éduqués » à la culture organisationnelle et aux valeurs de la coopération. Au début des années 1990, la forte croissance du Mouvement créa un besoin urgent de main-d'œuvre compétente. Urgence de combler les postes rapidement, au prix de suspendre les sessions d'éducation. Certains cadres, privés de cette éducation, mais instruits au temps de leurs études universitaires aux valeurs du libéralisme pur, n'appréciaient guère mes rappels au respect de la culture organisationnelle dans leurs décisions et leurs comportements. La cohésion en a souffert. Si, sur le plan de la gestion du nombre requis de ressources humaines nous avions atteint nos objectifs, sur le plan de la cohésion de la pensée, nous avions perdu des plumes! J'ai même eu droit à des démissions de quelques cadres qui refusaient nos façons d'agir – eux devenus des guerriers de la finance grâce à l'enseignement de célèbres universités américaines. Les maisons d'enseignement de notre époque préparent les jeunes à «gagner leur vie». Ce qui est certes utile, nécessaire et exigeant. Ce faisant, elles s'inscrivent dans le courant des valeurs dominantes: favoriser l'avoir plutôt que l'être, laissant la responsabilité de l'éducation aux parents, à des parents de plus en plus occupés à accumuler de «l'avoir». Pourtant l'un n'empêche pas l'autre, à la condition d'une cohérence entre les valeurs des parents et celles des enseignants. Former des travailleurs, des patrons, des professionnels, des athlètes, des artistes, des agents de la paix, c'est important, certes. Éduquer à la démocratie, à l'histoire de son pays, à la philosophie, à la morale, à l'éthique, à la citoyenneté est aussi important, à moins de faire le choix, pour l'avenir du monde, de vivre désormais dans des économies et non plus dans des sociétés.

Professeur associé au premier niveau universitaire, j'ai souvent demandé aux étudiants de définir la démocratie. J'ai eu à m'habituer à des réponses surprenantes: *La démocratie, c'est faire ce qu'on veut! La démocratie, c'est le droit de voter! La démocratie, c'est une personne = un vote.* La démocratie, un projet de société? Non, pas de réponse en ce sens. L'histoire? On la connaît très peu. Y compris l'histoire du Québec. La définition du «bien» est tout aussi surprenante: *Le «bien», c'est ce qui ne me dérange pas! En somme, le «pas dans ma cour».* Plus inquiétant, ce sont ces professeurs désireux de se donner l'image de «citoyens du monde» qui avouent ne pas croire à l'enseignement de l'histoire. Je me suis fait dire, par exemple, que, de toute façon, l'humanité entrant dans un nouveau monde, l'histoire de l'ancien monde, particulièrement celui du Québec, n'a rien d'utile pour le futur! Et le monde moderne étant si complexe, qu'il sollicite toutes nos énergies intellectuelles qu'on ne peut gaspiller à explorer le passé! Même approche quant à la morale et l'éthique : le passé n'aurait rien à nous apprendre. Comment alors faire des choix philosophiques et éthiques sans la capacité ou le souci de définir le «bien» et le «mal»? Pour changer le monde, il faut l'éducation. L'éducation à la citoyenneté.

La cohésion sociale

Pour changer le monde, il faut aussi la cohésion sociale. Le coup d'œil sur l'évolution de la pensée associative et coopérative dans le monde, au cours des derniers siècles – et tout particulièrement de celle du Québec et de son réseau de coopératives –, démontre, il me semble, que le partage de valeurs communes et la poursuite par une majorité de citoyens d'une finalité largement partagée tissent les liens nécessaires à la cohésion sociale. On le sait maintenant : les valeurs dominantes d'une société exercent une forte influence sur le comportement et la conduite des populations. Un groupe étant forcément constitué d'individus, il met en présence une multiplicité d'allégeances se distinguant par des opinions diverses. Les débats sur le *comment faire pour mieux vivre ensemble* sont nombreux. Mais le *comment faire* se définit plus aisément lorsqu'est réussie l'adhésion majoritaire à ce que *nous voulons faire ensemble*. Ce qu'il faut craindre, c'est l'absence ou l'ignorance des valeurs et des engagements individuels nécessaires à la réalisation du *comment faire*. En toutes choses, ne devons-nous pas savoir *pourquoi* nous voulons agir, préalablement à la détermination du *comment nous devons le faire*? Au Québec, par exemple, les débats sur le comment faire la souveraineté ne seraient-ils pas mieux éclairés si chacun était bien informé et convaincu du *pourquoi* il faudrait faire la souveraineté. Ou encore, savoir *pourquoi* il importe de créer des réseaux de coopératives plutôt que simplement savoir *comment* on crée des coopératives? Les enseignements du passé à cet égard sont précieux. Il faut s'en inspirer.

La cohésion sociale est la nature et l'intensité des relations sociales entre les membres d'une société ou d'une organisation. Elle signifie l'intensité du lien social. Le niveau de cohésion sociale permet de favoriser les synergies des organisations et la qualité de vie des membres des sociétés, si les relations sociales sont vécues positivement par les individus constituant ces organisations ou ces sociétés. Les sociétés et organisations humaines voient leur cohésion sociale se développer par l'existence de liens marchands ou de liens politiques, ou de liens sociaux et communautaires.

L'histoire le démontre, les groupes, dont le plus grand nombre partage les mêmes valeurs, réussissent plus efficacement l'atteinte de leurs objectifs communs, tout particulièrement s'il s'agit de valeurs du courant civilisateur puisque celles-ci tiennent compte des intérêts de la collectivité dans son ensemble. Ce qui est bon est meilleur lorsqu'on le partage.

Plus récemment, les continents se rapprochant, les choix politiques se sont précisés. Après la Deuxième Guerre mondiale et la longue période de rideaux de fer et de murs divisant le continent européen entre les individualistes et les collectivistes, on en est venu à croire qu'il n'existait finalement que deux camps sur le plan des valeurs fondamentales d'une société : celui de l'individualisme politique et économique et celui du collectivisme d'État. Deux grandes voies sur lesquelles se multiplient les déviations ou les nuances. Des chercheurs identifient sept cultures capitalistes[11] et, en

---

11. Charles Hampden-Turner et Fons Trampenaars, *The Seven Cultures of Capitalism*, Doubleday.

France, des praticiens corporatifs font une juste distinction entre le capitalisme américain et le capitalisme rhénan[12]. Les deux camps s'affronteront pendant quelques décennies. Puis, ce sera le déclin du collectivisme d'État : chute de murs et levée de rideaux, ce qui autorise les capitalistes à proclamer leur triomphe[13] ! Quelques décennies plus tard, après une série de crises de toute nature et tout particulièrement au moment de la crise financière de 2008, le capitalisme libéral est à son tour mis au banc des accusés. Et les populations se retrouvent devant un monde à changer ! Pendant toute cette longue période, les coopératives sont toujours présentes, traversant les crises et les guerres, sans trop de dommages ! Le coopératisme, classé « associationnisme démocratique », d'accord avec les marchés, pourvu qu'ils soient vraiment libres, n'a pas trop souffert de toutes ces turbulences historiques.

Encore une fois, le regard passéiste est utile. Il nous enseigne les mérites de la cohésion sociale qui se tisse, non pas au hasard des initiatives individuelles, mais par la convergence et la cohérence des valeurs civilisatrices d'une majorité de citoyens, soit les valeurs sociales, politiques, économiques, financières, environnementales, identitaires ou religieuses, lesquelles guident leur conduite. Ce qui n'exige pas l'unanimité de pensée. Le débat est toujours permis. Il suffit, dans des pays démocratiques, d'une pensée partagée par le plus grand nombre et de mandataires élus respectant cette volonté majoritaire pour que ces valeurs s'incarnent dans les coutumes et traditions du pays et aussi dans les législations et les réglementations. De là, l'importance d'une démocratie participative vivante afin d'éviter

---

12. Michel Albert, *Capitalisme contre capitalisme*, Éditions du Seuil, 1991.
13. Joseph Stiglitz, *Le triomphe de la cupidité, op. cit.*

que les valeurs dominantes soient celles d'une minorité. L'unanimité n'est donc pas requise. La volonté majoritaire suffit. Ce qui rend possibles des conclusions majoritaires parfois différentes dans les diverses collectivités. Comment expliquer autrement des comportements et des modes de vie aussi différents, par exemple chez les citoyens des États-Unis comparativement à ceux de l'Iran ? Ou encore chez les habitants de la plupart des pays européens comparativement à ceux des pays africains ? De toute évidence, la cohésion sociale est plus facile dans les pays sous contrôle véritablement démocratique que dans les régimes dictatoriaux ou militaires. Les «valeurs» imposées auxquelles sont assujettis les peuples soumis à une puissance minoritaire – et pire, militaire – créent des pays finalement inégalitaires, dont le développement est compromis. Les pays qui réussissent le mieux à créer des sociétés où chacun et chacune ont une place et un rôle à jouer sont ceux dont la majorité des individus sont intimement liés à la force motivante de l'adhésion à un projet commun. Les sociétés les plus faibles et incapables d'assurer la construction d'une société égalitaire sont celles qui n'ont guère de projet collectif. Ou celles qui mettent leurs espoirs dans la somme des succès individuels. On me dira que, pourtant, les États-Unis, un pays où selon des sondages la grande majorité des citoyens croit en l'importance de la liberté individuelle, sont considérés, malgré leurs difficultés actuelles, comme une réussite. C'est vrai sur le plan du nombre de réussites individuelles et sur le plan des fortunes faramineuses d'une petite minorité. Ces réussites individuelles n'ont pas empêché le pays de sombrer dans les inégalités profondes. En ce sens, la «civilisation» américaine conserve une part de mépris, sinon de barbarie ou d'esclavage, à l'égard de ceux qui ne réussissent pas, malgré leur liberté, à assurer leur bien-être. Dans un courriel récent sur Facebook, un grand comédien américain ne disait-il pas : « À 76 ans, je suis fatigué : fatigué de me faire dire que je dois payer plus d'impôts pour subvenir aux besoins de ces paresseux qui ne sont pas capables de subvenir à leurs propres besoins. » Ou encore cette déclaration d'un candidat du Parti républicain devant un groupe de riches : « Ne comptez pas sur moi pour mettre de l'argent dans la poche des pauvres... »

La lutte individuelle pour la vie, cette directive du libéralisme moderne, est l'ennemie de la cohésion sociale. Et sans cohésion sociale, le pays ou la ville ne sont guère qu'une arène de laquelle émergent quelques gagnants, laissant à elle-même une cohorte plus nombreuse de perdants. Sans projet de société largement partagé – surtout sur le plan de la finalité (veut-on un pays, une ville ou un village où chacun a une place lui permettant de vivre dignement ?), la citoyenneté est pratiquement absente. La lutte perpétuelle pour la vie est contraire au « savoir-vivre ensemble ». Il est faux de prétendre que la somme des succès individuels est la condition d'une société prospère. Ce raisonnement est simpliste et facile. Il ne tient pas compte de la vraie nature de l'être humain. La lutte pour le succès individuel ne stimule que les émotions alors que la recherche du bien commun et de la cohésion sociale fait appel à l'intelligence et trouve sa motivation dans l'appel fait à tous de trouver leur fierté et leur joie à construire une société faite pour tous. Dans toute lutte, il y a des gagnants et des perdants. Or, une société réussie est celle des gagnants-gagnants.

Cette cohésion d'ailleurs n'est pas nécessaire uniquement pour la gouvernance des pays, villes ou villages. Mais aussi pour les entreprises, les associations, les syndicats. Comment une entreprise peut-elle progresser si les efforts de tous les collaborateurs ne convergent pas vers le même objectif ?

Le passé nous enseigne que la cohésion sociale est essentielle à la construction d'une société idéale.

Le Québec et la cohésion sociale

Le Québec a d'ailleurs connu cette cohésion sociale. Celle du temps de la conquête jusqu'à la Révolution tranquille sous la guidance des valeurs d'amour de son prochain, de respect des uns et des autres, de partage, de charité, d'entraide, d'égalité, etc. On peut certes critiquer la domination ou la trop forte influence de l'Église en ces temps anciens. On peut critiquer quelques messagers : l'Église est composée d'êtres humains, eux-mêmes soumis à des instincts humains. Mais s'il faut séparer l'Église de l'État, il faut retenir le message. De telles valeurs sont le mortier de cette cohésion sociale essentielle à la survivance de la nation.

Le Québec a connu aussi cette cohésion au temps de la Révolution tranquille et du «Québec Inc.». En ce temps-là, la proposition faite aux Québécois est claire ainsi que le plan d'action. Les bannières du Parti libéral annoncent : «*L'ère du colonialisme économique est finie dans le Québec : maintenant ou jamais maîtres chez nous!*» Cet appel suffit à renouer des liens sociaux forts : enseignants, travailleurs, entrepreneurs, gens d'affaires, professionnels adhèrent à ce projet et tissent entre eux des liens donnant lieu à un engagement à la réussite collective.

Cette cohésion est devenue possible, non pas grâce prioritairement à la doctrine de la liberté maximale, ou l'enrichissement individuel, mais surtout par la motivation de contribuer à l'entrée du Québec dans la modernité et le consentement à participer par leurs impôts au financement de l'accès pour tous à un nouveau réseau de maisons d'enseignement, à un plan de soins de santé pour tous, à un régime de retraite pour les travailleurs, etc. Motivés aussi et surtout par le projet de sauvegarde de leur langue, de leur culture, de leur identité. Le Québec veut prendre sa place dans le concert des nations. En conséquence, la motivation de l'entrepreneur n'est pas de «gagner sa vie» et de s'enrichir personnellement, mais plutôt de «sauver la nation». Une vision à long terme, généreuse, patiente, stimulée par la conviction profonde de l'importance d'assurer la survie de l'identité québécoise et de créer une société où chacun et chacune a sa place, ce qui permet à tous de vivre dignement.

Le professeur Gilles L. Bourque[14] écrit : « Bien que le modèle québécois de développement fut parfois contesté, par les acteurs situés aux extrêmes du spectre, il demeurera, pendant toute la durée de la période 1960-1985, l'orientation fondamentale suivie par tous les gouvernements. Le compromis qui anime l'esprit de la Révolution tranquille représente un consensus parmi toutes les forces politiques de l'époque, le point de référence principal qui rallie les gouvernements Lesage, Johnson, Bertrand, Bourassa et Lévesque autour du développement économique du Québec. La coopération entre les principaux acteurs économiques étatiques a été une préoccupation constante pour chacun d'eux. »

Une telle cohérence agace les promoteurs du néolibéralisme. Ceux-ci dénoncent cette cohésion sociale, tout particulièrement dans le secteur de l'économie et de la finance. Ils dénoncent la présence d'une Caisse de dépôt et placement, dénoncent le statut coopératif du grand Mouvement Desjardins, dénoncent les grandes coopératives agricoles prétendant à des privilèges, particulièrement sur le plan fiscal que leur accorderait l'État provincial, dénoncent le «nationalisme économique».

Pourtant, ce nationalisme économique est naturel. Les Américains n'ont jamais abandonné leur campagne «*Buy American*» ou les Français «Des emplois par vos emplettes», ce qui revient à «L'achat chez nous» québécois ou à son

---

14. Gilles Bourque, *Le modèle québécois de développement,* Presses de l'Université du Québec, 2000, p. 62.

Qualité-Québec. En fait, le nationalisme économique est dénoncé par ceux qui ne sont intéressés qu'à eux-mêmes et non pas à la création d'emplois et de richesses dans leur milieu. Ce qui n'empêchera pas le congrès de l'Association des économistes québécois, en 1992, d'affirmer que le modèle québécois est fait « d'une intervention déterminante de l'État, une concertation des pouvoirs public, privé et coopératif et un certain nationalisme québécois de solidarité ».

Il en va de même quant au Québec Inc., cette concertation entre gens d'affaires. Depuis 40 ans, on n'a pas cessé d'évaluer et de définir le modèle québécois – et en même temps le Québec Inc. Dans les deux cas, malgré la gamme des nuances que chacun peut y apporter, ce modèle repose sur des constantes repérables et fondamentales : sur la mer de la survie, le Québec a besoin d'un bateau amiral qu'est l'État, un capitaine démocrate qui représente efficacement la volonté commune, des passagers solidaires qui contribuent et participent à l'incarnation de cette volonté commune et contribuent au progrès de la nation.

Un enseignement du passé à retenir. Le Québec a bien profité de cette cohésion sociale. Mais, malheureusement, le Québec n'a pas échappé aux souffles de la pensée unique, née de l'accélération de la mondialisation.

L'évolution du Québec Inc.

Comme partout ailleurs dans le monde occidental, les promoteurs de l'accélération de la mondialisation cherchent, à compter des années 1985, à convaincre les Québécois de la nécessité d'abandonner cette passéiste cohésion sociale et d'entrer dans un nouveau monde fondé sur les valeurs de liberté et de responsabilité individuelle. Ils dénoncent la social-démocratie et le coopératisme et les accusent de retarder le développement du Québec. À leur avis, la lutte doit se faire entre entreprises privées appartenant à des individus libres, non seulement du Québec, mais du monde entier. S'ouvre alors la course à la conquête des marchés. Se ramollissent aussi les liens d'appartenance à son pays ou à sa localité. On assiste à de nombreuses acquisitions ou fusions, à des alliances, des partenariats, non pas seulement entre des entreprises d'un même pays ou d'une même région, mais aussi de pays différents et étrangers, la motivation n'étant plus de nature nationaliste ou sociale, mais plutôt économique et financière. La crainte de ces nouvelles concurrences accélère les ventes de moyennes ou petites entreprises, les propriétaires préférant empocher leurs capitaux que de risquer de les perdre! Ce message de la pensée unique se fait entendre sans relâche. Les nouveaux mots d'ordre: moins d'État, moins de réglementation, moins de concertation, moins de solidarité, plus de privé. Ces messages résonnent sur de nombreuses tribunes médiatiques et même dans certaines écoles de gestion. La somme des succès individuels sera désormais garante d'une société riche où chacun et chacune auraient une place et un rôle à jouer! Cette conjoncture nouvelle fait apparaître le modèle québécois et le Québec Inc. comme dépassés. Il faudrait faire appel à un modèle québécois de deuxième génération. Pourtant, l'objectif de la pérennité de l'identité québécoise est toujours présent, mais les moyens d'action sont de nouveau remis en cause. Sous l'effet de cette propagande d'un futur assuré par le développement de cette pensée unique, l'esprit du Québec Inc. perd de sa vigueur. La concertation entre l'État et le privé afin de sauvegarder la propriété québécoise de nos entreprises devient moins spontanée pour ne pas dire inexistante. Selon le professeur Bélanger[15], sauf

---

15. Yves Bélanger, *Québec Inc. l'entreprise québécoise à la croisée des chemins*, Hurtubise/HMH, 1998, 201 p.

quelques exceptions, les gens d'affaires et financiers depuis quelques années ont de moins en moins d'attaches patriotiques. Leur logique serait devenue, dit-il, une loi du marché qui souffre mal les impératifs de nature sociale ou politique. Pour sa part, le magazine *Québec Inc.* souligne, à la une, l'urgence d'agir : nos PME en voie d'être vendues à l'étranger. Dans un article préparé par un de ses journalistes, on peut lire : « Pas une saison ne passe sans que de petites et moyennes entreprises québécoises reconnues ne défraient les manchettes à la suite de leur acquisition par des intérêts étrangers[16]. »

Le peu de souci des entrepreneurs québécois à préparer une relève de chez nous précipiterait, selon cet article, la vente des PME à des intérêts étrangers. Malgré des vents contraires venant de loin, un bon nombre résiste à cette tentative d'inclusion d'une pensée unique et fonde plutôt leur espoir sur ces conditions historiques du modèle québécois. Sur ce plan, les entreprises coopératives, étant juridiquement inaliénables, traversent allègrement cette crise et demeurent des entreprises québécoises. On assiste malheureusement à quelques démutualisations du fait que les entreprises ne sont pas soumises à la sagesse de la loi des coopératives, mais plutôt traitées comme, non pas des mutuelles, mais des compagnies d'assurances.

Dans ce monde globalisé, il est normal que des transactions avec des étrangers se fassent – tant pour acquérir des entreprises que pour en vendre. Les partenaires du Québec Inc. le savaient pertinemment. Là, toutefois, où cet esprit du Québec Inc. est contredit, c'est lorsque toutes ces transactions se font sans que la préoccupation dominante du contrôle de notre économie ne soit prise en compte. Autrement dit, sans qu'une certaine vigilance s'exerce de façon à ce que

---

16. Revue *Québec Inc.*, 2007. www.quebecinc.ca

des entreprises dédiées à des activités stratégiques pour le Québec (par exemple : l'eau, la forêt, les mines, etc.) ne soient vendues sans que l'État ou des institutions québécoises aient fait le maximum pour conserver ces sièges sociaux et leurs employés sur le territoire québécois.

Ce qui ne signifie pas qu'il ne faille pas vendre des entreprises. Même au meilleur temps de Québec Inc. des entreprises étaient vendues à des intérêts étrangers. Personne ne s'en inquiétait. Mais ces ventes se faisaient en toute connaissance de cause et changeaient peu de chose au projet québécois de mieux contrôler son économie. Autrement dit, il importe que ces transactions ne soient pas motivées uniquement par des intérêts d'enrichissement individuel, mais aussi en tenant compte des intérêts politiques, sociaux et écologiques du Québec.

Cette évolution du Québec Inc. fait réfléchir. Ce volet du modèle québécois s'est certes refroidi et a perdu une partie de son âme. Je dis « une partie de son âme » puisqu'il reste, dans le cœur de toutes les populations et de leurs gouvernements, partout dans le monde, le sentiment de l'importance d'un certain « nationalisme économique ». Donc, un monde à changer par la démocratie participative, l'éducation et la cohésion. Ce qui devrait faciliter la découverte d'une alternative.

AUTONOMIE, DÉMOCRATIE ET SOLIDARITÉ

Les coopérateurs aiment à dire que les fondements de la coopérative sont l'autonomie, la démocratie et la solidarité. Ils ont raison. Ces trois fondements sont interdépendants, il ne faut pas l'oublier. Cette « recette » coopérative est telle qu'une recette culinaire. Il est impensable qu'on pourrait apprécier manger séparément les divers ingrédients d'une recette culinaire. Pour bien réussir une recette culinaire, il importe de bien intégrer les différents ingrédients de la recette, selon le dosage prescrit. Il en va de même pour les fondements de la coopérative. Il faut bien intégrer les trois ingrédients de la recette coopérative : l'autonomie, la démocratie et la solidarité. Si les membres des coopératives – et encore davantage leurs dirigeants – ne se préoccupent que d'un seul des ingrédients et ce, suivant les humeurs du temps, ils ne parviendront pas à profiter au maximum des vertus du coopératisme. S'ils invoquent l'autonomie quand ils refusent la décision des membres du réseau dont ils sont membres ; s'ils invoquent la démocratie locale pour refuser une décision de la démocratie nationale ; s'ils invoquent la solidarité lorsqu'ils ont besoin des autres, la coopérative, ça ne fonctionne pas. Elle fonctionne toutefois fort bien lorsque les trois ingrédients s'intègrent dans la mesure d'un dosage égal dans les décisions qu'elle doit prendre quotidiennement. Ainsi, la démocratie, ça marche !

La coopération, c'est être intelligent à plusieurs !

CHAPITRE CINQUIÈME

Le coopératisme, une alternative

Le coopératisme est certes une alternative logique. Contrairement au capitalisme libéral et ses entreprises à capital-actions, le coopératisme et ses entreprises coopératives épousent l'esprit du courant civilisateur, soit cet esprit de coopération et d'équité qui émane des aspirations humaines les plus profondes de liberté, d'égalité et de solidarité, ce dont le monde d'aujourd'hui a grandement besoin. L'espoir d'un monde meilleur se nourrit de ces valeurs. Les coopératives, du moins celles libérées de toute contrainte imposée par des autorités internationales, sont des entreprises démocratiques engagées à agir de façon à ne pas céder au capital le pouvoir de décider des règles d'une entreprise dont leurs membres sont les propriétaires. Ou encore à ne pas céder à la minorité que sont leurs élus l'exercice de ce pouvoir sans tenir compte de la volonté générale des membres. Chacun des membres doit plutôt miser sur le pouvoir de faire connaître sa vision des choses et d'en tirer une conclusion générale, comme nous l'indiquions au chapitre précédent lorsqu'il s'agit de la démocratie dans les communautés civiques.

Il faut, dans les coopératives tout comme dans la société idéale, une démocratie participative et une éducation coopérative afin d'assurer le développement d'une cohésion sociale. Nous disions aussi l'importance de faire en sorte de vivre dans une société et non dans des économies: c'est l'objectif poursuivi par les fondateurs du coopératisme et de leurs successeurs. Nous disions l'importance, non seulement d'assurer la satisfaction des besoins physiologiques, mais aussi des besoins affectifs et d'accomplissement, ce que propose la participation active au coopératisme. Nous disions qu'il fallait créer des garde-fous ou des remparts contre les effets pervers des instincts primaires de l'homme: c'est ce que les fondateurs du coopératisme cherchaient à faire et que les héritiers de ces règles de gouvernance peuvent faire.

L'éducation

Nous disions aussi l'importance de l'éducation citoyenne. Or, les coopératives sont des organisations d'éducation citoyenne. Dans son livre sur l'histoire de l'Alliance coopérative internationale, W. P. Watkins écrit: «On a dit justement que la coopération est un mouvement économique qui se sert de l'éducation. Mais on peut tout aussi bien retourner la proposition et dire que la coopération est un mouvement éducatif qui se sert de l'action économique[1].»

L'éducation et la formation à la coopération des membres, des dirigeants et des employés est un des principes de base de l'organisation et du fonctionnement d'une coopérative. Les coopératives ont tout ce qu'il faut pour contribuer à faire des gens qui vivent vraiment la coopération à devenir de meilleurs citoyens. Paul Lambert, coopérateur français, affirme que «le mouvement coopératif, dès ses origines, aspire à une transformation totale du monde et de l'homme. Ce sont des préoccupations morales qui animent ces initia-

---

1. William Pascoe Watkins, *L'Alliance coopérative internationale, 1895-1970, op. cit.*

teurs ; ils voient tous dans la coopération bien autre chose que la solution d'un problème momentané et partiel ; ils y voient une formule capable de rénover et d'élever les hommes jusqu'à un comportement moral fait de noblesse et de désintéressement[2]. »

Au Québec, le souci de l'éducation coopérative doit être une préoccupation non seulement dans les coopératives naissantes ou de petite taille, mais même dans les plus anciennes et les plus grandes. Par exemple, à la Coop fédérée, ce grand réseau de coopératives agricoles, une direction des affaires coopératives est responsable de l'éducation coopérative des membres et des employés. Il en est de même au Mouvement Desjardins, ce grand réseau de coopératives de services financiers, propriétaire d'un institut coopératif, une école de formation à la coopération. Chez Agropur, sous la responsabilité du Service aux relations avec les sociétaires, l'entreprise accorde également une grande place à la formation coopérative par l'organisation de stages dont le but est de susciter la réflexion sur les mérites de la coopération et sur la nécessité de l'action coopérative. Depuis plusieurs années, le Conseil québécois de la coopération et de la mutualité est une référence en ce qui concerne le développement d'outils de sensibilisation à la coopération et à l'entrepreneuriat collectif destiné aux élèves et enseignants du préscolaire, du primaire et du secondaire. On aura compris que les fédérations s'intéressent non seulement à l'éducation coopérative des dirigeants, aux cadres supérieurs et employés, mais aussi aux membres, dans le soutien apporté aux coopératives locales pour que cette éducation des membres soit faite sur une base permanente. L'assemblée générale des membres est toujours une occasion de rappeler les vertus de la coopération et de la solidarité.

---

2. Paul Lambert, *Doctrine coopérative*, *op. cit.*

L'éducation coopérative est une priorité dans la plupart des fédérations de coopératives ou dans les coopératives elles-mêmes. À défaut de cours formels, la seule participation aux activités d'une coopérative est déjà une école de formation. De là, la responsabilité du conseil d'administration d'une coopérative de favoriser la participation citoyenne aux assemblées générales ou autres activités de l'entreprise. Les membres, en adhérant à la coopérative, s'initient à un statut nouveau, celui du propriétaire-usager d'une personne morale qu'on appelle une coopérative, mais aussi à la mission d'entraide et de solidarité. Ils s'initient aussi aux règles de fonctionnement particulières des coopératives tant sur le plan décisionnel que sur celui du partage des bénéfices. Cette vie coopérative est déjà une école de démocratie participative et de vie coopérative fondée sur les valeurs de liberté (une liberté qui ne nuit pas à celle des autres), sur l'égalité des droits et des chances de chacun des membres, et sur la solidarité. Ils vivent, par leur appartenance à une coopérative, ce que les humanistes, les sociaux-démocrates, les promoteurs d'un projet politique, économique et social souhaitent réaliser. En ce sens, les coopératives, lorsqu'elles jouent pleinement leur rôle, contribuent à former de meilleurs citoyens soucieux du mieux-être commun.

Les coopératives, en tant qu'entreprises, permettent aussi aux membres de s'initier au monde de l'entrepreneuriat, mais un entrepreneuriat à moindre risque puisque collectif et largement partagé. L'assemblée générale des membres exerce les pouvoirs que lui réservent les lois et adopte les règlements généraux qui assurent la bonne gouvernance de l'entreprise. Les coopératives sont administrées par des élus choisis par les membres et gérées par des gestionnaires sous la gouverne du conseil d'administration. Ainsi, des citoyens, ceux parmi les membres qui deviendront administrateurs ou membres de comités du conseil, s'initient à la gestion d'une entreprise. Des exemples ? La première caisse populaire fut fondée par un sténographe officiel au gouvernement du Canada, Alphonse Desjardins. Il s'entoure de quelques citoyens de la ville de Lévis, au Québec, et fonde la première caisse populaire. Voilà déjà quelques citoyens canadiens-français devenus administrateurs d'une institution financière, un poste réservé à l'époque aux anglophones. Au fil des ans, des milliers de citoyens «ordinaires» deviennent «extraordinaires» puisque non conformes au profil généralement reconnu, en s'initiant au monde, non seulement de la coopération, mais aussi à celui des affaires. Jamais le Canada français n'avait connu autant d'administrateurs d'institutions financières francophones, d'entreprises agricoles ou de pêcheries, etc. Des gens devenus représentants des membres et propagandistes de leur coopérative dans leur milieu. Et par surcroît, la plupart du temps, des bénévoles ! En tant que président du Mouvement Desjardins, il m'est arrivé fréquemment de remettre un cadeau-souvenir pour les remercier de leur bénévolat au cours de nombreuses années, cadeau que le récipiendaire acceptait avec une certaine gêne, en me disant : «Pourquoi un cadeau ? J'ai beaucoup appris comme administrateur de la caisse, ce qui m'a beaucoup aidé dans ma vie. J'ai déjà reçu ma récompense !»

Les coopératives sont donc des centres d'éducation permanente aux valeurs civilisatrices et aux pratiques que ces valeurs exigent, du moins pour tous les membres engagés à comprendre la coopération et à la vivre. Elles sont des écoles de formation à l'entrepreneuriat collectif. Elles sont, en soi, des écoles de formation à l'humanisme et à la social-démocratie. Elles forment de bons citoyens, ouverts aux valeurs du courant civilisateur.

Répétons-le : cette éducation doit être permanente puisque les valeurs civilisatrices doivent être rappelées constamment pour contrer les sollicitations du monde moderne à l'éveil du courant primaire. Un défi important pour les coopératives puisque les grands médias, souvent propriété de promoteurs des valeurs du courant primaire, diffusent plutôt des messages contraires. Pourtant, c'est sur le retour du courant civilisateur que se fonde l'espoir de changer le monde.

La démocratie participative

Pour changer le monde, il faut aussi la démocratie participative, disions-nous. Or, c'est précisément ce que proposent les coopératives. Elles ne proposent pas une simple démocratie représentative, consultative ou délibérative. La coopérative se distingue par la démocratie participative, cette forme de démocratie où le pouvoir de décider est partagé entre les membres et leurs mandataires élus. L'assemblée générale des membres d'une coopérative est juridiquement souveraine. Thierry Jeantet[3], dans son livre intitulé *L'économie sociale, une alternative au capitalisme*, écrit: «Une économie qui se dit différente ne l'est que si elle est réellement démocratique.»

À l'occasion de l'élaboration des règlements généraux, les membres réunis en assemblée générale tiennent compte de différents facteurs: le respect des valeurs coopératives et en particulier de la démocratie, le partage des pouvoirs (rôle de l'assemblée générale et des élus, en tenant compte des dispositions des lois). Ils décident de qui relève la planification stratégique de la coopérative, son organisation, le contrôle des opérations et les résultats et autres sujets nécessaires à la bonne marché de la coopérative. Ils se préoccupent aussi de

---

3. Thierry Jeantet est directeur d'un groupement d'intérêt économique européen d'assurances d'économie sociale. Il préside l'association connue sous le nom de Les rencontres du Mont-Blanc, forum international de dirigeants de l'économie sociale.

l'efficacité du processus décisionnel, des avantages d'une inter-coopération, soit les relations avec d'autres coopératives, ou des avantages d'une affiliation à une fédération.

Bien sûr, les processus démocratiques se modifient selon l'évolution du nombre de membres de la coopérative, l'étendue de son territoire, l'évolution de son environnement concurrentiel, ou en fonction de son appartenance à une fédération. Sur ce plan, les grandes coopératives font face à des défis importants. L'objectif doit cependant demeurer le même : la démocratie doit demeurer participative, c'est-à-dire assurer une part de pouvoir décisionnel à tous les membres de la coopérative afin de ne pas les réduire à un rôle de «clients». Dans une petite coopérative naissante, ou des coopératives dont le nombre de membres est réduit, la démocratie directe, celle où toutes les décisions affectant l'ensemble des membres doivent être approuvées par l'assemblée générale, est possible. J'ai été témoin de cette forme de démocratie. Par exemple, dans le cas des coopératives de travailleurs, ou dans des coopératives d'achat ou d'épargne et de crédit à l'intérieur d'un même complexe immobilier ou dans une même usine. Dans ces cas, en fin de journée de travail, il est toujours possible de se retrouver dans le local voisin le plus proche, et de tenir une réunion spéciale afin de prendre certaines décisions urgentes. Mais dès que le nombre de membres augmente, la démocratie directe devient plus difficile pour ne pas dire inefficace, ce qui oblige à une forme de démocratie semi-directe ou à un partage clair des pouvoirs entre l'assemblée générale, les élus et les gestionnaires. L'essentiel est d'assurer que les mécanismes démocratiques mis en place accordent à chacun des membres la possibilité d'intervenir dans les décisions et de faire connaître ses opinions dans les matières qui relèvent de l'assemblée générale. Il est impératif de faire en sorte que le paradigme démocratique fondamental, celui de la reconnaissance de la «volonté générale» soit respecté. En conséquence, puisque les coopératives, en certains secteurs d'activités, prennent de plus en plus d'ampleur, l'innovation doit être à l'ordre du jour.

La cohésion sociale

Pour changer le monde, il faut aussi la cohésion sociale, disions-nous. Il faut favoriser l'intensité des relations entre les membres d'une société ou d'une association de personnes. Le niveau de cette intensité nourrit les synergies du groupe et en rassure les membres quant aux chances de réussite de leur projet commun. Émile Durkheim, un des premiers à se référer à cette notion de cohésion sociale disait:

«Nous sommes ainsi conduits à reconnaître une nouvelle raison qui fait de la division du travail une source de cohésion sociale. Elle ne rend pas seulement les individus solidaires, parce qu'elle limite l'activité de chacun, mais encore parce qu'elle l'augmente. Elle accroît l'unité de l'organisme par cela seul qu'elle en accroît la vie; du moins, à l'état normal, elle ne produit pas un de ces effets sans l'autre[4].»

Cette cohésion sociale suppose des liens sociaux, des liens entre les individus. Et les liens sociaux désignent un désir de vivre ensemble. Or, dans l'historique de cette notion de *lien social,* Pierre Bouvier, dans sa magistrale étude du *Lien social,* attribue à Charles Fourier, un des penseurs de l'associationnisme et de la coopération, le mérite d'être parmi les premiers à démontrer l'importance du lien social dans la perspective originale, à l'époque, «d'exister ensemble[5]».

Les coopératives sont donc des incubateurs de liens sociaux puisque des hommes et des femmes, pour des rai-

---

4. Émile Durkheim, *De la division du travail,* Presses universitaires de France, 1893.
5. Pierre Bouvier, *Le lien social,* Folio Essais, 2005, p. 83.

sons et des projets divers, s'unissent dans la poursuite d'un projet commun, non pas seulement pour le bien individuel, mais pour le bien commun. Je sais, on dira : *les capitalistes aussi s'unissent dans la poursuite d'un projet commun.* Mais les capitalistes visent l'augmentation de la valeur de leurs investissements. Il ne s'agit pas d'un projet social mais de projets individuels. Tandis que les coopératives, l'association de personnes, visent le mieux-être de tous par la réussite collective.

Le lien social est important puisqu'il désigne un désir de vivre ensemble – ce que proposent les coopératives dans leur forme la plus pure. Elles sont donc des agents de changement en vue d'un monde meilleur.

C'est par la multiplication du nombre de vraies coopératives, celles fidèles à la pensée des fondateurs, que, finalement, les valeurs collectives transformeront le courant primaire en un courant civilisateur.

En bref, on peut donc affirmer que le coopératisme s'inscrit dans cette vision d'un système socioéconomique dont les piliers sont les mêmes que les piliers sur lesquels il devient possible de changer le monde.

Corriger les effets négatifs du système dominant

Par surcroît, le coopératisme, par ses règles de gouvernance, peut contribuer à corriger la plupart des effets négatifs du système dominant : ses règles sont des garde-fous protégeant de la cupidité, de l'élargissement des écarts causant les inégalités, des effets pervers des conflits d'intérêts, des effets négatifs de la fragilité de la propriété des entreprises et du développement exogène, des effets négatifs du déséquilibre entre le politique, l'économique, la société civile, et de la montée de l'individualisme.

Combattre la cupidité

Le coopératisme combat la cupidité. Les crises de toute nature (financières, économiques, alimentaires, environnementales, etc.) démontrent les profondes carences du modèle économique dominant à ce sujet. La dernière crise, celle de 2008, dont la cause flagrante est la cupidité spéculative, a suscité l'indignation universelle. Comment ne pas s'indigner de l'arrogance de hauts gestionnaires, déjà millionnaires, sinon milliardaires, qui se sont largement récompensés par des salaires et des primes faramineuses, après avoir «quêté» des milliards de l'État pour sauver leurs institutions financières! Comment ne pas s'indigner lorsqu'il est divulgué, par exemple, qu'en 2009, ce fut, pour les «travailleurs» du centre financier de Wall Street, une année record sur le plan de la rémunération, alors que la population souffrait des effets de la crise provoquée par la cupidité spéculative des grands financiers. La firme Goldman Sachs, cette année-là, a versé des millions de dollars à ses cadres, soit la meilleure rémunération depuis la fondation de cette entreprise en 1869! Pour sa part, le président de la firme, en 2007, a rapporté à la maison une rémunération pour son travail au cours de l'année préparatoire à la crise: la somme de 68 millions[6]! Cet exemple pourrait en accompagner plusieurs autres. Or, les règles de gouvernance du coopératisme peuvent empêcher de tels abus. Dans les coopératives, les règlements généraux, adoptés par la majorité des membres, peuvent réserver à l'assemblée générale des membres l'adoption des politiques de rémunération. Il est donc rare, si la démocratie participative est vivante et si les membres participent nombreux aux assemblées générales, de dilapi-

---

6. Jacob S. Hacker et Paul Pierson, *Winner-Take-All Politics. How Washington Made the Rich Richer – and Turned Its Back on the Middle Class*, Simon & Schuster, p. 1.

der leurs propres biens au profit d'une minorité. Ce garde-fou à des rémunérations exagérées et contraires aux règles de l'équité, les membres des coopératives peuvent l'installer. Dans les entreprises à capital-actions, ce pouvoir des actionnaires de décider des politiques de rémunération n'existe pas. Tout au plus, depuis 2010, à la suite des propositions présentées par le Mouvement d'éducation et de défense des actionnaires[7] à des assemblées générales des banques, les actionnaires de la plupart des grandes banques ont exigé d'être « consultés », à l'occasion des assemblées des actionnaires, sur ces politiques. Ce que les conseils d'administration ont accepté de faire… tout en conservant le pouvoir de décision. De toute façon, on le sait, la décision finale ne sera pas prise par une majorité de votes individuels, mais par ceux d'une minorité de propriétaires d'une portion majoritaire du capital-actions de l'entreprise.

Dans les coopératives, du moins dans celles libres de toutes contraintes des régulateurs, le vote majoritaire des membres réunis en assemblée générale dispose des trop-perçus (des profits). Dans les coopératives, on dit : *trop-perçus* puisque les profits sont l'excédent d'un *juste prix* – c'est-à-dire le coût de production du produit, augmenté d'une marge de profit raisonnable. Autrement dit, s'il y a profit, c'est que la coopérative a trop exigé sur le prix de ses marchandises ou de services à ses membres. La coopérative, après avoir versé aux réserves générales les sommes recommandées par le législateur pour assurer la capitalisation de l'entreprise, retourne alors à ses membres le solde des profits – en proportion de la valeur des opérations faites par chacun des membres au cours de la dernière année. C'est ce qu'on appelle la ristourne. C'est, en somme, l'incarnation

---

7. Mieux connu sous le nom du MEDAC, un mouvement d'éducation et de défense des actionnaires.

de la théorie du «juste prix» dont Charles Gide parlait en son temps. La loi québécoise sur les coopératives confirme d'ailleurs cette règle. (Dans les entreprises à capital-actions, les profits sont plutôt retournés, non pas aux clients mais aux spéculateurs, détenteurs d'actions de l'entreprise.) La coopération, c'est être intelligent à plusieurs. Dans les entreprises à capital-actions, le plus grand détenteur d'actions de l'entreprise hérite du plus grand nombre de votes. L'opinion de la majorité n'a pas de poids : seul le capital dominant la raison. La règle démocratique protège donc les coopératives des effets négatifs de la cupidité puisque les décisions sont prises par la majorité des usagers présents à une assemblée générale de la coopérative. Le coopératisme combat la cupidité alors que l'ultralibéralisme l'encourage.

Combattre les inégalités

Cette lutte à la cupidité combat également les inégalités. Déjà par la règle une personne = un vote, la coopérative reconnaît l'égalité des droits entre les membres de la coopérative. Et dans sa sagesse, le coopératisme reconnaît que le capital possède déjà une force par lui-même et qu'il est injuste de lui accorder par surcroît le pouvoir de voter. Les militants en faveur de l'égalité des droits et des chances sont d'avis que la règle une personne = un vote vaut mieux que la règle une action = un vote. Pour les coopérateurs, le pouvoir de décider ne s'achète pas. Cette phrase : «J'investis chez vous 100 000 dollars si vous me donnez 100 000 votes» viole le droit fondamental de l'égalité des êtres humains. Les coopérateurs préfèrent dire : je vote, donc je suis ou je suis, donc je vote !

Le coopératisme combat aussi les inégalités par ses politiques de partage des bénéfices, tel qu'expliqué au paragraphe précédent et aussi par ses politiques de rémunération des dirigeants et employés, et en particulier ses politiques relatives à l'équité salariale. On le sait, le ratio de 1 à 20 (soit le ratio entre l'échelle salariale du président et la moyenne des salaires de ses employés) est un ratio généralement admis comme raisonnable. Ce faisant, toute augmentation de l'échelle du salaire du plus haut salarié entraîne une augmentation de l'échelle des salaires de tous les employés de l'entreprise. Dans les entreprises capitalistes, depuis le début des années 1980, le ratio d'équité s'est modifié scandaleusement – certaines échelles étant de l'ordre de 1 à 150 et parfois, aux États-Unis, de 1 à 300 !

Bref, le coopératisme combat les inégalités alors que l'ultralibéralisme les tolère et même les encourage. À cet égard, le coopératisme est une alternative valable pour changer le monde.

Combattre les conflits d'intérêts

Le coopératisme peut combattre les conflits d'intérêts alors qu'au contraire, les entreprises capitalistes sont constamment en conflit d'intérêts puisqu'elles doivent faire le choix entre la satisfaction des intérêts des investisseurs, des clients, des gestionnaires et des employés. Les investisseurs exigent de rapides et bons rendements, les clients désirent de bons produits livrés rapidement et à bons prix, les gestionnaires exigent des rémunérations incitatives et les employés demandent des conditions de travail généreuses. Un grand défi : d'autant plus que de nos jours, souvent les investisseurs dans les entreprises – surtout celles inscrites en bourse – ne sont pas nécessairement des entrepreneurs. Un exemple en dira plus long qu'un discours : une famille, passionnée par la qualité de certains cafés, décide de les offrir à la population et les met en marché. Ses membres sont des experts de ces produits. Leur but premier : offrir le meilleur café possible à leurs clients et gagner honorablement leur vie. Un jour, une banque d'investissement ou un groupe d'investisseurs dont le but premier est de faire fructifier leurs capitaux font une offre alléchante aux producteurs ou vendeurs de café. Le prix d'achat sera d'autant plus intéressant si les vendeurs – à qui on demande de demeurer en poste pour une période donnée – atteignent les objectifs des investisseurs – soit un rendement de l'ordre de 30 % ou 40 %. Le conflit d'intérêts est évident : conflit entre l'intérêt des investisseurs et des gestionnaires-vendeurs et l'intérêt du client. Les médias, d'ailleurs, accordent à ces jeux spéculatifs une grande importance puisque tous les jours, ils annoncent, comme indicateurs de la vigueur des marchés, la montée ou la chute de la Bourse, donnant l'impression que le bonheur universel et l'avenir de l'humanité tiennent à ces mouvements oscillatoires de la valeur des actions des entreprises. J'insiste sur cette réalité qui démontre l'importance qu'on accorde à la spéculation, une spéculation déconnectée de l'économie réelle. Une importance exagérée puisque la majorité des citoyens n'ont pas les moyens de « jouer à la Bourse ! » Cette importance qu'on accorde à ce jeu spéculatif contribue à amplifier les conflits d'intérêts des gestionnaires d'entreprises qui doivent, à la fois, satisfaire les investisseurs et satisfaire les clients qui, de toute évidence, ont des intérêts contraires. Dans les coopératives, ces conflits d'intérêts n'existent pas, du moins pas dans celles non soumises à des contraintes les obligeant à des normes de rendement ou de capitalisation hors de leur contrôle. Dans les coopératives, en général, les intérêts des propriétaires se confondent avec les intérêts des acheteurs : le membre est à la fois client et propriétaire. Dans une coopérative de consommation active sur le plan démocratique, l'acheteur est aussi propriétaire de l'entreprise. Dans une coopérative d'habitation, les intérêts du propriétaire se confondent avec les intérêts du locataire (c'est la même personne!) Dans une coopérative de santé, les membres sont aussi propriétaires de la clinique qu'ils ont créée. Dans une coopérative de travailleurs, les employés sont propriétaires de l'entreprise dans laquelle ils travaillent[8].

Le coopératisme peut contribuer à combattre ces pernicieux conflits d'intérêts et ainsi contribuer à changer le monde.

Combattre la fragilité de la propriété des entreprises

La propriété des entreprises à capital-actions, surtout celles inscrites à la Bourse, est fragile et susceptible de changer de main sans préavis, il suffit d'une offre publique d'achat d'actions (OPA) et la propriété change de mains. Comment alors mieux contrôler le développement endogène ou mieux contrôler l'économie de son coin de pays? Le grand nombre d'OPA, amicales ou pas, au cours des dernières années, démontre la nouvelle vulnérabilité de ces entreprises. Or, ce danger n'existe pas dans le cas des coopératives puisque sa propriété n'est pas rattachée au capital-actions. La coopérative, grâce à son caractère d'entreprise inaliénable, s'inscrit dans les «noyaux durs» de l'économie de son milieu et contribue au développement durable. Par ce statut, la coopérative ne craint pas les décisions à long terme. Créé par les gens du milieu, l'horizon de la durée de l'entreprise est illimité. En conséquence, il assure la stabilité des liens étroits avec ses membres et à l'intérieur des coopératives, il assure la permanence des équipes en place. Comme le dit le président d'une mutuelle d'assurance française:

---

8. On trouvera en annexe quelques exemples et commentaires au sujet des coopératives de travailleurs, une des formes de coopérative les plus actives aux premiers temps du coopératisme.

«Lorsqu'il est possible de faire carrière dans la même entreprise, comme c'était le cas autrefois dans la majorité des sociétés, il en résulte une compétence accrue par la connaissance profonde des mécanismes de l'entreprise, la contrepartie à éviter pouvant être un risque de "sclérose". Il est fréquent que des dirigeants de sociétés d'assurance mutuelles assument leur fonction pendant une vingtaine d'années, voire plus, ce qui est assez rare dans les sociétés anonymes[9].»

C'est pour cette raison d'ailleurs que jadis, au Mouvement des caisses Desjardins, l'Institut coopératif Desjardins (cette maison d'éducation) offrait aux gestionnaires un cours sur la culture organisationnelle du Mouvement – y compris son histoire. Cette stabilité et cette «utilité» motivante de la coopérative attachée à son milieu favorisaient l'engagement individuel des employés à l'égard de la coopérative et du milieu. Gestionnaire du Mouvement, j'ai maintes fois reçu des demandes d'emploi de cadres à l'emploi d'entreprises capitalistes, exprimant leur désaffection pour leur entreprise en disant qu'ils s'y sentaient comme des «mercenaires» se vendant au plus offrant. Ils préféraient mettre leurs talents au service d'une entreprise non aliénable, au service de la collectivité, plutôt qu'à l'enrichissement des patrons.

Les coopératives contribuent à la pérennité des entreprises et au contrôle du développement de leur milieu.

Le développement endogène

Le Québec connaît l'importance du développement endogène. Au temps où le Québec se préoccupait concrètement du contrôle de son économie, on ne cessait de parler d'achat

---

9. Alain Tempelaere, *Les Mutuelles d'assurance en France et dans le monde*, Economica, 2001.

chez nous ou plus tard de *Qualité-Québec*. Cet appel à la solidarité a permis au Québec d'être parmi les champions des petites et moyennes entreprises, lesquelles contribuaient et contribuent encore à la création et au maintien des emplois dans les différentes régions du Québec. Mais au moment de l'accélération de la mondialisation, des messages venus de loin ont influencé les façons de penser. Si jadis *small* était *beautiful,* il fallait désormais croire au *bigger is better.* La taille moyenne ou petite des coopératives devenait suspecte et était considérée comme une faiblesse par les promoteurs du système dominant. Pourtant, selon une étude du ministère québécois du Commerce et de l'Industrie, les coopératives, malgré, parfois, leur petite taille, avaient une durée de vie plus longue que les entreprises traditionnelles. Aujourd'hui, malgré la promotion faite des méga entreprises, on constate que les grands ensembles ont aussi leurs défauts. Que si les personnes dites morales que sont les entreprises sont des « citoyennes du monde », le « citoyen du monde », pour sa part, vit et demeure toujours dans un village, une ville et un pays et même plus précisément, à une adresse précise dans un tel rang ou dans une telle rue. Rares sont ceux qui, comme lieu de résidence, indiquent qu'ils vivent sur la planète Terre! Si l'international est intéressant pour l'aventure et le tourisme, le local, le régional et le national sont toujours plus attachants, du moins pour la vie quotidienne et par l'appel naturel à l'attachement à sa patrie.

D'autant plus que le développement endogène revient à la mode. L'ouverture des frontières permet à des industriels ou commerçants de faire de meilleures affaires, mais l'État et la population en général n'en retirent guère de bénéfices. Le résultat concret est le suivant : quelques riches sont devenus plus riches et on compte quelques nouveaux riches. Voilà pour le développement exogène. Pour l'endogène, un peu plus de chômage et un écart grandissant entre les riches et les autres. Or, puisqu'il faut développer le lieu de sa vie quotidienne, le développement endogène s'inscrit à l'ordre du jour, non seulement au Québec, mais aussi ailleurs. En France, en 2012, les discours électoraux portent sur des formes de protectionnisme. Des candidats, et pas les moindres, plaident pour le *Better Buy European (c'est mieux d'acheter européen)*, imitant en cela les États-Unis, ce fervent pays mondialiste qui maintient depuis des années sa politique du *Better Buy American!*

Les coopératives sont fondamentalement rattachées au local : elles sont toujours créées par des gens d'un milieu donné – et la proximité de l'entreprise et de ses membres est un facteur indéniable de son succès et de sa pérennité. Au Québec, les coopératives Desjardins furent créées dans le territoire limité d'une paroisse – ce qui a permis un enracinement très profond. Aujourd'hui, les bienfaits de l'accélération de la mondialisation se faisant attendre, la prise en charge locale est une solution intéressante. Les projets collectifs portés par la population sont garants de l'ancrage territorial des emplois et source aussi d'une certaine cohésion sociale. « Le fait que ces entreprises (coopératives) soit inattaquables de l'extérieur, non assujetties aux délocalisations ou aux OPA[10], intéresse les élus locaux[11] », rapporte Thierry Jeantet.

À l'UNESCO, sans engager l'organisme, l'économiste Nhu Ho publiait, en 1987, une intéressante étude sur le tiersmonde ayant pour titre *Le développement endogène comme alternative (potentialités et obstacles à son déploiement)*. Il concluait ainsi[12] : « Par ailleurs, il est clair que le développe-

---

10. OPA = Offre publique d'actions.
11. Thierry Jeantet, *op. cit.*, p. 49.
12. *Le développement endogène comme alternative – 1987*. Archives de l'UNESCO. Unesc/unesco.org

ment endogène, en tant qu'alternative au modèle dominant, est actuellement la seule réponse globale aux distorsions de toute nature qui portent atteinte à la cohésion sociétale, la réponse non seulement la plus pertinente, mais aussi la plus efficace à la crise actuelle. En effet, l'expérience prouve que lorsqu'une société est engagée dans la voie d'un développement qui répond aux aspirations et aux besoins de la société ainsi qu'à ses valeurs sociales et culturelles, les difficultés économiques, lorsqu'elles surviennent, sont mieux supportées par les populations, qui trouvent plus aisément les ressources nécessaires pour les surmonter. L'opposition ne se situe pas entre réalistes et idéalistes. Elle est entre les tenants d'un discours unificateur et homogénéisant, c'est-à-dire dominateur, et ceux qui prêchent l'enrichissement par la diversité, dans le cadre de relations équitables entre les systèmes sociaux.»

Rétablir l'équilibre entre le pouvoir politique, économique et social

Une des conséquences du système dominant est le déséquilibre entre le pouvoir politique, économique et social qu'illustrait fort bien Hillary Clinton, en 1998, par un discours devant les participants au sommet annuel des grands leaders économiques et politiques de la planète à Davos, en Suisse :

«En cette fin de siècle et le regard porté sur le début du suivant, je pense qu'il nous incombe à tous, quelles que soient notre expérience et nos perspectives propres, de réfléchir aux conditions grâce auxquelles, et l'économie, et les États, et la société civile pourront s'épanouir, et à créer un cadre adéquat à leur articulation. Le tout forme en quelque sorte un tabouret à trois pieds. S'il n'y avait qu'un pied, ou deux pieds, même très solides, toute stabilité serait interdite. Quelle que soit la puissance des économies et des États, rien ne peut tenir sans le dynamisme et la vitalité de la société civile[13]. »

Nous l'avons maintes fois répété, la démocratie vise à empêcher la domination d'une minorité sur la majorité. Les règles de gouvernance du coopératisme créent ces empêchements. Juridiquement, si la vigilance est toujours présente, une minorité de membres ne peut dominer la coopérative. Ni une minorité de dirigeants : les membres réunis en assemblée générale de la coopérative ne confient pas le pouvoir total aux élus ; ils leur confient certaines autorités et certains mandats. Dans les coopératives, comme dans la société, l'équilibre entre le pouvoir politique (le pouvoir des dirigeants élus) le pouvoir économique (le pouvoir des gestionnaires et employés) et le pouvoir de la société civile (les membres réunis en assemblée générale) assure la stabilité. Lorsqu'il y a domination d'un de ces pouvoirs sur les autres, il y a déséquilibre. De là, l'importance de règles de gouvernance qui empêchent ces déséquilibres et une vigilance de la part des membres de la coopérative.

Une alternative souhaitée

Françoise David, fondatrice du parti politique Québec solidaire, dans une publication récente, exprimait sa colère face au monde d'aujourd'hui[14] :

« La démocratie est malade, dit-elle. La majorité des gens s'appauvrit. Le système de santé est gangrené par les privatisations. Nos ressources naturelles et énergétiques sont cédées à des prix dérisoires. Ça suffit ! »

Mais elle conserve un espoir en travaillant au jour le jour « avec des femmes et des hommes généreux, intelligents,

---

13. Hillary Clinton, *Civiliser la démocratie*, Desclée de Brouwer, 1998, p. 25.

14. Françoise David, *De colère et d'espoir*, Écosociété, 2012.

créatifs, pour retricoter, maille à maille, un monde bien amoché ».

Travailler au jour le jour avec des femmes et des hommes généreux, intelligents, créatifs, pour bâtir un monde meilleur, c'est la mission même des vraies coopératives, c'est-à-dire des coopératives libres d'agir selon la volonté générale de leurs membres et dégagées des contraintes imposées par un système qui n'est pas le leur.

Pour les représentants du Forum social mondial, le grand défi, du point de vue d'un projet de société alternative, est d'étendre la démocratie au terrain économique et social – ce que font les coopératives libres[15]. Ils ajoutent :

« Une démocratie sociale signifie que les grands choix économiques, les priorités en matière d'investissements, les orientations fondamentales de la production et de la distribution sont démocratiquement débattues et fixées par la population elle-même, et non par une poignée d'exploiteurs ou de soi-disant "lois du marché". »

L'économie solidaire – soit l'économie coopérative – est l'ensemble des activités contribuant à démocratiser l'économie à partir d'engagements citoyens : services de proximité, finances, commerce équitable, tourisme, monnaies sociales, énergies renouvelables, etc.

Autre exemple, parmi tant d'autres, plus large, celui des « économistes atterrés » d'Europe :

« La doctrine néolibérale, qui repose sur l'hypothèse aujourd'hui indéfendable de l'efficience des marchés financiers, doit être abandonnée. Il faut rouvrir l'espace des politiques possibles et mettre en débat des propositions alternatives et cohérentes, qui brident le pouvoir de la finance et organisent l'harmonisation dans le progrès des systèmes économiques et sociaux européens. Cela suppose la

---

15. Fischer et Pierson, *Un meilleur monde est possible, op. cit.*, p. 287.

mutualisation d'importantes ressources budgétaires, dégagées par le développement d'une fiscalité européenne fortement redistributrice. Il faut dégager les États de l'étreinte des marchés financiers. C'est seulement ainsi que le projet de construction européenne pourra espérer retrouver une légitimité populaire et démocratique qui lui fait aujourd'hui défaut.»

De la même façon, il faut dégager le projet de construction des coopératives de l'étreinte des marchés financiers, des règles d'action qu'on leur impose alors qu'elles ne correspondent pas aux caractéristiques exclusives des coopératives. Les directives internationales et nationales contemporaines ne tiennent nullement compte des caractéristiques exclusives des coopératives. Pourtant, en général, les caractéristiques coopératives ne présentent pas plus de risques aux propriétaires des coopératives qu'aux propriétaires des entreprises à capital-actions. Au contraire! Surtout, lorsqu'il s'agit des coopératives de services financiers. Pourquoi imposer les mêmes règles qu'aux entreprises à capital-actions? Pour qu'elles deviennent elles-mêmes des entreprises de cette pernicieuse pensée unique? Les coopératives, malgré les contraintes, peuvent de toute évidence, à défaut de remplacer le système, humaniser les comportements et ses effets sur ses membres et même sur des populations en général. Libérées des règles que leur impose le système dominant, elles peuvent faire davantage. De là, l'importance d'une grande vigilance des dirigeants et des militants du coopératisme. En conséquence, trois autres défis leur sont imposés: s'inspirer maximalement de la coopération libre et des valeurs qu'elle propose; exiger des législations qui conviennent à leurs spécificités identitaires et demeurer très vigilants afin de contrer les menaces subtiles que les promoteurs d'une pensée économique et financière unique veulent imposer.

CHAPITRE SIXIÈME

La nécessaire vigilance

> *La cruelle vérité, et sans doute la plus difficile à admettre, est qu'actuellement aucun système économique ne fonctionne bien. Allons même plus loin, aucun ne peut être considéré comme pleinement raisonnable, c'est-à-dire viable à long terme.*
>
> EMMANUEL TODD[1]

L'éducation citoyenne, la démocratie participative, la cohésion sociale, les luttes à la cupidité et aux inégalités, la création de «noyaux durs» dans l'économie nationale et l'encouragement au développement endogène sans renoncer au développement international, et le rétablissement de l'équilibre entre le politique, l'économique et le social, voilà les contributions possibles du coopératisme moderne à l'établissement d'un monde meilleur. Tout comme au temps des Équitables Pionniers de Rochdale et tous leurs successeurs, l'objectif demeure d'être un temporisateur des excès du capitalisme et de changer le monde. Mais il ne suffit pas de le dire ou de l'écrire. Il faut agir. Et résister aux tendances instinctives contraires. En ce sens, Emmanuel Todd a raison. À long terme, l'humanité n'a jamais réussi à implanter le système souhaité dans les grandes chartes des droits de l'homme. Les systèmes économiques étant conçus et

---

1. Emmanuel Todd, *L'illusion économique*, Gallimard, 1998.

influencés par des êtres humains à la fois animaux et raisonnables, comment les systèmes pourraient-ils être totalement raisonnables, si d'une génération à l'autre, on ne réussit pas à bâtir sur l'expérience passée et sur des citoyens bien informés de ce passé ? Chose certaine, l'humanité, ces dernières années, a repris avec vigueur la voie du courant primaire dont les effets se font sentir sur les coopératives. Il faut donc exercer une grande vigilance. Il faut qu'ensemble, nous nous donnions les moyens d'assurer quotidiennement, par l'appartenance à un système qui tient compte des faiblesses de l'être humain, une des pratiques garantissant la remontée du courant civilisateur. Ce qui est l'objectif du coopératisme.

Des coopératives libres et non libres

Il faut de la vigilance puisque, de toute évidence, le retour contemporain du courant primaire porte un risque d'effets négatifs sur le développement des coopératives. Selon le secteur d'activités. Les coopératives non soumises à des normes internationales ou à une forme de pensée universelle demeurent des coopératives libres. Elles sont soumises aux règles d'une législation régionale ou locale sur lesquelles elles peuvent agir. En général, dans ces coopératives, la participation citoyenne se maintient. Les membres ont le sentiment d'être des propriétaires indivis de leur entreprise et non simplement des clients. D'autres coopératives, toutefois, à cause de leurs activités, ne se satisfont pas des marchés locaux et sont soumises à des règles sur lesquelles ils n'ont aucun ou peu de contrôle. C'est le cas, par exemple, des grandes coopératives de services financiers ou les grandes coopératives agricoles. Puisqu'il s'agit surtout de coopératives de grande taille, elles font face au défi du maintien intégral de la notion du propriétaire-usager et de la participation citoyenne. Elles font face à des défis de capitalisation. Elles doivent se soumettre aux exigences d'agences de notation peu informées des caractéristiques exclusives des coopératives. En conséquence, la désaffection des membres se fait sentir. L'indifférence des membres et leur sentiment d'impuissance à l'égard du projet coopératif sont palpables. Les membres adhèrent moins à la coopérative pour sa valeur ajoutée, celle de pouvoir participer aux décisions, celle de démocratiser le monde des affaires, celle de contribuer à un meilleur partage de la richesse, celle de changer le monde que de se procurer de bons services ou de bons produits à bon prix. Ayant adhéré à la coopérative grâce au principe de la libre adhésion, en cas d'insatisfaction, ils miseront sur cette même liberté pour en sortir, ignorant leur droit d'expliquer en assemblée générale les raisons de leur insatisfaction et d'apporter une contribution à l'amélioration des services de la coopérative. Il en résulte un sentiment d'impuissance à changer les choses et une indifférence à l'égard du projet collectif.

Or, comment espérer faire la différence dans l'indifférence? Ou dans l'impuissance?

La vigilance s'impose. Elle est nécessaire. Elle doit prendre son énergie dans la conviction de la puissance du coopératisme bien compris et s'incarner dans l'innovation et la fierté. La multiplication du nombre de coopératives locales peut ainsi contribuer à la solution du problème social généralisé de la non-participation citoyenne aux diverses institutions démocratiques créées par le citoyen, pour le citoyen. Car, en effet, un peu partout, de nos jours, la participation citoyenne est à son niveau le plus bas autant lors des élections fédérales, provinciales, municipales ou scolaires. Il en va de même dans les institutions ou organisations: la participation aux assemblées générales de membres est peu nombreuse. En conséquence, les occasions d'éducation

256 ■ L'ÉVOLUTION DU COOPÉRATISME

coopérative (les assemblées générales des membres) se font rares, alors que les grands médias, propriété des tenants de l'ultralibéralisme, font quotidiennement la promotion de la pensée unique et des mérites des valeurs contraires à celles du coopératisme.

Il faut être attentif à cette montée de l'indifférence à la démocratie. Vigilant aussi à cette promotion de la pensée unique, en particulier dans le monde des affaires.

La pensée unique

Il faut faire la lutte à la reconnaissance de la *pensée unique*. Contrairement à «ce bon vieux temps» des rencontres hebdomadaires à l'église paroissiale où étaient rappelés les devoirs de partage et de solidarité du citoyen, désormais de tels temps de réflexion et de rappel des valeurs du courant civilisateur sont rares. La puissance de la communication quotidienne, dominée par une publicité tapageuse des vendeurs de mille promesses de bonheur, sur fond de politique de l'individualisme, tend à influencer le comportement citoyen. Dans le secteur économique et financier, la *pensée unique* fait son chemin. Elle encadre toutes les institutions financières de la même manière, sans distinction, qu'elles soient capitalistes, coopératives, mutuelles ou autres, sans égard à leurs caractéristiques exclusives. Le modèle dominant est celui du *chacun pour soi*. Un modèle qui s'inscrit dans la loi. Une loi qui s'écrit ailleurs, là où se crée la pensée unique. Une loi à laquelle ne contribue guère la volonté citoyenne. Pas étonnant que les citoyens se plaignent de la perte de leurs pouvoirs. Pas étonnant qu'ils se désintéressent des élections ou de leurs assemblées générales. Les choses les plus importantes se décident ailleurs.

Les promoteurs de l'ultralibéralisme se réjouissent de cette soumission du secteur coopératif de la finance aux exigences de la financiarisation mondiale. Ils se plaignaient depuis longtemps des différences coopératives, les dénonçant comme étant contraires aux règles d'une saine concurrence. Ils se réjouissent maintenant de la soumission des coopératives de services financiers aux mêmes règles de capitalisation, de réserves, de liquidité, normes de crédit, de gestion du risque et de conformité que les grandes banques des différents pays. Autant de normes édictées pour et par des « associations de capitaux » et non pas pour des « associations de personnes ». Cette conformité unique oblige les coopératives de services financiers à des adaptations complexes. D'autant plus qu'aujourd'hui, le monde de la finance est construit à l'avantage des mieux nantis plutôt que pour l'ensemble de la population. Pour atteindre les niveaux de rentabilité et de capitalisation exigés par les régulateurs et par les agences de notation, c'est par le volume d'affaires avec les grands déposants ou les grands emprunteurs que les objectifs peuvent être atteints. En conséquence, les emprunts du moins bien nanti se font par carte de crédit dont le taux d'intérêt est plus élevé que celui qu'on exige des grands emprunteurs. Il en va de même pour les frais de services, devenus une source importante de revenus des institutions financières. Le grand épargnant ne paie pas ou peu de frais pour la gestion de son compte d'épargne alors que les petits épargnants doivent en payer. On m'a rapporté plusieurs cas d'épargnants ayant fermé leur compte – leur bas de laine à la maison étant désormais le logement de leurs épargnes, comme aux temps anciens –, puisqu'ils ne pouvaient tolérer que leur banquier gruge leurs petites épargnes mensuellement. Le petit dépôt permanent est moins bien rémunéré que les montants plus importants. Fini le temps (que j'ai connu) où les taux d'intérêt sur les dépôts à terme étaient uniformes – peu importait le montant du dépôt.

Pourtant, le maintien des caractéristiques exclusives des coopératives non seulement mérite mais exige des dispositions législatives particulières. La solidarité des coopératives d'un réseau est une garantie de solvabilité et les réserves impartageables des coopératives valent autant sinon plus que l'accumulation de capitaux d'investisseurs anonymes. Or, cette *pensée unique* prive les coopératives d'afficher et de vivre leurs différences. Tout comme elle prive les nations de leur droit à la différence. Y aura-t-il encore place pour le droit à la différence des peuples tel que le demandait André Burelle dans sa grande conférence sur *Le droit à la différence à l'heure de la globalisation*[2] :

« Y a-t-il encore une place pour l'égalité des chances et les solidarités humaines à l'ère du libre-échange international, ou sommes-nous condamnés au chacun pour soi et à la survie du plus fort économique ? Y a-t-il encore une place pour le droit à la différence des peuples et la sécurité linguistique et culturelle des petites nations face aux forces nivelantes de la globalisation technologique et économique ? »

La résistance aux turbulences

Le coopératisme, au cours de son histoire, a appris à résister aux turbulences. Il a traversé les derniers siècles, les guerres et les crises de toutes sortes, sans proposer de changements à sa doctrine. C'est sans doute pour cette raison qu'en 2009, l'Organisation des Nations Unies décidait de faire de l'année 2012 l'Année internationale des coopératives. L'ONU sait qu'on peut compter sur ces réseaux de citoyens engagés dans des entreprises qui leur appartiennent. Cette proclamation de l'ONU est importante : elle attire l'attention du monde

---

2. André Burelle, *Le droit à la différence à l'heure de la globalisation. Le cas du Québec et du Canada*, Éditions Fides, Les grandes conférences, 1996.

entier sur le coopératisme. Un rappel fort heureux car, malgré l'indignation universelle à l'égard du système dominant, les promoteurs de l'individualisme politique demeurent fort actifs et influents, et font l'éloge de la richesse, alors que les coopérateurs, malgré le tintamarre du message contraire, cherchent à faire l'éloge de la démocratie et de la solidarité, et d'un partage plus juste et plus équitable de la richesse. D'une part, on sonne le rappel d'un projet individualiste alors que des collectivités souffrent, et d'autre part des efforts sont faits pour le rappel d'un projet collectif qu'est le coopératisme et dont la mission est le mieux-être des collectivités. Il est heureux que l'ONU rappelle au monde entier que des choix différents existent.

Je continue à croire que le terreau est fertile à la pensée coopérative. Mais cette pensée fleurira à la condition de l'ensoleiller et non de la cacher comme s'il y avait gêne à affronter l'arrogance de la pensée individualiste. Il faut cultiver cette pensée, en démontrer la beauté et la faire éclore. En montrer les mérites afin de combattre l'indifférence populaire et la monopolisation par les grands médias d'un message contraire. Le coopératisme est toujours très vivant et toujours porteur des mêmes valeurs. Des valeurs à protéger qui exigent et exigeront une grande vigilance et beaucoup d'actions. Des actions concrètes pour apaiser certaines inquiétudes et menaces.

Les inquiétudes et les menaces

1. La formation des administrateurs et gestionnaires des coopératives

À l'intérieur des réseaux coopératifs, la vigilance s'impose à l'égard de l'éducation des gestionnaires et des consultants pour ce qui concerne les caractéristiques exclusives des coopératives. Les dirigeants des coopératives ne sont pas à l'abri de la pensée convaincante de dirigeants ou de gestionnaires devenus cadres de coopératives et instruits aux écoles de gestion dédiées quasi totalement à l'enseignement du néolibéralisme dans les universités ou écoles de gestion étrangères, et particulièrement les universités américaines. Ces gestionnaires instruits à la *pensée unique,* introduisent de bonne foi dans la gestion des coopératives des «comment faire» déconnectés du «pourquoi» des coopératives. Désireux d'augmenter les performances financières de la coopérative, ce qui est souhaitable, pourquoi hésiteraient-ils à proposer des virages conformes à leurs connaissances et expériences? Ils sont des experts du *comment* produire de la richesse, et non du *pourquoi il faut créer de la richesse et comment il faut la partager.* Or, ces virages, s'ils peuvent réussir sur le plan financier, provoquent parfois des déviations de la coopérative de sa route du courant civilisateur au point de «prendre le champ» du courant primaire.

De plus, le coopératisme n'est pas à l'abri de l'approbation de plans d'action contraires aux principes coopératifs fondamentaux par des conseils d'administration de coopératives séduits par des consultants aguerris à la théorie de la lutte pour la vie, et ce, au nom d'une prétendue modernité.

Cette éducation coopérative, comme nous l'avons vu plus avant, est présente dans de grandes coopératives. On y enseigne les valeurs de la coopération ainsi que la culture organisationnelle de l'entreprise. Cette éducation se doit d'être permanente. Certaines universités d'ailleurs – l'Université du Québec à Montréal, en particulier, et l'Institut de recherche en coopération de l'Université de Sherbrooke –, offrent des cours de haut niveau afin de former des cadres d'entreprises coopératives. Il importe d'être vigilant et de faire en sorte d'encourager cette formation non seulement de gestionnaires coopératifs mais d'administrateurs de coopératives et de mutuelles certifiés.

2. Le pouvoir de l'État et du législateur

Ce qui fait naître une autre inquiétude, c'est le rôle du pouvoir de l'État et du pouvoir législatif. En effet, au temps les plus anciens, soit au début du XXᵉ siècle au Québec, «les syndicats coopératifs», tels qu'ils étaient nommés, étaient pratiquement entièrement libres et pouvaient compter sur une loi qui accordait une large marge de manœuvre aux dirigeants des coopératives. Au fil du temps, les gouvernements sont intervenus et ont adopté des lois générales pour les coopératives, les mutuelles et autres associations à but non lucratif sous contrôle démocratique. Or, les gouvernements sont plus influencés par les courants dominants – surtout lorsqu'il s'agit de la finance et du commerce. Donc, il y a risque que les gouvernements, partisans de la politique individualiste, n'aient pas le réflexe de considérer les différences exclusives des entreprises coopératives. Combien de fois, dans ma carrière, j'ai eu à intervenir auprès des autorités réglementaires ou du législateur pour leur rappeler que certains amendements proposés aux lois contredisaient les fondements du coopératisme ou imposaient aux coopératives des charges non justifiées à cause de la nature même des réseaux coopératifs. Un exemple éloquent de cette menace est celui de la première émission de titres de parts permanentes des caisses populaires Desjardins. Les autorités réglementaires exigeaient la production d'un prospectus par chacune des 1300 caisses du temps puisque chacune des caisses est une entité juridique autonome! Alors que les banquiers – nos concurrents – n'étaient soumis qu'à l'obligation de faire un seul prospectus, les succursales n'étant pas des entités juridiques autonomes. On exigeait 13 000 prospectus et un seul des banques! Heureusement, un compromis fut imaginé, mais à la suite de longs et laborieux débats.

Autre exemple, plus inquiétant. En 2011, le gouvernement fédéral canadien, dans un *bill omnibus* contenant des centaines d'articles, a introduit quelques amendements à la *Loi sur les banques* par lesquels les caractéristiques exclusives des coopératives, telles qu'établies par l'Alliance coopérative internationale, sont bafouées. Une opinion rendue publique par le bureau de Toronto d'une firme reconnue d'avocats résume ainsi les amendements proposés :

« Les coopératives de crédit et les caisses populaires voudront considérer les éléments suivants avant de décider si elles souhaitent être constituées ou prorogées en tant que coopératives de crédit fédérales :

- la capacité d'exercer leurs activités dans tout le Canada sous la supervision d'un seul organisme de réglementation, le Bureau du surintendant des institutions financières (Canada) (BSIF) ;
- la capacité de se fusionner avec d'autres coopératives dans divers territoires (dans l'hypothèse où elles ont été prorogées en tant que coopératives de crédit fédérales) ;
- la possibilité d'émettre des actions autres que des parts sociales, ce qui leur fournira des occasions d'investissements stratégiques, lesquelles pourraient comprendre le droit d'élire un nombre limité d'administrateurs ;
- les coopératives de crédit fédérales seraient assujetties aux mêmes règles que d'autres banques en ce qui a trait aux investissements autorisés, aux opérations avec apparentés, aux activités commerciales et pouvoirs (y compris les pouvoirs relatifs aux prêts commerciaux) et à la gouvernance d'entreprise ;
- les coopératives de crédit fédérales seraient assujetties aux mêmes restrictions qui sont applicables aux autres banques en ce qui a trait à la distribution d'assurances et au crédit-bail sur automobiles ;

– les coopératives de crédit fédérales seraient assujetties au même régime d'assurance-dépôts que celui qui s'applique aux autres banques[3]. »

On apprend, dans ce bulletin, qu'une coopérative de crédit fédérale pourra financer ses activités en émettant des actions à ses membres et à des non-membres, sous réserve de ses règlements administratifs. Si un membre peut être propriétaire de 100 % d'une catégorie d'actions (autres que des parts sociales), il ne pourra pas de fait ou droit en prendre le contrôle. Ces actions pourront toutefois conférer à leur détenteur le droit d'élire tout au plus 20 % des administrateurs de la coopérative.

En bref : ce qu'on appellera des coopératives de crédit fédérales ne seront tout simplement pas des… coopératives, mais des banques d'une catégorie particulière reconnues par la *Loi sur les banques* du Canada.

Le monde coopératif, malgré sa modernité, et malgré les influences de la *pensée unique* née de la globalisation de la finance et de l'économie, ne peut tolérer que les caractéristiques exclusives des coopératives et des mutuelles soient à la merci de législateurs dont les objectifs sont la reconnaissance éventuelle d'une pensée unique pour les affaires commerciales et financières. Ces principes ne peuvent qu'être réfléchis, examinés, et adoptés par les membres des coopératives eux-mêmes. Il est souhaitable que les législateurs, dans tous les replis de la planète, en viennent à établir des règles qui correspondent à la vraie nature des coopératives, c'est-à-dire aux principes et caractéristiques exclusifs des coopératives et des mutuelles, tels que définis par les fondateurs du coopératisme et perpétués par leurs successeurs, de siècle en siècle. Puisque l'ONU encourage,

---

3. Voir www.fasken.com/fr/publications/Detail.aspx?publication =5302

par sa résolution proclamant 2012 l'Année internationale des coopératives, les gouvernements à promouvoir la formation de coopératives, comment ceux-ci peuvent-ils, par leurs propres lois – surtout le canadien – autoriser les coopératives à émettre des titres de capitalisation qui comportent le droit d'élire des administrateurs de la coopérative, même s'il ne s'agit que d'une minorité d'administrateurs ? Il faut, au contraire, que les législateurs, surveillés par le mouvement coopératif, prennent l'engagement d'assurer l'orthodoxie des caractéristiques exclusives des coopératives et en assurer la pérennité. On ne peut permettre que des quasi-banques prennent le titre de coopératives alors qu'elles n'en sont pas.

3. L'orthodoxie coopérative

Après une expérience d'une soixantaine d'années dans le monde coopératif, j'affirme que cette exigence est de plus en plus d'actualité dans le monde globalisé. Parmi les principes coopératifs, certains constituent l'ADN des coopératives. Ces principes sont immuables : on ne peut les exclure, ni les amender, ni tenter des accommodements sans risquer de perdre le statut de coopérative. Ce sont les principes suivants : le principe du membre usager ; le contrôle démocratique ; le partage des excédents provenant des opérations de la coopérative en proportion des opérations de chacun des membres avec la coopérative ; l'intérêt limité sur le capital ; l'impartageabilité des réserves (une disposition particulière inscrite dans les lois coopératives du Québec mais de moins en moins reconnue sur le plan mondial) ; et finalement l'inaliénabilité de la coopérative.

Pour ma part, maintes fois contraint d'expliquer succinctement les différences entre les banques et les coopératives de services financiers, je m'en remettais aux quatre *P*: la propriété, la participation, le partage et le patrimoine. En fait, ces quatre *P* contribuent à établir les différences exclusives entre les coopératives et les sociétés par action :

La propriété : les membres sont propriétaires indivis de la personne morale qu'est la coopérative. Les membres en sont les usagers. La loi est claire à ce sujet :

« L'adhésion d'un membre à la coopérative est subordonnée à l'utilisation réelle par le membre lui-même des services offerts ou culturels communs et qui, en vue de les satisfaire, s'associent pour exploiter une entreprise conformément aux règles d'action coopérative[4]. »

Dans les sociétés par actions, l'actionnaire n'a pas l'obligation d'être client de l'entreprise dans laquelle il investit. Une différence importante. Le membre est usager de sa coopérative.

La participation : l'usager est membre. Donc, il a le droit de participer aux assemblées générales des membres. Dans les entreprises capitalistes, l'actionnaire n'est pas nécessairement client. Et seuls les actionnaires participent aux assemblées de l'entreprise. L'individu qui détient la majorité des actions émises par l'entreprise détient 100 % des votes. Dans une coopérative, les membres n'ont qu'un vote, peu importe le montant du capital investi. Ce qui exclut le vote par procuration. (Même le mari ne peut voter deux fois, profitant d'une procuration de son épouse.) Le membre peut aussi accéder aux fonctions.

Le partage : dans les coopératives, l'intérêt sur le capital est limité et le taux de cet intérêt est décidé par les membres réunis en assemblée générale. Dans les sociétés par actions, les profits sont versés aux actionnaires (totalement ou en partie) en proportion du capital investi par chacun d'eux ou du nombre d'actions de l'entreprise qu'ils détiennent. Le montant des dividendes est décrété par les membres du

---

4. L.R.Q. Chapitre C-67.2.

conseil d'administration. Dans les coopératives, les surplus provenant des opérations sont, en partie, versés aux réserves générales, ce qui constitue la capitalisation de l'entreprise, et en partie, sous forme de ristournes aux membres en proportion des activités faites par les membres avec la coopérative.

Le patrimoine : les coopératives sont inaliénables. Étant donné qu'elle est une association de personnes, aucun investisseur ou acheteur ne peut acquérir le contrôle de l'entreprise. Les coopératives ne peuvent faire l'objet d'une OPA (une offre publique d'actions). On peut acquérir le contrôle d'une société par actions en acquérant un nombre majoritaire d'actions de l'entreprise.

Ces 4 P, à mon avis, font la force de la coopérative et la distinguent clairement des autres formes d'entreprises. Cette définition de la propriété coopérative ne peut être modifiée sans risque de perdre le statut de coopérative. Par exemple, introduire une notion de vote autrement qu'un vote individuel démocratique, ne serait-ce que partiellement, est contraire aux règles du contrôle démocratique. On ne peut tolérer, quelles qu'en soient les raisons, des exceptions à cette règle fondamentale. Dans les coopératives, la démocratie s'exerce par les membres agissant individuellement. Il s'agit fondamentalement d'une association de personnes et non de capitaux. Il importe aussi d'insister pour que tous les membres aient droit de vote : comment expliquer que certains usagers de la coopérative auraient droit de vote et d'autres pas ? Permettre ces nuances, c'est limiter le nombre de personnes qui participent aux décisions, ou encore le nombre de membres qui se partagent les surplus d'opération – et si les réserves sont partageables, qu'en est-il du nombre de personnes ayant droit aux surplus d'actifs ? Autant de nuances qui contredisent les principes fondamentaux du coopératisme.

Autre exemple, celui de l'impartageabilité des réserves. À ce sujet, la plus grande vigilance s'impose puisque, par le partage entre les membres de ces réserves, chacun peut s'enrichir individuellement et profiter des réserves accumulées depuis la fondation de la coopérative par des générations de coopérateurs ou de mutualistes. Cette perspective d'enrichissement individuel éveille les instincts du courant primaire. Pas étonnant, puisqu'il s'agit d'argent : la cupidité est à fleur de peau ! Ce vieux principe de l'impartageabilité fut établi par les Pionniers de Rochdale. Ils étaient logiques ces bons ouvriers : pas très riches, incapables de capitaliser leur projet par des mises de fonds substantielles, ils ont inventé la capitalisation progressive par le renoncement à une partie des excédents annuels des opérations de la coopérative à un fonds de réserve. Géniale trouvaille ! Mais une bonne capitalisation se veut permanente. Dans les entreprises à capital-actions, la permanence du capital (investi par les mieux nantis) est assurée par le fait qu'il n'est pas obligatoirement rachetable par l'entreprise ni remboursable au moment de la démission d'un actionnaire. L'actionnaire peut toutefois vendre ou transférer ses actions de l'entreprise à un autre individu, moyennant une bonne et valable considération. Ainsi, les actions se transigent, non pas entre l'actionnaire et l'entreprise (ce qui permet à l'entreprise de compter sur une capitalisation stable) mais entre individus. Les actions des entreprises capitalistes peuvent donc compter sur un marché secondaire. Les actions changent de main sans diminuer la capitalisation de l'entreprise.

Dans les coopératives, se dirent les Pionniers, comment rendre les réserves permanentes ? Tout simplement en les rendant non partageables entre les membres en cas de liquidation ou sur décision de l'assemblée générale. En somme, une partie des excédents, déterminée par les membres réunis en assemblée générale, est versée annuellement, si les résultats financiers le permettent, à une réserve appartenant exclusivement à la coopérative en tant que personne morale (une fiction juridique, laquelle accorde une personnalité juridique aux corporations). Donc, pas de partage d'une part de ces réserves en faveur d'un membre démissionnaire. Même pas les montants des excédents qu'il aurait empochés n'eut été cette obligation de constituer une réserve pour permettre à sa coopérative de se développer et d'assurer sa pérennité. Alors, dans leur logique, les Pionniers ont décrété que ces réserves seraient également impartageables au moment de la dissolution ou liquidation de la coopérative. Ils se disaient: si les réserves ne sont pas partageables au moment de la démission d'un membre pendant l'existence de la coopérative, pourquoi le deviendraient-elles au moment de la démission de l'ensemble des derniers membres de la coopérative, eux qui n'ont pas contribué, pendant des années, à constituer ce patrimoine. Solution? Puisqu'il s'agissait d'assurer la pérennité de la coopérative, pourquoi ne pas aider à la pérennité du mouvement coopératif, ce mouvement qui aura toujours besoin de capitalisation, et verser les soldes d'actifs au moment d'une liquidation ou d'une dissolution à une autre coopérative, ou à une fédération, ou à autre organisme coopératif? Ce qui fut fait. En effet, les statuts originaux des Pionniers de Rochdale prévoient l'impartageabilité des réserves de leur coopérative. Et cette exigence, fondamentale au coopératisme et à la mutualité, n'est pas reconnue par la législation de la plupart des pays. Elle l'est toutefois pour les coopératives au Québec et pour les mutuelles, en France.

Au Québec, le législateur a fait le même raisonnement: les lois coopératives rendent impartageables les soldes d'actifs au moment de la liquidation d'une coopérative[5]. Quant aux mutuelles, œuvrant majoritairement dans le secteur de l'assurance, elles sont régies non pas par les lois coopératives

---

5. L.R.Q., chapitre 67.2.

mais par la *Loi sur les assurances*. Or, dans cette loi, aucune disposition légale ne vient trancher la question. Lorsqu'il s'est agi de démutualiser des mutuelles d'assurance, on s'en est remis à des lois privées, lesquelles ont permis le partage des soldes d'actifs entre «les membres survivants». Je ne sais pas en vertu de quel raisonnement on en est venu à la conclusion que les derniers survivants comme membres étaient légalement ou légitimement autorisés à hériter de ce que les anciens membres avaient accumulé en renonçant, eux, à une partie des ristournes auxquelles ils auraient eu droit. On pourrait penser que les gouvernements, plus à droite qu'à gauche, se sont laissé convaincre que les réserves partagées deviendraient le capital individualisé d'une compagnie à capital-actions, promettant une meilleure profitabilité pour les membres individuellement et pour l'entreprise elle-même, un argument sympathique aux promoteurs du capitalisme libéral. Mais jamais, en cas de liquidation d'une mutuelle, le gouvernement n'a ordonné aux récipiendaires d'une part des réserves d'investir dans une entreprise capitaliste à être créée. Il faut croire que le courant primaire et la cupidité qu'il entretient est plus fort que la raison. Comment justifier que les derniers membres d'une coopérative ou d'une mutuelle puissent avoir le droit de s'approprier ce que les milliers, sinon des millions, de membres depuis des décennies ont accumulé? Certes pas dans le but de léguer ces fonds aux futurs membres qui liquideront leur coopérative, mais pour en assurer la pérennité, sinon de leur coopérative, du moins du mouvement qu'ils ont créé.

Les lois françaises empêchent également les démutualisations pour éviter un partage injuste qui permettrait aux derniers mutualistes ayant conservé un droit de vote de se partager des milliards d'euros versés aux réserves depuis la fondation de la mutuelle. Elles prévoient qu'en cas de dissolution ou liquidation d'une mutuelle, l'excédent de l'actif net sur le passif est dévolu, par décision de l'assemblée générale, soit à d'autres sociétés d'assurance mutuelles, soit à des associations reconnues d'utilité publique[6].

Au Canada, les lois coopératives et les mutuelles sous juridiction fédérale ne font aucune mention de cette règle de l'impartageabilité des réserves. Au contraire, le gouvernement conservateur, en 2012, a plutôt favorisé des politiques permettant le partage des réserves à l'occasion d'une démutualisation ou d'une liquidation d'une coopérative.

Une recherche plus approfondie permettrait probablement d'identifier d'autres législations ou politiques à ce propos. Ce qui importe, c'est de savoir que des législateurs n'hésitent pas à confirmer l'impartageabilité entre les membres d'une coopérative ou d'une mutuelle, en cas de liquidation et que d'autres font le contraire. De telles dispositions légales, dans les pays où les règles de droit sont inspirées à la fois du vieux droit anglais (dont une des bases est le principe de «l'*equity*») et du vieux droit français, dont une des bases est le principe de la justice, les tribunaux voient d'un mauvais œil toute forme de ce qu'on appelle en droit l'enrichissement sans cause, tout particulièrement lorsqu'il s'agit du partage d'un «fonds dont on ne peut déterminer le niveau de l'apport de chacun de ceux qui y ont contribué et encore moins le lot que chacun devrait recevoir en cas de liquidation». Les tribunaux n'apprécient guère qu'une ou plusieurs personnes profitent d'un enrichissement auquel elles n'ont pas contribué par leur travail ou leurs investissements. Il est plausible de penser que cette règle de l'enrichissement sans cause ait influencé les législateurs dans la rédaction des articles de loi refusant aux seuls membres encore actifs au

---

6. Voir à ce sujet: Alain Tempelaere, *Les mutuelles d'assurance en France et dans le monde,* Economica, 2001.

moment de la liquidation de s'approprier le solde de l'actif constitué historiquement par les fondateurs et anciens membres de la coopérative et auquel les membres actifs et présents au moment de la liquidation n'ont pas ou peu contribué. On parle alors de fonds indivis. Or, l'indivision est un concept juridique lié à la notion de propriété. Un bien est dit indivis lorsqu'il appartient à un ensemble de personnes sans que l'on puisse le répartir en lots entre elles, ni qu'elles puissent en vendre leurs parts. Le dictionnaire du droit privé français, au sujet de la liquidation de sociétés écrit :

«Il est question de liquidation chaque fois que des biens ont été mis en commun et que, suite à un accord entre les personnes propriétaires d'un patrimoine en indivision pour y mettre un terme, il est alors procédé à la liquidité de l'indivision. Le patrimoine resté jusque-là en commun est alors partagé entre tous ceux qui sont ou ont été dans l'indivision (anciens ci-indivisaires) au partage de leurs droits respectifs.»

De toute évidence, le solde de l'actif des sociétés coopératives ou mutuelles est un fonds indivis pour les raisons mentionnées plus avant. Au moment de la liquidation, le liquidateur est incapable de déterminer la part à laquelle ont contribué les membres actuels et les anciens membres de la coopérative. Il n'existe pas de comptes individualisés des sommes versées à la réserve par les membres depuis le moment de la fondation de la coopérative ou de la mutuelle jusqu'à la date de la liquidation.

En conséquence, ces fonds n'appartiennent pas aux membres. Ils appartiennent exclusivement à l'entreprise et aucun membre ne peut légalement prétendre en mériter une part. Et aucun ne peut prétendre avoir l'accord des autres membres, présents ou anciens, pour procéder à ce partage. Comment, en effet, établir la valeur de ce lot par individu en remontant jusqu'à la date de la fondation de l'entreprise ? Comment obtenir l'accord de tous ceux qui ont renoncé, par vote démocratique en assemblée générale, à une hypothétique ristourne ? Manifestement, même si la transformation en fonds divisibles était possible, l'accord de ceux qui sont et qui ont été dans l'indivision (les anciens co-indivisaires) est impossible à obtenir. Et même si on obtenait ces accords, comment les transformer légalement en un fonds partageable et divisible ? Aucune disposition légale ne permet une telle transformation. Ce qui explique sans doute que dans plusieurs cas de démutualisation, l'intervention de l'État s'est imposée et que ce sont des lois privées qui ont permis un certain partage du solde de l'actif et de créer une certaine injustice, soit un enrichissement sans cause et sans raison en faveur de quelques individus.

Le Mouvement coopératif doit exercer une grande vigilance à l'égard des législateurs. Il faut des lois claires qui manifestent un appui aux différences coopératives ou mutualistes. Être vigilant et résister aux forces du courant ultra-libéral qui rêve du triomphe du néolibéralisme et qui propose la reconnaissance universelle de cette pensée unique dans la gouvernance des entreprises commerciales ou financières, malgré l'indignation universelle et les dénonciations fusant de partout.

Là où la loi est silencieuse sur la question du partage du solde de l'actif d'une coopérative ou d'une mutuelle, il y a lieu de se référer aux pistes suivantes : les différences fondamentales entre les sociétés par actions et les sociétés mutualistes ou coopératives, souvent ignorées ou inconnues des législateurs ; l'existence de lois reconnaissant ces différences, particulièrement les lois françaises et québécoises ; l'importance d'une économie plurielle ; et les références aux règles de l'indivision. Ces différences sont réelles et doivent être connues, diffusées, soutenues et encouragées.

Souvent, on entend dire que les coopératives et les mutuelles doivent s'adapter à l'évolution des technologies. J'en conviens.

Mais s'il s'agit de mettre la technologie au service du courant primaire et d'un capitalisme libéral, je ne suis pas d'accord. Il y a une différence entre les caractéristiques exclusives et essentielles d'une coopérative (la finalité) et les moyens de dispenser les services requis par les membres. On ne peut adapter les valeurs fondamentales du courant civilisateur aux valeurs du courant primaire. Malheureusement, trop souvent, des administrateurs d'entreprises coopératives lorgnent du côté des concurrents, non pas pour mesurer les différences fondamentales et positives de la coopérative et en faire la promotion, mais pour imiter le concurrent capitaliste, face à ses succès financiers. Ce qu'on oublie, c'est que l'entreprise capitaliste vise justement à ne faire que des profits – non pas au bénéfice des clients mais au profit des actionnaires. Tandis que la coopérative, davantage préoccupée par un partage équitable entre tous les membres de la coopérative, ne cherche pas uniquement la croissance raisonnable de l'avoir mais également le développement de l'être. C'est par ces différences que le coopératisme peut exercer une influence bénéfique sur le système dominant. Sa présence active contribue à ramener les sociétés à des pratiques plus conformes au courant civilisateur. Non, il ne s'agit pas d'instaurer une «économie coopérative». Le capitalisme, ce vieux système peut survivre, malgré les opinions de grands économistes à l'effet que le capitalisme se meurt, à la condition qu'il se donne un visage humain. La «pensée unique libérale» est une utopie irréalisable, tout comme la pensée collectiviste unique. Une économie plurielle où les trois composantes jouent pleinement leur rôle est toutefois réaliste. D'autant plus qu'aujourd'hui, le coopératisme et la mutualité sont présents très activement sur le plan international. Non pas pour devenir des multinationales, mais pour donner l'exemple d'un développement endogène, plus humain et plus soucieux du développement durable, profitable aux gens des autres pays.

CHAPITRE SEPTIÈME

L'avenir du coopératisme

La fidélité à la pensée d'origine et son évolution vers la pensée plus générale d'une économie sociale et solidaire est de bon augure. Les occasions qu'offrent les moyens de communication du monde moderne, sa présence internationale, la pertinence de ses valeurs face aux défis contemporains, la nécessité du développement endogène, l'identité et la connaissance du mouvement coopératif et, de plus en plus, d'une façon générale, d'une économie sociale et solidaire en certains secteurs de l'activité humaine, voilà autant de composantes d'un avenir prometteur pour les coopératives, les mutuelles et autres organismes sous contrôle démocratique. À la condition, bien entendu, de développer et d'assurer la permanence de l'éducation aux valeurs civilisatrices et à la démocratie participative de façon que chacun et chacune des acteurs de cette économie soit un véritable agent de changement. À la condition aussi de démocratiser la démocratie. Chacun doit défendre et vivre la liberté, celle qui permet à la volonté générale des citoyens de s'imposer. « La démocratie politique fait place à d'autres régimes quand ses citoyens n'ont plus le sens de la liberté ni le désir de la défendre. Et la coopérative, organisation volontaire, disparaît quand les hommes qui la composent ont perdu le sens de l'association[1].»

Cette fidélité à la pensée associationniste et collectiviste, telle que définie à l'origine, a permis aux coopératives de traverser les siècles. L'essentiel de cette pensée est toujours d'actualité. Bien sûr, comme nous le disions en introduction, dans certains secteurs d'activités, la *pensée unique*, celle d'un ultralibéralisme accompagnant la mondialisation, a limité la liberté d'agir des coopératives de certains secteurs, tels que services financiers, ou des coopératives agricoles déjà engagées sur les marchés internationaux et soumises à la volonté d'une partie de la population de profiter au maximum des retombées de l'industrie de la spéculation et de l'endettement. Mais même là, certaines réalisations démontrent qu'une finance solidaire et innovante est encore possible[2].

Heureusement, tous les secteurs d'activités ne sont pas soumis à cette *pensée unique* tolérée par les législateurs. Les coopératives de ces secteurs peuvent plus aisément demeurer fidèles à l'esprit coopératif. Cette fidélité est rassurante. De plus, récemment, on assiste à la création de réseaux d'entreprises de l'économie sociale, porteurs des valeurs du courant civilisateur. Une mouvance appuyée par une cohorte de chercheurs universitaires plus nombreuse afin d'encourager l'essentielle éducation coopérative. Il existe maintenant un important réseau d'universités dans les Amériques offrant des études sur les coopératives et les associations. Il compte vingt-deux universités membres provenant de quinze pays des Amériques. L'objectif général du réseau est d'établir un lien interactif entre les universités et les mouvements coopératifs des Amériques afin de contri-

---

1. Marcel Brot, *Le coopérateur et la démocratie coopérative*, texte publié par la Fédération des coopératives de consommation en 1951.
2. Jean-Paul Vigier, *Une finance solidaire et innovante*, Médiaspaul, 2009, 146 p.

buer au développement du coopératisme[3]. Ajoutons à cela les multiples conférences, colloques, séminaires, congrès, débats, et publications[4] traitant de l'alternative de l'économie sociale qui consolident l'espoir d'un avenir prometteur pour l'ensemble de l'économie sociale.

Le coopératisme dans le monde

Depuis l'échec du communisme et du socialisme d'État, les coopératives sont maintenant présentes sur tous les continents. L'Alliance coopérative internationale demeure active et profite des nouveaux moyens de communication pour établir des liens avec ses membres. Son siège social est à Genève, mais elle est aussi présente dans d'autres villes d'Europe, en Asie, en Amérique et en Afrique. Elle compte trois comités thématiques : les ressources humaines, l'égalité des sexes, et les communications. Elle est multisectorielle, ayant dans ses rangs des organisations agricoles, bancaires, de consommation, de pêche, de services de santé, d'habitation, d'assurances et de travailleurs.

La résolution de l'Organisation des Nations Unies, adoptée en 2009, proclamant 2012 l'Année internationale des coopératives, est un événement majeur dans l'histoire des coopératives. Le thème de cette année, « *Les coopératives, des entreprises pour un monde meilleur* », est très positif. Cette reconnaissance internationale a renouvelé la confiance en l'avenir de l'économie coopérative et en sa pertinence dans ce monde moderne. Cette reconnaissance exceptionnelle est

---

3. Voir www.unircoop.org

4. Les publications d'ouvrages sur l'économie sociale, en particulier le coopératisme, se multiplient depuis quelque temps. En 2011, un groupe de jeunes journalistes ont fondé le journal ENSEMBLE dont le but est de mieux faire connaître la coopération au Québec et dans le monde. Voir info@journalensemble.coop

une réponse à tous ceux qui prétendent que les coopératives sont des entreprises marginales regroupant des moins bien nantis qui ne peuvent que créer des associations de personnes à défaut de pouvoir créer des associations de capitaux. Pourtant, celles-ci ne réussissent qu'à confirmer la lutte des classes et les inégalités dans la société et qu'à entretenir un courant primaire au détriment du courant civilisateur. L'ONU n'est pas une agence d'évaluation de leur capacité financière. Elle évalue plutôt la qualité de vie des différents pays.

La résolution de l'ONU adoptée en 2009 annonçait donc que ses 193 États comptaient sur les coopératives pour changer le monde et que désormais, la direction de ce changement appartiendrait aussi aux coopérateurs, aux mutualistes, aux militants de l'économie sociale.

L'économie sociale est donc reconnue comme une alternative au système dominant qui n'arrive pas à protéger la planète par ses exigences de croissance toujours plus grandes et à créer une société juste et égalitaire par la promotion du succès individuel au détriment du succès collectif.

Un tel mandat de la part de l'ONU stimule les dirigeants et membres des coopératives désormais identifiés comme des agents de changement, ce qui devrait suffire à provoquer «une montée de fierté», de courage et d'enthousiasme. Et à faire disparaître une certaine gêne historique des dirigeants de l'économie sociale à se mesurer aux géants du capitalisme. Le président des Rencontres du Mont-Blanc (France)[5], Thierry Jeantet, souhaite même que «l'Économie sociale sorte de son rôle d'élève sage et suiviste de la classe mondiale où quelques sièges lui seraient réservés pour simplement tenir compte de son histoire et de sa persistance, voire

---

5. Therry Jeantet, *L'économie sociale, une alternative au capitalisme*, Economica, 2008, 75 p.

de son aimable et efficace rôle d'élève associé au système dit dominant. Une fonction que bien des États tentent de lui attribuer, soulagés à l'idée qu'elle se tiendra satisfaite et tranquille...»

Au Québec et au Canada

Le coopératisme, malgré le peu d'attention que lui accordent les élus et les médias, se porte bien. Il est présent dans la plupart des secteurs d'activités. Les 10 000 coopératives canadiennes et caisses populaires comptent plus de 18 millions de membres : 2200 coopératives d'habitation, 1300 coopératives agricoles, 650 coopératives de consommation, 450 coopératives de services de garde et d'éducation préscolaire, 600 coopératives de travail et 100 coopératives de santé. La part du Québec dans ce décompte canadien est importante : 3300 coopératives, 92 000 emplois, 25,6 milliards de chiffre d'affaires (sans compter le chiffre d'affaires des coopératives de services financiers). Leur taux de survie dépasse celui des entreprises traditionnelles : 16 coopératives non financières ont plus de 75 ans d'existence! Les mutuelles sont les plus anciennes – plus de 150 ans d'existence – et le Mouvement Desjardins, 112 ans!

Le Québec compte également plusieurs organisations dédiées au développement de nouvelles coopératives et à leur soutien.

Les organismes de soutien à la coopération

Le ministère québécois du Développement économique, de l'innovation et de l'exportation, par sa direction des coopératives, régit la constitution, le fonctionnement et la liquidation des coopératives autres que financières, ces dernières relevant du ministère des Finances.

Le CQCM (le Conseil québécois de la coopération et de la mutualité), qui a pour mission de participer au développement social et économique, fait de même : non seulement sur le plan du développement, mais aussi sur le plan de la représentation de tous les membres (coopératives et mutuelles) auprès des autorités gouvernementales.

Le Chantier de l'économie sociale, qui, en plus de la représentation a pour mission de promouvoir l'économie sociale comme partie intégrante de la structure socioéconomique du Québec et ce faisant, de faire reconnaître le caractère pluriel de l'économie, du soutien et de la communication, offre, par la Fiducie de l'économie sociale, du financement adapté aux situations particulières des entreprises liées à l'économie sociale[6].

Les diverses fédérations de coopératives sectorielles (financières, assurances, agricoles, habitation, services funéraires, santé et services à domicile, alimentation, consommation [y compris les coopératives de consommation en milieu scolaire], forestières, de travailleurs, etc.) font évidemment la promotion et le soutien à la création de nouvelles coopératives.

De plus, existe la Fédération des coopératives de développement régional dont la mission est de coordonner et représenter les diverses CDR existantes dans différentes régions du Québec. Les CDR ont pour mission de soutenir la création, le développement et la représentation d'entreprises coopératives afin de contribuer à leur développement. Ce mandat leur a été confié par le ministère du Développement économique du Québec.

Il existe également le Réseau de la coopération du travail du Québec dont la mission est «le développement du plus grand nombre possible de coopératives de la coopération du

---

6. Voir www.chantier.qc.ca

travail, interdépendantes et innovatrices au Québec, notamment par la promotion du modèle, l'expérimentation par les jeunes et le soutien aux coopératives».

Des secteurs prometteurs

Deux secteurs toutefois m'apparaissent des secteurs dont le développement est prometteur : les coopératives de travail et les coopératives de santé.

Comme nous l'avons vu, une des conséquences du récent basculement du monde est la prise de pouvoir par le capital et les investisseurs. Les consommateurs ont moins de prise sur les décisions qui affectent leur vie ainsi que les travailleurs. Du côté syndical, le rapetissement de la planète facilite les délocalisations d'entreprises, ce qui affaiblit un des moyens de pression des syndicats ouvriers. Les travailleurs d'aujourd'hui sont à la recherche d'emplois durables et d'une juste répartition des richesses qu'ils produisent.

C'est alors que la coopération de travail apparaît comme une perspective intéressante. Il s'agit de faire en sorte que les travailleurs soient aussi les patrons! Il existe de plus en plus de coopératives de travailleurs. Une société coopérative et participative (SCOP) ou une coopérative de travail ou de travailleurs (Québec) sont des sociétés commerciales à responsabilité limitée, soumise à l'impératif de rentabilité comme toute entreprise, sous gouvernance démocratique et d'une répartition des résultats qui favorise la pérennité des emplois et du projet d'entreprise[7]. Les travailleurs ont ainsi le pouvoir de nommer leurs dirigeants et de participer aux décisions relatives à l'avenir de l'entreprise dans laquelle ils travaillent. Quelle que soit la quantité de capital détenu, chaque coopérateur ne dispose que d'une seule voix lors des

---

7. Voir Wikipedia.org/wiki/société-coopérative-et-participative

assemblées générales. La coopérative accumule des réserves nourries par une part des excédents des opérations et ces réserves sont impartageables entre les membres de la Coop. Elles sont, en somme, de véritables coopératives où le statut de travailleur se confond avec celui d'employeur.

En France, les premières «associations ouvrières» sont nées au XIXe siècle, dans la clandestinité, puisque la loi prohibait ce genre d'associations. Selon une loi de 1791, il ne devait y avoir aucun intermédiaire entre le citoyen et l'État. Autrement dit, ce que nous appelons parfois «la société civile» (associations, syndicats, comités de citoyens, etc.) était inexistant et illégal. En février 1848, le nouveau gouvernement provisoire arrivé au pouvoir lors de la révolution autorisa pour la première fois les associations ouvrières, grâce à Louis Blanc, ce grand coopérateur, tel que mentionné au deuxième chapitre. Les SCOP, les coopératives de travail ou de travailleurs, sont présentes dans divers secteurs d'activités. Selon un article paru dans la revue *Alternatives Économiques,* il existe des milliers de SCOP en France, réunies en unions régionales.

Au Mexique, les coopératives de producteurs sont également présentes dans différents secteurs : la construction, le transport, l'artisanat, les soins de santé, etc. Elles sont réunies dans la CICOPA, laquelle publie un magazine traduit en anglais sous le titre *WORK TOGETHER.*

En Espagne, le grand réseau coopératif MONDRAGON est fort connu. En février 2012, malgré la turbulence mondiale, on annonçait dans cette coopérative ouvrière une hausse de 7 % des emplois !

En Corée, en décembre 2011, une nouvelle loi des coopératives de travailleurs a été adoptée.

Au Japon, à la suite du fameux tremblement de terre qui a complètement ravagé une région entière, l'État a confié à l'Union coopérative le mandat de gérer des programmes de perfectionnement des diplômés de maisons d'enseignement afin que celles-ci permettent à ces jeunes de créer leurs propres emplois. Déjà au printemps 2012, de nouvelles coopératives de producteurs ont été créées. (Je vous disais plus avant que lors de désastres dans le monde, les modèles pour remettre les choses en place sont toujours des modèles s'inspirant du courant civilisateur. On fait confiance aux gens qui placent le mieux-être collectif en priorité. Malheureusement, lorsque les choses se rétablissent, le système permet au courant primaire de reprendre de la force!)

En Argentine, les coopératives de travailleurs sont regroupées dans la FECCOTRA, qui a créé récemment un centre de formation pour les futurs ouvriers coopérateurs.

Au Canada, la Fédération canadienne des coopératives de travail regroupe les fédérations ou les réseaux de coopératives de travail de toutes les provinces du pays.   L'idée des coopératives de travail est donc fort ancienne et toujours présente. Le professeur George Davidovic de l'Université Concordia à Montréal a publié dans la revue *Coopératives et développement*[8], en 1990, un intéressant article sur le sujet intitulé « La conquête coopérative de l'industrie ». Au Québec, ce professeur fut un des plus ardents promoteurs de la conquête des entreprises par les travailleurs.

Le monde du travail offre donc aux coopératives un avenir prometteur. Nous savons que la première coopérative de travail au Québec, la fameuse coopérative Tricofil[9] fondée en 1975, fut une expérience malheureuse. L'expérience se termina en 1981. En annexe est reproduite une touchante

---

8. George Davidovic, « La conquête coopérative de l'industrie », *Coopératives et développement*, vol. 3, n° 1, 1989-1990.

9. Collectif, *Tricofil, tel que vécu*, Éditions Saint-Martin, 1984. Ou encore voir *La petite histoire de Tricofil* par Lise Payette, 25 septembre 2011, texte qui a été présenté au Festival international de films sur l'entreprise à l'École des Hautes Études commerciales de Montréal, en novembre 2011.

lettre de Lise Payette, communicatrice hors pair et femme politique dont le séjour à l'Assemblée nationale fut remarqué. Depuis ce temps, nous avons beaucoup appris. Les travailleurs sont plus instruits, plus spécialisés, ils savent déléguer, et ils savent gérer. Le monde des agriculteurs – ces producteurs modernes – en est la preuve. La majorité d'entre eux sont devenus « des compétents chefs d'entreprises », la plupart spécialisés, qui, à l'heure des émissions de télévision sur le monde agricole, nous épatent par leurs compétences et leurs succès.

Un des modèles les plus exemplaires d'une coopérative de travailleurs est celle de Boisaco, un des plus importants producteurs indépendants de bois d'œuvre au Québec. On trouvera également en annexe, l'historique de cette réussite remarquable.

Le monde du travail, en général, a changé. Si le risque entrepreneurial ralentit les volontés de « se lancer en affaires », le risque collectif est certes plus rassurant. De là, l'importance de la mutualisation des risques par la coopérative. Un modèle moins conflictuel puisqu'il ne s'agit pas d'opposer les patrons aux employés. Au contraire, les employés comprennent bien les problèmes du patron – puisque chaque travailleur est aussi un patron! Et la stabilité de l'entreprise est mieux assurée puisqu'en cas de ralentissement des marchés, il devient possible de convenir ensemble d'une baisse de salaire collective, quitte à se reprendre lors du retour des meilleurs jours. Chose certaine, les conflits patrons-employés sont plus rares!

Le monde du travail offre une occasion de développement prometteur pour les coopératives et les entreprises de l'économie sociale.

Les coopératives de santé

Il en va de même des coopératives de santé. Ces dernières années, dans plusieurs localités du Québec, des coopératives de santé sont nées. Des citoyens, éloignés des centres de santé, des médecins, des hôpitaux, ont décidé d'organiser dans leur milieu des coopératives dont la principale mission est la responsabilisation et la réappropriation de leur santé. Commet le faire ? Par des activités de prévention permettant d'abaisser la consommation de services de santé à moyen et long terme et la diversification de leurs activités, d'éducation à l'hygiène et à la diététique. Au fil du temps, s'ajoutent des activités de soins infirmiers, de ventes de produits pharmaceutiques et vu l'intérêt du milieu, l'ouverture de soins curatifs par la présence d'un ou de quelques médecins. Le partenariat est simple : d'un côté, la coopérative, responsable de la coopérative et de la planification, de l'organisation et du contrôle des activités, financées par les citoyens, et de l'autre, le ou les médecins, professionnels de la santé rémunérés « à l'acte », comme le veut le système public, par l'État. Les médecins ont le devoir de soigner tous ceux qui ont besoin de leurs services, membres ou non de la coopérative. C'est la responsabilité des citoyens de convaincre leurs concitoyens de la nécessité de la solidarité aux fins de maintenir la clinique en opération dans le milieu.

Il s'agit donc d'une offre de partenariat entre les citoyens et l'État. Certains dénoncent cette initiative. Les dénonciateurs sont probablement ceux qui ont intérêt à recevoir en cliniques privées les hauts cadres d'entreprises moyennant une forte cotisation et qui garantissent un examen de santé annuel en profondeur et l'accès rapide à des médecins, y compris des spécialistes, en cas de besoin. Ou ceux qui gèrent des cliniques rattachées à des pharmacies et dont le loyer est variable selon le volume des ordonnances prescrites par les propriétaires de la clinique[10].

Les coopératives de santé répondent à la mise en place de cellules créatrices des éléments du courant civilisateur : propriétaire usager de la clinique, respect du pouvoir de décider (gouvernance locale), responsabilisation citoyenne. De plus, la présence d'une clinique de santé contribue au maintien des familles dans leur milieu ; elle attire aussi de nouvelles familles. Elle crée une solidarité dans le milieu, obligeant les citoyens eux-mêmes – non pas l'État – à régler les problèmes d'ordre administratif de leur clinique, libérant les médecins de ces tâches afin qu'ils se consacrent à la santé des individus. Ajoutons à cela, le maintien des aînés dans leur milieu et la certitude d'être capables collectivement de transformer leur réalité en projets concrets pour assurer leur avenir.

Le domaine de la santé, tel qu'on le connaît au Québec et au Canada offre des perspectives intéressantes aux coopératives. À ce sujet, il faut lire le livre de Jean-Pierre Girard, intitulé *Notre système de santé, autrement*[11].

Les défis mondiaux contemporains

Le déclin de la démocratie, la lutte pour la vie, une planète qui demande grâce, la pauvreté et l'exclusion, les inégalités, les guerres, la violence, la désolidarisation, les crises identitaires, voilà des défis mondiaux de taille. Jamais les collectivités ne réussiront à relever ces défis sans concertation. Isolés, les hommes et les femmes sont condamnés à l'individualisme. Ils perdent le sens du « bien-être commun », de

---

10. Jean-Pierre Girard, *Notre système de santé, autrement* (*L'engagement citoyen par les coopératives*), Éditions BLG, 2006, 212 p.
11. Jean-Pierre Girard, *Notre système de santé, autrement, op. cit.*

l'importance du bonheur collectif afin d'assurer leur bonheur individuel. Un bonheur collectif grâce à la reconnaissance de certains biens comme étant «sacrés» et d'intérêt commun : l'eau, l'air, la terre, la démocratie, la sécurité, la santé, les ressources naturelles, et autres, selon la vision du projet commun. Or, l'intérêt du système dominant est plutôt contraire : il permet, par exemple, l'exploitation de l'eau. Il permet sa vente en bouteille de plastique puisqu'elle requiert désormais une purification à cause de la pollution industrielle. Selon ce système, l'enrichissement individuel autorise l'exploitation des ressources de la planète par les riches investisseurs, malgré les risques de pollution environnementale. Il autorise des investisseurs riches et puissants à forer des lopins de terre sur lesquels des familles ont bâti leur foyer afin d'y dégager du pétrole ou des gaz qui, paraît-il, ont une grande valeur... pour les exploiteurs. Dans ce système, le sous-sol où se cachent des richesses appartient aux riches et non aux propriétaires des lopins de terre. Ces richesses appartiennent, semble-t-il, à ceux qui ont les moyens d'aller les cueillir dans les profondeurs de la planète.

Pourquoi tout cela ? Parce que le système est bâti sur un simulacre de démocratie. Parce que le système dominant ne permet pas une démocratie participative. Parce qu'il ne se préoccupe pas de la volonté générale, mais qu'il n'entend que le résonnement de la caisse enregistreuse et non le raisonnement des citoyens. Le coopératisme – par la multiplication de ses cellules démocratiques – propose le contraire : écouter d'abord le citoyen, cet expert en bien-être commun, puisqu'il ne s'exprime que par la majorité des autres citoyens.

Le coopératisme peut certes contribuer à relever les défis du monde moderne.

Le développement endogène et le Québec

Un des effets du système dominant est certes cet appel au développement exogène et à devenir «citoyen du monde». Il était dit, dans le grand monde, que c'était par la conquête des marchés mondiaux que désormais nous allions devenir tous riches. Comme si tous les villages et villes du Québec allaient hériter de la manne de la mondialisation. Après 50 ans de ce nouveau régime, nous savons maintenant à qui profite la manne de la prétendue ouverture des frontières grâce au prétendu libre marché. Selon une étude du Crédit Suisse, en 2010, 0,5 % de l'humanité draine 36 % de la richesse mondiale tandis que 55 % subsiste avec 2 % de cette richesse! Pour sa part, la même année, la firme Merill Lynch, partenaire dans la grande crise de 2008, produit aussi son rapport. Elle voit les choses autrement: les choses vont pour le mieux puisque les riches, c'est-à-dire ceux qui détiennent au moins un million d'actifs financiers, qui étaient au nombre de 90 millions dans le monde en 2006, sont maintenant 100 millions, ce qui prouverait que le système fonctionne bien! Il y a évidemment encore des efforts à faire vu que la population mondiale est de huit milliards d'habitants…

La réalité exige de faire place au développement endogène, au développement local et régional. Puisque les coopératives sont la propriété des citoyens d'un territoire donné et qu'elles sont au service de tous les habitants de ce territoire, le coopératisme est un instrument idéal du développement local ou régional et, conséquemment, du développement durable. Sur ce plan, l'avenir du coopératisme est certes prometteur.

L'identité

La complexité de la géopolitique mondiale et la puissance concentrée du pouvoir économique et financier font naître chez l'individu un sentiment de profonde impuissance. Or, lorsqu'un groupe social en vient à croire, à tort ou à raison, qu'il n'a plus de prise sur les décisions qui affectent sa vie, qu'il est dépossédé de son droit de vivre dans sa langue, dépossédé de son droit de propriété sur son territoire et qu'il est envahi par une culture qui ne tient pas compte de son histoire et de ses traditions, bref, lorsqu'il est dépossédé de son identité et de sa spécificité, il y a crise. Perdre son identité, c'est ne plus savoir qui nous sommes, d'où nous venons et, ce qui est encore pire, où nous allons. La perspective de disparaître, comme groupe, est alors insupportable. L'impuissance d'un peuple crée l'inquiétude, la remise en cause de la raison d'exister comme groupe. Elle crée surtout la division, dilue les liens sociaux et rend la cohésion sociale impossible.

Au Québec, depuis un moment, ce sentiment d'impuissance s'installe. Nous ne voyons pas tous l'avenir de notre nation de la même façon. Faut-il entrer dans les rangs des minoritaires ou être maîtres chez nous ? Faut-il imiter nos voisins américains ou être nous-mêmes ? Faut-il le capitalisme ou la social-démocratie ? Faut-il mieux définir le bien-être commun ou choisir l'individualisme ? Ce qui provoque des débats multiples, des « chicanes », de l'irrespect, des échanges d'insultes et parfois de la haine.

Pendant ce temps, sur le plan politique, le gouvernement fédéral – largement soutenu par la grande majorité anglophone – agit de façon à marginaliser le Québec et, sur le plan démocratique, à le rendre encore plus impuissant. Désormais, au Canada, la démocratie sera nationale – d'un océan à l'autre. La démocratie provinciale québécoise a moins d'importance dans l'ensemble canadien. Le Canada n'est plus ce qu'il était: jadis un pays formé de deux nations – de deux peuples fondateurs – chacun détenant la promesse constitutionnelle d'assurer sa survie et son développement comme nation différente. Voilà qu'aujourd'hui, le Québec est désormais non seulement une province comme les autres, mais surtout une province qui doit se convertir en une province canadienne. Chez nos voisins, on songe à un seul drapeau pour toutes les provinces, comme d'autres l'ont souhaité bien avant le roi Harper. Et la reine d'Angleterre sera la reine, un jour remplacée par un roi! Le Québec comptera moins de sièges à la Chambre des communes et, sur le plan économique, seule l'exploitation de ses profondes richesses naturelles le rendra intéressant. Sur le plan financier, les transferts pour assumer les coûts des soins de santé seront diminués et il faudra subir des lois dans lesquelles les Québécois ne se reconnaissent pas. Déjà, malgré la forte opposition des Québécois, et même des parlementaires du Québec, des lois sont malgré tout adoptées. Des lois au sujet du contrôle de la vente des armes à feu, ou encore de la réhabilitation des jeunes contrevenants, de l'agrandissement des prisons, de l'orthodoxie des coopératives, surtout des coopératives financières, des forces québécoises importantes. Sans oublier le peu de souci de la protection de la langue française et la nomination de juges ou de hauts fonctionnaires unilingues (anglophones) à la Cour suprême et au bureau du premier ministre[12].

Le gouvernement central canadien est manifestement propagandiste d'un système économique individualiste et d'un système politique peu respectueux de la démocratie. Les dirigeants du Parti conservateur canadien entretiennent le courant primaire, comme nous l'avons vu au deuxième chapitre. Ils n'appuient guère les associations, les coopéra-

---

12. Bernard Drainville, « Le plan "C" », *Le Devoir*, 9 mars 2012, p. A-9.

tives et les syndicats. À la tête d'un gouvernement majoritaire, ils dirigent les fonds gouvernementaux, non pas vers les organismes communautaires ou de bienfaisance, mais vers les entreprises représentant le pouvoir économique ou financier. Ils contournent les lois existantes pour contrer le droit de grève. Ils renoncent à des traités environnementaux, en particulier le protocole de Kyoto, malgré les protestations générales des autres pays. Ils sont fortement influencés par le courant individualiste de la politique américaine.

Un ministère et des régulateurs coopératifs ou de l'économie sociale

Le monde coopératif doit non seulement être vigilant, mais surtout actif. Il faut changer les mentalités, les façons de concevoir la vie communautaire. Il faut intensifier l'éducation coopérative des populations. Il importe que, partout dans le monde, les coopératives et les autres entreprises de l'économie sociale relèvent d'autorités ou de régulateurs spécialistes de l'économie sociale et solidaire. On ne confie pas à des cougars la responsabilité d'établir les règles devant protéger les antilopes. Alors, pourquoi demander aux ministres et fonctionnaires responsables des banques – soumises aux contraintes de *la pensée unique capitaliste* – de légiférer en vue de protéger les coopératives financières? On parle constamment du mouvement coopératif ou du mouvement en faveur d'une démocratie participative. Comment être un mouvement si le système dominant empêche de changer le monde? Tout mouvement suppose un changement de situation dans le temps et dans l'espace. Or, si ce changement est impossible, comment pouvons-nous parler de mouvement? Si, aujourd'hui, les coopératives de services financiers ou autres coopératives sont contraintes de se soumettre à des règles qui les privent de maximiser leur rôle social et communautaire, si on les prive de leur liberté d'agir et les oblige à se soumettre à des contraintes imposées par des promoteurs de l'ultralibéralisme, comment pourront-elles changer le monde? Il faut retrouver cette liberté. Une des façons les plus efficaces d'y parvenir, c'est de bâtir la société par la base, par la réunion des citoyens et des citoyennes dans des associations sous contrôle démocratique, dans des coopératives et des mutuelles dans lesquelles ils retrouvent le pouvoir de contrôler leur propre destin. Il faut travailler à créer un monde coopératif, comme le propose le professeur et déjà recteur Bruno-Marie Béchard dans un texte reproduit en annexe : oui, créer un Québec coopératif en faisant en sorte que les coopératives, partout dans le monde, puissent retrouver leur pleine liberté.

VIVE LES COOPÉRATIVES LIBRES!

La coopération comme projet
de société[1]

On peut puiser une inspiration et une direction aux solutions recherchées dans le mouvement coopératif, une composante majeure de notre réalité québécoise. À mes yeux, le potentiel de notre réseau de plus de 3000 coopératives et mutuelles représente une voie incontournable vers un Québec solidaire et lucide, c'est-à-dire solide. [...]

Si on s'y mettait tous ensemble, nos valeurs et nos principes coopératifs pourraient devenir le fer de lance du Québec: un projet consensuel capable de vivifier autant les forces syndicales qu'entrepreneuriales, en plus d'engendrer de nouvelles avancées collectives. L'avenir ne se trouve pas seulement dans la droite lucide ou dans la gauche solidaire. Je crois profondément qu'il se trouve dans le leadership coopératif. Ainsi, lucides devant nos défis, nous pouvons actualiser notre pouvoir d'être solidaires pour les relever en déployant l'esprit coopératif à plus grande échelle en articulant le privé associatif avec le privé individuel et le secteur public. [...]

---

1. Extraits d'une conférence du professeur Bruno-Marie Béchard, recteur de l'Université de Sherbrooke, en 2006, à l'occasion d'un important forum coopératif. Ces extraits sont reproduits avec la permission de l'auteur.

Pour moi, la coopération, c'est l'union fraternelle de personnes éprises d'un même idéal qui collaborent pour satisfaire des besoins communs. Ainsi, en nous épaulant les uns les autres, nous maîtrisons notre destin plutôt que de le subir. La coopération apporte des bouffées d'air frais à saveur éthique pour inspirer notre avenir collectif: dans les affaires, l'économie et la société, nos coopératives valorisent plus de responsabilisation, plus de solidarité et plus d'équité, des valeurs-clés pour une saine cohésion sociale. Parmi les actifs du mouvement coopératif, les notions de personnes, d'équipes, de participation, de prise en charge, de partage équitable et de gestion démocratique sont absolument fondamentales. Ainsi, dans chaque coop, les membres appliquent des valeurs mondialement reconnues dans le but de faire des affaires centrées sur les besoins de la personne. Six des sept principes indiquent des voies d'amélioration de la condition humaine: la liberté d'adhésion, l'éducation, le pouvoir démocratique, l'autonomie, l'interopération et l'engagement communautaire. Un seul principe porte sur l'argent, comme un moyen et non une fin. Au-delà des avantages matériels, travailleurs et producteurs adhèrent à cet idéal de développement économique et social pour la satisfaction que procurent le dépassement de soi et l'ouverture aux autres. Ici, la concertation invente des solutions qui résistent à l'usure du temps. Depuis 150 ans, nos coopératives ont joué sur cette base communautaire un rôle de première importance. Mais il nous reste à prendre conscience de leur immense potentiel dans le façonnement d'un nouveau projet de société typiquement québécois. Le Québec a besoin de l'union des forces coopératives pour asseoir son édifice.

Le Québec se distingue par l'impact économique du mouvement coopératif et mutualiste et par la grande diversité de secteurs où celui-ci est actif. Les perceptions envers les coopératives sont très positives[2]. Aussi, le Québec fait figure de proue avec 75 % de sa population membre d'une coopérative et d'une mutuelle, et j'en suis! De 1999 à 2003, l'actif des coopératives et mutuelles a progressé de 30 % et leur chiffre d'affaires de 40 %, avec le nombre d'emplois en hausse de 5500! Nous avons innové en créant notamment les premières coopératives de travailleurs actionnaires ainsi que celles de développement régional. Nos caisses Desjardins figurent parmi les meilleures coopératives de services financiers du monde. En coopération agricole, la Coop fédérée couvre 50 % de l'approvisionnement à la ferme et 50 % de la mise en marché de la viande de porc et de volaille! Quant à nos coopératives funéraires, elles font contrepoids aux multinationales: avec seulement 15 % du marché, elles ont fait baisser le prix de 50 %, une victoire spectaculaire du mouvement coopératif dont bénéficie l'ensemble de la société.

En intégrant les aspects sociaux et économiques de développement durable, la formule coopérative assure la pérennité d'entreprises qui prennent naissance dans la communauté. Ces entreprises, qui se développent en régions, renforcent notre pouvoir local de décision, que la mondialisation a tendance à faire disparaître. En termes de durée, les coopératives ont un taux de succès supérieur aux autres catégories d'entreprises. En effet, selon le ministère du Développement économique, de l'Innovation et de l'Exportation, le taux de survie des entreprises coopératives atteint presque le double de celui des entreprises du secteur privé.

---

2. Au Québec, 72 % du grand public considère que les coops font de l'éducation économique, 73 % trouve la formule coopérative attrayante, 75 % voit les coops comme une bonne solution aux problèmes économiques, 79 % croit qu'elles offrent à qualité égale des biens et des services à meilleurs prix, 83 % dit qu'elles encouragent la prise en charge de l'économie sociale.

Étant donné l'ampleur de nos défis sociaux (tels que dette publique, dénatalité, vieillissement ou décrochage scolaire) et l'énorme pression économique de la mondialisation, il faut absolument s'entendre sur de grandes orientations pour bâtir une nouvelle société. Ainsi, après avoir développé des outils de gestion efficace, je souhaite que le mouvement coopératif se mobilise pour carrément transformer la société.

Il y a une distinction à faire entre la coopérative, qui est une forme d'entreprise, et la coopération, qui est un idéal de société : la coopérative exige la coopération, mais des activités de coopération peuvent très bien se faire en dehors du cadre juridique coopératif. La coopération, c'est d'abord et avant tout un humanisme : prenant pour fin la personne humaine et son plein épanouissement, elle prépare l'avènement d'une société plus équitable. On doit donc travailler sur deux fronts : étendre les coopératives à de nouveaux milieux et répandre l'esprit de coopération dans l'ensemble de la population, en tissant notamment de nouveaux liens entre les générations et avec les communautés culturelles. Pendant que la gestion coopérative s'ouvrira à de nouvelles pratiques de partenariat avec les secteurs public, privé et social, sa pensée pourra orienter le devenir de notre société unique. Nous pourrons aborder nos grands défis et nos grands projets avec cette approche de démocratie active, où les personnes qui agissent à toutes les étapes du processus sont les mêmes que celles qui décident. [...] La coopération, je le répète, c'est d'abord et avant tout un humanisme : prenant pour fin la personne humaine et son plein épanouissement, elle ouvre la voie à un monde nouveau où le succès des uns dépend du succès des autres. Je suis convaincu que les valeurs de la coopération portent un projet de société québécois qui nous distinguera encore dans le concert des nations. Ce sont des valeurs d'entraide et de réciprocité, de démocratie équitable et solidaire, de prise en charge et de responsabilité personnelles et mutuelles. Je nous invite à défendre ces valeurs et à les promouvoir encore plus activement. [...]

J'ai la conviction que les valeurs de la coopération sont inscrites dans l'âme de notre peuple. Unissons-nous pour construire un Québec coopératif!

BRUNO-MARIE BÉCHARD,
alors qu'il était recteur de l'Université
de Sherbrooke, au Québec.

Résultat des votes aux États généraux sur la réforme des institutions démocratiques du Québec (2003)

Les États généraux sur la réforme des institutions démocratiques de février 2003 ont été précédés d'une consultation des citoyennes et citoyens à l'occasion d'assemblées publiques tenues en 20 villes du Québec au cours de 27 séances publiques.

En 2003, au Centre des congrès de Québec, 1000 personnes réunies pendant trois jours et en 100 ateliers de 10 personnes ont eu à donner leur opinion sur 10 questions précises. Le premier pourcentage est le résultat des consultations lors de la tournée des villes du Québec, le deuxième, le résultat à la suite du vote aux États généraux de 2003.

1. Au sujet du mode de scrutin, les citoyens sont d'avis qu'à la suite d'une élection, le nombre de sièges attribués aux partis devra corresponde le plus proportionnellement possible au vote que les partis ou les candidats indépendants ont effectivement reçu de l'ensemble des électeurs. (92 %) (90 %)

2. Les citoyens sont d'opinion qu'une loi devrait établir le droit à l'initiative populaire, ce qui obligerait le gouvernement à tenir un référendum sur certains projets de loi.

3. Les citoyens souhaitent que le Québec se dote d'une constitution. (82 %) (Cette question n'a été soumise qu'aux participants aux États généraux.)

4. Les citoyens souhaitent que les élections se fassent à date fixe. (86 %) (82 %)

5. Les citoyens suggèrent que le mandat du premier ministre soit limité à deux termes. (65 %) (65 %)

6. Au sujet des pouvoirs des régions, 28 % souhaitent l'élection de députés régionaux, 20 % souhaitent des gouvernements régionaux, 29 % une Chambre des régions. Au total, 77 % des participants souhaitent que les régions aient une influence plus grande à l'Assemblée des régions. (Vote des États généraux uniquement.)

7. Les citoyens sont d'avis que le chef de gouvernement (premier ministre) soit élu au suffrage universel (82 %), que le premier ministre puisse choisir ses ministres dans l'ensemble de la population (55 %) et souhaite que les députés soit libérés de la discipline de parti en matière de vote (84 %). Toutefois, 53 % des participants favorisent le maintien du système parlementaire. (Vote des États généraux uniquement.)

8. Les citoyens souhaitent que la place des femmes soit améliorée par le recours à des réformes du système (46 %) ainsi que la place des autochtones (23 %) – mais 74 % votent en faveur de mesures incitatives.

9. Les citoyens souhaitent que l'âge requis pour voter soit maintenu à 18 ans. (74 %) (58 %)

10. Les citoyens recommandent que des conseils de la démocratie soient formés dans chacune des régions du Québec. (80 %) (90 %)

Les coopératives de travail

Une réussite remarquable : Boisaco et ses coopératives de travailleurs actionnaires. Boisaco, c'est l'exemple d'une collectivité déterminée à préserver son gagne-pain en sauvant de la faillite la plus importante installation industrielle de la Haute-Côte-Nord. C'est une histoire de courage et d'adaptation au changement qui fait la preuve que l'avenir de nos régions implique nécessairement la prise en charge, par la population, de sa propre destinée. (Voir le site Internet de BOISACO : www.boisaco.com) Cette initiative citoyenne remonte à 1985 alors que l'entreprise fut incorporée sous forme de coopérative. Trois jours plus tard, Boisaco se porte acquéreur de tous les actifs d'une usine en difficultés financières. Pour la collectivité, le défi consistait à gérer et à rentabiliser cette importante usine de sciage et de rabotage, tout en procurant du travail à la main-d'œuvre locale et régionale.

Tout chez Boisaco est fondé sur le rapport entre les travailleurs et l'entreprise dont ils sont propriétaires. Il en résulte, depuis plus de 25 ans, un niveau d'implication exceptionnel et une prise de conscience collective quant aux occasions favorables reliées au principe d'amélioration continue des modes d'opération et de la qualité des produits.

Le personnel de Boisaco est regroupé en deux coopératives actionnaires : Unisaco et Cofor. Cette formule se traduit par le maintien d'un fort sentiment d'appartenance de tous les travailleurs.

Chez Boisaco, l'information est transparente et les travailleurs sont partie prenante des décisions, des orientations et des résultats. L'atteinte d'objectifs collectifs constitue donc un véritable enjeu pour chacun d'entre eux, et c'est ainsi que Boisaco est parvenue à traverser la crise affectant l'industrie forestière canadienne.

Qui osera dire maintenant que les coopératives de travailleurs, ça ne fonctionne pas ?

Les crises financières depuis 1971

1971 Suspension unilatérale des États-Unis de la converti-
bilité en or du dollar. Ce qui provoquera la création
d'un système de change flottant, encore en vigueur
aujourd'hui.

1973 Choc pétrolier.

1978 Deuxième choc pétrolier.

1979 Paul Volcker, nouveau chef de la banque centrale
américaine, augmente les taux d'intérêt graduellement jusqu'à 20 % afin de mettre fin à une forte récession. Pour certains pays emprunteurs, il en résulte un
endettement très élevé. Le Mexique fait défaut de
paiement en 1982.

1987 À cause du déséquilibre causé par le marché des
changes, les taux d'intérêt, après une certaine basse,
remontent considérablement. Le marché des actions
en fait autant. En conséquence, les taux pour un terme
de dix ans remontent de 300 points de base. Les effets
sur la valorisation des actions sont immédiats. Quelques semaines plus tard, les taux atteignent 400 points
de base, provoquant ainsi un krach boursier important en une seule journée. La banque centrale inter-
vient pour éviter un désastre plus grand.

1989 Ce qu'on appelle les *junk bonds* passent de 450 points de base au-dessus des emprunts américains à 1000 points de base, des effets de la seule spéculation, c'est-à-dire sans production de biens ou de services.

1992 Autre crise à cause de la simple spéculation. Georges Soros réussit à empocher un milliard de dollars en misant sur les fluctuations de la valeur de la livre sterling. Sans produire quoi que ce soit.

1994 Le monde souffre d'une correction sévère des taux obligataires.

1995 Crise mexicaine.

1997 Crise asiatique.

1998 La longue crise des marchés obligataires, conjuguée aux excès des dirigeants des *hedge funds*, provoque une grande crise des finances publiques en Russie.

2000 Bulle Internet. Nouvelle crise.

2001 Attentat du 11 septembre. Plusieurs nœuds de communication pour les systèmes de paiement sont détruits. La banque centrale américaine doit intervenir auprès des banques. La banque centrale européenne doit en faire autant auprès des banques européennes. Les taux d'intérêt tombent à zéro.

2001 Crise économique en Argentine.

2002 Nouvelle crise au Brésil, provoquée par l'élection pressentie d'un président dont les capitalistes se méfient.

2008-2009 Bulle immobilière américaine. La plus grande crise depuis le krach de 1929.

2010 et ensuite Crises en différents pays d'Europe.

La petite histoire de Tricofil

J'ai appris l'existence de Tricofil après une bonne journée de travail à la télévision alors que je m'installais devant mon écran, chez moi, pour regarder les nouvelles de la journée. Je n'attendais rien de particulier sauf un peu de répit dans une vie bien remplie. La télé parlait d'une usine qui allait fermer car les propriétaires disaient qu'elle n'était plus rentable et ils allaient mettre à pied des hommes et des femmes qui y travaillaient depuis des décennies dans certains cas et qui avaient bien peu d'espoir de pouvoir se recaser. Le journaliste avait joint à son topo une entrevue du ministre libéral de l'Industrie et du Commerce qui disait, de façon assez arrogante, que ça ne serait pas une grosse perte car l'usine avait fait son temps, que l'équipement était vieillissant et que son gouvernement n'avait pas l'intention de lever le petit doigt pour aider.

Allez savoir pourquoi, je ne l'ai pas pris. Je venais de vivre la formidable solidarité que les fêtes de la Saint-Jean avaient créée sur le mont Royal, j'avais été émue par la force de ce peuple quand il s'unit et j'ai immédiatement eu envie de faire ravaler sa superbe au ministre en question. J'ai cherché comment joindre ceux qui étaient déjà impliqués dans le dossier, je leur ai téléphoné et je leur ai demandé si je pouvais leur être utile. Je savais que ma crédibilité était réelle et je la mettais à leur disposition.

En peu de temps, j'ai découvert ce qu'on appelait depuis toujours « le monde de la guenille », celui que formaient ces usines où les conditions de travail n'étaient pas toujours très humaines et où les donneurs d'ouvrage se prenaient pour de grands hommes affaires ; en fait, ça n'a pas beaucoup changé, même maintenant.

Je trouvais l'idée que ces travailleurs et travailleuses deviennent propriétaires de leur usine tout à fait formidable. Je trouvais aussi que l'expérience prometteuse menée par des gens de bonne volonté venus du Mouvement Desjardins, de membres de syndicats engagés dans le dossier et de quelques « illuminés » comme moi, plus les travailleurs eux-mêmes qui y croyaient dur comme fer, allait permettre de projeter la lumière sur une démarche différente de tout ce qui avait été proposé auparavant.

Nous savions tous que ça ne serait pas facile mais nous trouvions que ça valait la peine d'essayer. J'avais inventé un slogan que j'ai beaucoup utilisé : J'AIME MIEUX PORTER TRICOFIL SUR MON DOS QUE SUR MA CONSCIENCE. Le ministre râlait de temps en temps à la télévision. C'était jouissif.

Puis, quelque temps plus tard, mon engagement politique (car c'en était un) prenait son envol. Je devins candidate du Parti québécois dans Dorion. Je pensais avoir de bonnes chances d'être élue dans ce comté de Montréal que j'avais accepté de représenter, mais j'étais certaine d'aller occuper un siège de l'opposition. Rien, absolument rien ne permettait de penser que le PQ prendrait le pouvoir. C'est pourtant ce qui est arrivé le 15 novembre 1976.

Je me suis retrouvée ministre à mon tour, des Consommateurs, Coopératives et Institutions financières ; beaucoup plus que je n'en souhaitais. J'héritais de la promesse du

Parti de rendre l'assurance automobile plus accessible aux Québécois. Tout un mandat !

Malgré la somme de travail que j'avais déjà, un jour, mon collègue de l'Industrie et du Commerce, qui désirait prendre quelques semaines de vacances, a demandé à notre patron, le premier ministre, la permission d'aller se reposer un peu. Monsieur Lévesque m'a confié « la garde » du ministère en question pour quelques jours.

Je vais vous raconter ce que je crois qu'il est arrivé : les fonctionnaires de l'Industrie et du Commerce, qui devaient en avoir gros sur le cœur par rapport à mes engagements envers Tricofil avant mon entrée en politique, engagements qui leur avaient renvoyé sur le nez leurs savantes analyses du dossier en question, ont dû voir là une belle occasion de me réduire au silence. Ils m'ont donc mis devant la situation suivante : j'allais devoir porter l'odieux d'un refus de subvention à Tricofil, une décision à laquelle ils étaient arrivés et qui devait être acheminée au Conseil des ministres par moi qui remplaçais l'autre !

Ce mercredi matin, quand le moment fut venu, je présentai le dossier Tricofil en disant qu'il n'était pas question que nous coupions les vivres à cette entreprise alors que nous venions tous d'être élus et que la plupart des ministres réunis ce matin-là avaient pris position en faveur de l'expérience pendant la campagne électorale. J'insistai sur le fait que pour moi c'était impensable. C'est la seule fois où je chantai au Conseil des ministres... oui oui, j'ai chanté. J'ai chanté cette chanson de Félix Leclerc qui dit ceci : « LA VEILLE DES ÉLECTIONS, TU M'APPELAIS TON GARÇON, LE LENDEMAIN DES ÉLECTIONS, T'AVAIS OUBLIÉ MON NOM ! »

Il y eut un silence. Les collègues venaient de comprendre que j'étais sérieuse. L'un d'entre eux a dit que si on accordait cette subvention, on ne pourrait probablement pas lâcher Tricofil avant le référendum, etc.

On ne m'a jamais demandé de remplacer le ministre de l'Industrie et du Commerce par la suite; pas plus qu'on ne saura jamais ce que Tricofil serait devenu si on lui avait vraiment permis de vivre l'expérience jusqu'au bout. Peut-être serait-ce aujourd'hui une réponse possible face aux fermetures sauvages qui continuent à frapper le Québec. C'est bien dommage que l'argent passe toujours avant les humains; c'est exactement ce que disaient ces jeunes au Square Victoria où j'avais mes bureaux comme ministre des Institutions financières dans le temps.

LISE PAYETTE
25 septembre 2011

Déclaration universelle des droits de l'homme

AVANT-PROPOS

La *Déclaration universelle des droits de l'homme* a été proclamée et adoptée par l'Assemblée générale de l'Organisation des Nations Unies le 10 décembre 1948. Dans son édition du 60ᵉ anniversaire de son adoption, le Secrétaire-général de l'ONU écrit :

« Par leur extraordinaire vision et détermination, les auteurs ont rédigé un document qui, pour la première fois, énonçait des droits universels pour tous, dans un cadre individuel. Aujourd'hui disponible en plus de 360 langues, la Déclaration est le texte qui a été le plus traduit au monde, ce qui témoigne de son caractère et de sa portée universels. Elle a inspiré les constitutions de plusieurs États nouvellement indépendants et de nombreuses démocraties nouvelles. Elle est devenue l'aune à laquelle nous mesurons le respect à l'égard de la notion que nous avons – ou devrions avoir – du bien et du mal. Il est de notre devoir de veiller à ce que ces droits soient une réalité, de façon que chacun, où qu'il soit, puisse les connaître, les comprendre et en jouir. C'est souvent ceux qui ont le plus besoin que l'on protège leurs droits individuels qui ont aussi besoin de savoir que la

Déclaration existe, et qu'elle existe pour eux. Ce soixantième anniversaire est l'occasion pour chacun d'entre nous de réaffirmer notre attachement à la vision exprimée dans la Déclaration. Celle-ci est aussi pertinente aujourd'hui qu'elle l'était le jour où elle a été adoptée. J'espère que vous veillerez à ce qu'elle fasse partie de votre vie.»

Ban Ki-moon, Secrétaire général

Article premier de la Déclaration : Tous les êtres humains naissent libres et égaux en dignité et en droits. Ils sont doués de raison et de conscience et doivent agir les uns envers les autres dans un esprit de fraternité.

Article troisième : Tout individu a droit à la vie, à la liberté et à la sûreté de sa personne.

BIBLIOGRAPHIE

Albert, Michel, *Capitalisme contre Capitalisme*, Seuil, 1991.

Allaire, Yvan et Mihaela Firsirotu, *Black Markets and Business Blues*, Fi Press, 2009.

Antoine, Agnès, *L'impensé de la démocratie*, Fayard, 2003.

Aktouf, Omar, *La stratégie de l'autruche*, Écosociété, 2002.

Attali, Jacques, *Dictionnaire du XXIe siècle*, Fayard, 1998.

Attali, Jacques, *Fraternités, une nouvelle utopie*. Fayard, 1999.

Attali, Jacques, *La crise... et après*, Fayard, 2009.

Attac, *Le petit Alter, dictionnaire altermondialiste*, Éditions Mille et une nuits, 2006.

Bacqué, Marie-Hélène *et al.*, *La démocratie participative inachevée*, Éditions Adels/Yves Michel, 2010.

Bakan, Joel, *THE CORPORATION, the Pathological Pursuit of Profit and Power*, Free Press, 2004.

Barber, Benjamin, *Comment le capitalisme nous infantilise*, Fayard, 2007.

Barber, Benjamin, *L'empire de la peur*, Fayard, 2003.

Beaud, Michel, *Le basculement du monde*, La Découverte, 2000.

Beck, Ulrick, *Pouvoir et contre-pouvoir à l'ère de la mondialisation*, Éditions Alto/Aubier, 2003.

Béland, Claude, *Plaidoyer pour une économie solidaire*, Médiaspaul, 2009.

Blackburn, Pierre, *L'éthique*, Éditions du Renouveau Pédagogique, 1996.

Boudros-Ghali, Boudros, *Démocratiser la mondialisation*, Éditions du Rocher, 2002.

Bremond, J. et A. Gélédan, *Dictionnaire des sciences économiques et sociales*, Éditions Belin, 2002.

Calame, Pierre. *L'État au cœur, le meccano de la gouvernance*, Éditions Desclée de Brouwer, 2000.

Calame, Pierre, *Essai sur l'économie*, Éditions Charles Léopold Mayer, 2006.

Calame, Pierre, *Sauvons la démocratie!*, Éditions Charles Léopold Mayer, 2012.

Chomsky, Noam, *Le profit avant l'homme*, Éditions Fayard, 1999.

Chossudovski, Michel, *La mondialisation de la pauvreté*, Écosociété, 1998.

Clinton, Hillary, *Civiliser la démocratie*, Desclée de Brouwer, 1998.

Collectif, *Alternatives à la globalisation économique*, sous la direction de John Cavanagh et Jerry Mander, Écosociété, 2005.

Collectif, *Développement durable et participation publique*, sous la direction de Corinne Gendron et Jean-Guy Vaillancourt, Presses de l'Université de Montréal, 2003.

Collectif, *Dictionnaire critique de la mondialisation*, Le pré aux Clercs, 2002.

Collectif, *20 propositions pour réformer le capitalisme*, Flammarion, 2009.

Compayré, Gabriel, *Histoire critique des doctrines de l'éducation en France depuis le xvie siècle*, Hachette, 1883.

Comte-Sponville, André, *Le capitalisme est-il moral?*, Albin Michel, 2004.

Cordonier, Daniel, *Le pouvoir du miroir*, Éditions Georg, 1998.

Deneault, Alain, *Off-shore, paradis fiscaux et souveraineté criminelle*, Écosociété et La fabrique éditions, 2010.

Desjardins, Alphonse, *Les réflexions d'Alphonse Desjardins*, publié par le Mouvement Desjardins.

Dictionnaire critique de la mondialisation, Éditions Le Pré aux clercs, Introduction.

Dugas, Sylvie, *Le pouvoir citoyen*, Fides, 2006.

Fisher, William et Thomas Ponniah, *Un autre monde est possible*, Paragon, 2003.

Galbraith, John Kenneth, *Pour une société meilleure*, Éditions du Seuil, 1996.

George, Suzan, *Leurs crises, nos solutions*, Albin Michel, 2010.

Guider, Hervé et Michel Roux, *La banque coopérative en Europe*, Édition Revue Banque, 2009.

BIBLIOGRAPHIE ■ 313

Guillebaud, Jean-Claude, *La force de conviction*, Seuil, 2005.

Guillebaud, Jean-Claude, *Le goût de l'avenir*, Seuil, 2003.

Halimi, Serge, *Le grand bond en arrière*, Fayard, 2004.

Hampden-Turner, Charles et Alfons Trompenaars, *The Seven Cultures of Capitalism*, Doubleday, 1993.

Kempf, Hervé, *Pour sauver la planète, sortez du capitalisme*, Seuil, 2009.

Kropotkine, Pierre, *L'entraide, un facteur de l'évolution*, Écosociété, 2001.

Landes, David S., *Richesse et pauvreté des nations*, Albin Michel, 1998.

Langlois, Richard, *Pour en finir avec l'économisme*, Éditions Boréal, 1995.

Laville, J.-L., *Une troisième voie pour le travail*, Desclée de Brouwer, coll. «Sociologie économique», 2000.

Léger, Jean-Marc et Marcel Léger, *Le Québec en question*, Les Éditions Québécor, 1990.

Maréchal, Jean-Paul, *Humaniser l'économie*, Éditions Desclée de Brouwer, 2000.

Maringo, Michel, *Le coopératisme, un humanisme inconnu*, Éditions Michel Marengo, 2007.

Martin, Hans-Peter et Harald Schumann, *Le piège de la mondialisation*, Éditions Solin/Actes Sud, 1997.

Ménard, C. et F. Villeneuve, *Projet de société et lectures chrétiennes*, Fides, 1997 (en particulier, texte de Michel Beaudin).

Milner, Henry, *La compétence civique – Comment les citoyens informés contribuent au bon fonctionnement de la démocratie*, Les Presses de l'Université Laval, 2004.

Nowak, Maria, *L'espoir économique*, Lattès, 2010.

Pauchant, Thierry C., *Pour un management éthique et spirituel*, Fides, 2000.

Pauchant, Thierry C., *La quête du sens*, Québec Amérique/Presses HEC, 1996.

Petrella, Riccardo, *Le bien commun – Éloge de la solidarité*, Éditions Labor, 2006.

Peyrefitte, Alain, *Du miracle en économie*, Éditions Odile Jacob, 1995.

Pigasse, Matthieu et Gilles Finchelstein, *Le monde d'après – Une crise sans précédent*, Tribune Libre, Plon, 2009.

Plihon, Dominique, *Le nouveau capitalisme*, Flammarion, coll. «Dominos», 2001.

Poulin, Pierre, *Histoire du Mouvement Desjardins*, vol. 1, 2 et 3, Éditions Québec Amérique.

Reich, Robert B., *The Work of Nations (preparing ourselves for 21st century capitalism)*, Éditions Alfred A. Knoff, 1991.

Rouillé d'Orfeuil, Henri, *Économie, le réveil des citoyens*, La Découverte (Alternatives Économiques).

Salin, Pascal, *Libéralisme*, Éditions Odile Jacob, 2000.

Shoeck, Helmut, *L'envie*, Éditions Les Belles Lettres, 1980.

Sorman, Guy, *L'économie ne ment pas*, Fayard, 2008.

Stiglitz, Joseph E., *Quand le capitalisme perd la tête*, Fayard, 2003.

Stiglitz, Joseph E., *La grande désillusion*, Fayard, 2002.

Stiglitz, Joseph E., *Pour un commerce mondial plus juste*, Fayard, 2005.

Stiglitz, Joseph E., *Un autre monde*, Le livre de poche, 2006.

Stiglitz, Joseph E., *Le triomphe de la cupidité*, Éditions LLL, 2009.

Rostang, Guy, *Démocratie, le risque du marché*, Desclée de Brouwer, 2002.

Saul, John, *Mort de la globalisation*, Éditions Payot, 2005.

Sen, Amartya, *L'économie est une science morale*, La Découverte, 2009.

Todorov, Tzvetan, *Les ennemis intimes de la démocratie*, Robert Laffont, 2012.

Todd, Emmanuel, *L'illusion économique*, Éditions Gallimard, 1998.

Touraine, Alain, *Comment sortir du libéralisme*, Éditions Fayard, 1999.

Vigier, Jean-Paul, *Une finance solidaire innovante*, Médiaspaul, 2009.

Vindt, Gérard, *La mondialisation – De Vasco de Gama à Bill Gates – 500 ans de capitalisme*, Éditions Mille et une nuits, 1998.

Waridel, Laure, *Acheter, c'est voter*, Écosociété, 2005.

Yunus, Muhamad, *Vers un nouveau capitalisme*, Éditions Lattès, 2006.

Ziegler, John, *Les nouveaux maîtres du monde*, Éditions Fayard, 2002.

TABLE DES MATIÈRES

Ce livre a été imprimé au Québec en septembre 2012
sur du papier entièrement recyclé
sur les presses de Marquis imprimeur.